# 즉각 깨닫는 길(道)
## - 업장소멸 -

김성갑 지음

관음출판사

# 서 문

깨달음이란 무엇인가? 깨달아야 하는 까닭은 무엇인가? 깨달음의 뒤에는 무엇이 존재할까? 온통 깨달음의 의문이 엄습하면 수행의 첫 걸음마를 띤 어제의 일이 너무나 아득하다.

그러나 깨달음은 커녕 온전한 삼매 한 번 제대로 가져 본 일이 없어 아직 그 길은 너무나 요원하게 느껴졌다. 다행히 앞서간 선현(先賢)들께서 길잡이가 되어 그 길을 인도하시니 이 또한 복중의 복이 아니겠는가!

석가 부처께서 6년 고행 끝에 얻은 것은 나고 죽음을 초월한 세계, 나고 죽음이 없는 절대의 세계를 깨달았음을 밝혔다. 그곳은 불생불멸, 불구부정, 부증부감으로 현실의 상대계와는 전혀 다른 곳임을 말하고 있다.

이곳은 죽어서 가는 사후(死後)의 세계가 아니다. 오직 깊은 침묵의 삼매에서 얻어지는 지혜의 세계인 열반(니르바나)으로 두뇌로서 아는 지각(知覺)의 공간을 초월한 절대계의 공간이다. 모습이 있는 것은 언제나 사라져야만 되는 유한(有限)의 상대계가 아니라 모든 것이 구별되지 않고 모든 것이 늘지도 줄지도 않는 황금으로 빛나는 극락의 세계이다.

절대계를 과학으로 설명하지 못하는 까닭은 지식은 상대계의 산물인 탓이다. 상대적(相對的)인 이성(理性)은 상대를 넘어 절대계에 이르지 못하지만 절대는 상대계라 하여 경계가 있는 것은 아니다. 상대는 절대에 포함되어 있고 상대계는 절대계의 그림자이다.

절대계는 위대한 실체이다. 그리하여 깨달음의 시작은 분리된 객체에서 다시 본래의 하나가 되는 과정으로 그 위용을 드러내면 무한한 법력과 자비를 선사한다. 이곳은 유약한 인간의 모습과는 비교할 수 없는 신(神)의 세계이며 하느님 왕국이다. 수행자들의 희망봉이며 구원처이다. 가족에게 실망과 배신을 남기고 사회를 등지며 홀로 고행의 길을 나서는 목적지이기도 하다.

'우리에게는 누구나 부처가 될 수 있는 불성(佛性)을 가지고 있다' 는 말씀은 희망의 메시지다. 육신의 자아(自我)를 정복하는 순간 누구나 이곳에 진입할 수 있음을 불경은 확실히 전하고 있다. "자기 생명을 사랑하는 자는 영원한 생명을 잃어버릴 것이나 이 세상에서 자기 생명을 미워하는 자는 영원한 생명을 가지리라."(요한 12; 23 - 25)며 육신의 안락을 버리고 진리를 찾으라며 성경은 호소하고 있다.

자아(自我)의 정복은 육신이 소유한 주관의 6식(안,이,비,설,신,의)과 객관의 6진(색,성,향,미,촉,법)과 6식(안식,이식,비식,설식,신식,의식)을 미워하여 쉬게함을 으뜸으로 한다. 육신을 사랑할 때 내가 있고 육신을 미워할 때 비로소 내가 없는 몰아(沒我)가 된다.

육신의 에고가 죽을 때 공(空)과 통하고 하나가 되어 절대계로 진입할 수 있다. 내가 없는 바로 그 자리가 본성(本性)이며 깨달음의 자리다. '견성성불, 즉심시불'의 바로 그 자리가 그 자리이다.

성경의 에덴동산은 불교의 절대계를 매우 적절하게 묘사하고 있다. 뱀의 유혹에 빠진 이브의 충동에 인류의 조상인 아담은 선악과를 베어먹는다. 그 순간 아무것도 걸치지 않고 있는 자신의 모습에 놀라 벗은 몸을 감춘다. 이는 자아(自我)의 발견이며 상대계의 시작이다. 자아(自我)가 있기 전의 낙원은 절대계로써 남녀의 구별이 있으나 남녀가 따로 없고 삶과 죽음이 따로 없는 절대자 하느님의 공간이다.

 자아(自我)의 정복은 계정혜(戒定慧)가 그 길을 가르친다. 계(戒)를 지켜 선정(禪定)에 들면 깨달음으로 가는 지혜가 드러난다. 그러나 지혜가 곧 깨달음은 아니다. 깨달음으로 가는 길을 오직 알려주는 것으로 청정(淸淨)이 그 길을 안내한다.

 평생을 두고 참선에 들어도 깨달음을 얻지 못하는 까닭은 자아(自我)를 없애는 방법론에 문제가 있기 때문이다. '간화선의 화두'나 '남방불교의 관법'으로 자아를 정복한다든지 혹은 자아를 없앤다는 표현은 오히려 의식의 흐름을 부추기는 결과를 가져와 또 다른 아상(我相)을 만든다.

 수행의 오류가 발생하는 원인은 문자의 미숙(未熟)과 확대해석에 있다. '구하지 말며, 의지하지 말며, 상을 짓지 말라'는 불전의 말씀은 두뇌의 의식을 동원하지 말라는 경고문이다. 자아를 정복한다거나 없앤다는 것은 오히려 의식을 부추기는 결과를 가져온다. 그것보다 의식을 최소한 부추기지 않는 다른 문구는 없을까?

 "지금 사람들은 아무런 신앙도 없이 살고 있다. 일부 교양

(敎養)있고 부유한 소수인은 교회의 암시(暗示)에서 풀려나서 아무것도 믿지 않는다. 그들은 대개의 경우 모든 신앙을 어리석은 짓으로 보거나 또는 대중(大衆)위에서 권세를 휘두르는데 유리한 무기로 본다.

 이와는 달리 가난하고 배우지 못한 많은 사람들은 참으로 신앙하는 소수를 제외하면 거의가 교회의 최면에 걸려 신앙의 형태로 암시되는 것을 맹종하고 있다. 그러나 그것은 사람들에게 우주에 있어서 사람의 좌표를 설명하지 못할 뿐 아니라 더욱 아리송하게 한다.

 이것은 참된 신앙이 아니다. 무엇도 믿지 않으면서 믿는 척하고 있는 소수와 교회의 최면술에 걸려있는 많은 사람들로 이루어진 두 부류의 상호관계로 오늘의 소위 종교생활이 이루어지고 있다."

톨스토이 종교론

 오늘날 종교는 수행의 길보다는 교회적이거나 사찰적이기를 바란다. 모든 종교의 목적지는 동일하나 애석하게도 종파(宗派)를 내세워 타종교를 비방하는데 앞선다.

 기독교도는 불교도를 마귀 보듯이 하고 불교는 기독교를 이스라엘 민족사의 외래종교로 몰아세운다. 기독교도가 마귀가 아님과 같이 불교 역시도 인도에서 건너온 외래종교임에 틀림없다.

 예수 그리스도의 말씀과 석가 부처님의 법문은 인류를 위한 가르침이며 영혼의 안식을 위한 숭고한 지도서이다.

종파심(宗派心)을 버리고 진심으로 그 분들을 인류의 스승으로 함께 받아들이면 깨달음의 세계가 펼쳐진다. 한 걸음 나아가 우리 민족사와 함께 유유히 흘러 내려오는 '현묘지도(玄妙之道)는 성경과 불경의 말씀과 똑같은 깨달음의 여정을 여실히 보여주고 있다.

이 책이 나오기까지 일심으로 도와주신 한국해양대 김윤식교수님, (주)자갈치수산마트 대표이사 정상수님 그리고 교정을 도와주신 여러 사범들의 노고에 감사의 말씀드리며, 아울러 졸저 [아즈나 챠크라]와 [카르마]의 애독자 여러분께 심심한 사의를 표합니다.

을유년 3월 인천 자명사(慈明寺)에서

## 차 례

서 문 ································································· 5

# 1 영(靈)의 세계 ············································· 15
1) 영(靈)은 존재하는가? ································· 17
2) 무주상 보시 ················································ 20
3) 카르마 ························································· 24
  본래무일물(本來無一物)
4) 빙의(憑依) ··················································· 34
  빙의(憑依)의 현상
5) 성령과 악령 ················································ 40

# 2 초자연계 ······················································ 45
1) 기(氣)는 성령(聖靈)이 아니다 ··················· 49
2) 육신과 법신 ················································ 53
  삼매
3) 하늘의 세계 ················································ 59
  관음(觀音)만이 그 곳을!

4) 수행의 오류 ································································ 64
　의념수련 ······································································ 67
　산은 산이요, 물은 물이다 ············································ 70
　남방불교의 위빠사나 ···················································· 75
　화두법 ·········································································· 78

# 3 빙의령 천도 ································································ 85
1) 신통 ············································································ 88
2) 관법 ············································································ 94
　위빠사나
3) 묘촉 ············································································ 99
　청정하여라!
4) 마음법 ······································································ 109
5) 집중의 대상 ······························································ 114
　수식관 호흡
6) 자책은 금물, 인생은 시행착오가 아닌가! ··········· 119
　정보의 홍수

# 4 선도(仙道) 수행 ……… 130
1) 동양의 신비 ……… 131
2) 현묘지도 ……… 133
3) 단전호흡 ……… 139
    소주천
4) 명상 ……… 144
    생활선도
5) 기운(氣運) ……… 151
    집중
6) 신선도와 한방의 경혈이론 ……… 165
7) 대천문(大天門) ……… 174
    연정화기(鍊精化氣)
    무념무상(無念無想)
8) 관음법문 ……… 181
    법음상(梵音相)
9) 영가 천도능력 ……… 191
    업장은 영혼의 빚
    법력(法力)

# 5 깨달음 ......... 201

1) 본성(本性) ......... 203
   절대진리
   지혜
   보왕삼매
2) 상대계와 절대계 ......... 218
   성령으로 거듭나다
   6조대사와 설간
3) 마음법 ......... 229
   생각은 마음이 아니다
   마음은 위대한 힘
4) 공(空) ......... 242
   초발심
5) 화신, 보신, 법신 ......... 249
6) 관세음보살 ......... 256
   하늘의 소리
7) 아미타불 ......... 264
   마조도일
   대세지 보살

@ 청국장 이야기 ......... 275

## 1. 영(靈)의 세계

장마비가 부슬부슬 내리는 밤이면 어김없이 귀신이야기가 등장한다. 납량특집으로 구성되는 연속극은 권선징악을 목표로 원귀(寃鬼)의 영(靈)은 임무를 마친다. 하필이면 귀신은 비가 부슬부슬 내리는 컴컴한 여름밤에만 유독 등장하는 것일까? 여름이라는 특별한 의미가 있는 것인가? 귀신은 정말 존재하는 것일까? 귀신이 있다면 영(靈)의 세계를 과학적으로 증명할 수 있는 방법은 없을까?

흉가(凶家)에 초대된 무당들이 원귀들의 모습을 마치 화면(畵面)으로 보듯 자세하게 설명하는 itv '위험한 초대'는 우리의 호기심을 발동시킨다. 이처럼 무당들은 영(靈)의 모습을 대체로 공통되게 이야기한다.

무당들뿐 아니라 수행자들 역시 영(靈)을 체험할 수 있다. 그러나 무당들은 수행자와 달리 본인들의 능력이 아니라 접신(接神)된 영(靈)의 눈으로 귀신을 본다. 애기동자에 접신된 무당은 애기 목소리로, 장군령(將軍靈)은 어른 목소리로, 그리고 산신(山神) 할배령은 할배목소리로 위엄을 부린다.

수행자도 당연히 초자연계의 현상을 감지할 수 있다. 이것은 마음이 맑아져 나타나는 법력으로 영통(靈通)이 아닌 청정(淸淨)의 힘으로 과거, 현재, 미래를 여기에서 저기를 보듯 알 수 있다. 이는 시냇물이 맑으면 바닥에 있는 돌과 모래가 훤하게 보이는 이치와 같다.

영적(靈的)인 능력이란 어떻게 보면 특별한 것이라기보다 일반적으로 느끼는 분위기 일 수도 있다. 햇볕이 잘 들고 통풍이 우수한 남향집은 양명(陽明)한 기운으로 상쾌하지만 어두컴컴하고 습기(濕氣)가 눅눅한 지하실은 곰팡이냄새와 함께 불쾌하여 잠시도 머물기가 싫다. 특히 밤중에 무슨 일로 지하실에 들리면 섬뜩한 느낌이 들면서 머리끝이 쭈뼛해지며 모골이 송연해진다.

그리고 보면 귀신은 어둡고, 침침하고, 냄새나고, 눅눅한 습기 찬 곳을 좋아하고 또한 그곳에 기거한다. 그래서 여름밤의 눅눅함과 흉가(凶家)의 으슥함이 귀신이 활동하기가 좋은 환경임에는 틀림없다.

그리고 더욱 중요한 것은 기복(祈福)을 염원하여 미신을 지키면 사사건건 장애에 부딪친다. 그 이유는 귀신을 떠받쳐 숭배하여 두려워하면 할수록 영(靈)의 세력이 확장되기 때문이다. 그러나 과학적인 사고(思考)로 마음을 다잡고 귀신을 내치면 절대로 육신에 침범하지 못함을 알아야 한다.

이것은 귀신의 생리가 습기찬 곳에 피는 곰팡이와 같아 햇볕이 내리 쬐고 통풍이 잘 되는 곳에는 세균이 살 수 없듯이 어둠의 조건을 제거하면 빙의령은 다가오지 못한다.

## 1) 영(靈)은 존재하는가?

**되돌아 온 악령**(마태오 12; 43-45)
"더러운 악령이 어떤 사람 안에 들어 있다가 어떤 연유로 거기서 나오면 물 없는 쉼터를 찾아 헤맨다. 그러다가 찾지 못하면 '전에 있던 집으로 되돌아가야지' 하면서 돌아간다. 그리고 그 집이 말끔히 치워져 있지 않고 잘 정돈되어 있지 않는 것을 보고는 다시 나와 자기보다 더 흉악한 악령 일곱을 데리고 들어가 자리잡고 살게된다. 그러면 그 사람의 형편은 처음보다 더 비참하게 된다."

법력이 높은 산중 스님들도 영(靈)의 세계를 가끔 얘기하며 믿거나말거나 자기의 체험담을 들려주기도 한다. 하지만 무당들은 입을 열기만 하면 조상령이나 빙의령의 장난때문에 사업이 망하거나 집안에 우환이 생긴다며 언제나 영가천도를 권한다.

특히 영적(靈的)인 것에 관심을 둔 사회(社會)저명인사나 질병에 시달리는 환자들을 부추겨 조상 대대로 내려오는 신(神)의 맥을 이으라며 내림굿으로 강령(降靈)을 유도한다.

빙의령의 출몰은 현대인의 과학적인 사고에 때때로 혼란을 일으킨다. 인체의 게놈지도가 생명의 신비까지 과학자의 손에 쥐어져 신(神)의 영역을 넘나드는 이러한 때에 '귀신 씨 나락 까먹는 얘기'를 경청할 위인은 없을 것이다. 그러나 종합병원의 뒤편에는 현대의학이 풀지 못하는 난(難)문제가 비일비재하다.

특히 병명(病名)이 나오지 않는 환자의 입장에서는 영가천도와 내림굿만이 영병(靈病)을 치료할 수 있다는 무당의 신통에 감읍할 따름이다. 그리하여 자신이 빙의령으로 고생을 몇 년씩이나 하다가 내림굿으로 질병을 고쳐 다시 활동하게 되었노라 말하며 영(靈)의 세계를 기독교의 간증처럼 선전하게 된다.

병명이 나오는 질병은 난치병일지라도 치료의 방법을 강구할 수 있다. 그러나 증상은 있으나 병명이 없는 환자는 통증과 증상을 진솔하게 호소하지만 현대첨단의료기기에도 무반응이다. 결국 이러한 환자는 심인성으로 분류되어 정신과 치료를 병행하게 된다.

종교는 이러한 질병들을 믿음과 기도로 치료한 사례를 정리하고 있다. 치유의 실례로 간증으로 증거하며 이는 모두 하느님의 은총이며 그리스도의 구원의 결과로 표명한다. 성경에도 예수님의 마귀쫓음이 이곳 저곳 연결되어 전하고 있다.

### 마귀와 돼지 떼(마르코 5 ; 2 - 14)

"그들은 호수 건너편 게라사 지방에 이르렀다. 예수께서 배에서 내리셨을 때에 더러운 악령(惡靈)들린 사람하나가 무덤사이에서 나오다가 예수를 만나게 되었다. 그는 무덤에서 살았는데 이제는 아무도 그를 메어둘 수가 없었다. 쇠사슬도 소용이 없었다. 여러 번 쇠고랑을 채우고 쇠사슬을 묶

어두웠지만 그는 번번이 쇠사슬을 끊고 쇠고랑도 부수어 버려 아무도 그를 휘어잡지 못하였다.
　그리고 그는 밤이나 낮이나 항상 묘지나 산을 돌아다니면서 소리를 지르고 돌로 제 몸을 찧기곤 하였다. 그는 멀찌기서 예수를 보자 곧 달려가 그 앞에 엎드려 "지극히 높으신 하느님의 아들 예수님! 왜 저를 간섭하십니까? 제발 저를 괴롭히지 마십시오." 하고 큰 소리로 외쳤다.
그것은 예수께서 악령을 보시기만 하면
"더러운 악령아, 그 사람에게서 나오너라!" 하고 명령하시기 때문이었다.
예수께서 "네 이름이 무엇이냐?"하고 물어보시자
그는 "군대(집단 빙의령)라고 합니다. 수효가 많아서 그렇습니다."하고 대답하였다. 그리고 자기를 그 지방에서 쫓아내지 말아 달라고 애걸하였다.
마침 그 곳 산기슭에는 놓아기르는 돼지떼가 우글거리고 있었는데 악령들은 예수께 "저희를 저 돼지떼에 보내어 그 속에 있게 하여 주십시오."하고 간청하였다.
예수께서 허락하시자 더러운 악령들은 그 사람에게서 나와 돼지들 속으로 들어갔다. 그러자 거의 이천마리나 되는 돼지떼가 바다를 향하여 비탈을 내리 달려 바다 속에 가서 빠져 죽고 말았다.

　성경(聖經)의 말씀을 유추해보면 마귀가 육신을 지배하여 정신병을 일으키기 위해서는 최소한 2천의 빙의령이 필요함을 우리는 알 수 있다. 거의 이천마리의 돼지떼에 귀신이 빙의되어 바닷물에 빠지는 모습을 상상하기만 해도 소름이 끼친다.

## 2) 무주상보시

　육신은 생로병사를 떠날 수 없다. 결국 늙어지면 질병에 시달리게 되는 것이 자연의 이치이지만 불경(佛經)에서는 질병도 인과응보의 소산으로 규정하여 원인 없는 결과가 없다고 못을 박는다. 질병이나 모든 장애는 전생의 사건들로써 집착과 미망(迷妄)에서 시작됨을 경고하고 있다.

　산중수행에서 도(道)를 얻은 스님의 법문(法門)속에 수행시 겪었던 일들 중에 중음신의 얘기가 등장한다. 우연히 천도제가 열리는 큰 사찰 옆을 지나치다 갑자기 얻어먹은 사찰음식에 장(腸)이 놀랐는지 볼일을 보려 뒷간의 해우소를 찾았다.
　볼일을 마치고 일어서려니 해우소 밑에서 울먹이는 소리가 들려 귀를 기울이게 되는데, 어떤 노마님의 행세를 갖춘 영가(靈駕)가 통 사정을 한다. "스님, 스님! 나 좀 살려 주세요, 이 냄새나는 똥통속에서 제발 나오게 해 주십시오, 흑!, 흑!, 흑!" 하고 눈물지으며 애원한다.

"아니 그냥 나오면 될 것 아니요, 영가(靈駕)가 무슨 발이 필요하랴, 손이 필요하랴, 육신이 없는 것이 영가인데 똥통에서 나오고 안 나오고가 무슨 소원이래요?"

그래도 벌벌 뜨며 뒷간의 똥통속에 몸을 반쯤 숨기며 이리저리 기웃거린다.

"스님, 이 몸은 살아 생전에 행세깨나 하던 대갓집 부인네였습니다. 사찰이 좋아 전국 방방곡곡 다니면서 이름난 사찰이나 암자에 시주하기를 밥먹듯 하였는데 죽고나니 이 모양 이 꼴이 되었습니다. 스님 제발 이 년 정성을 갸륵히 여기시고 한번만 구제해 주십시오!"

사연인즉 "몸 떨어져 저승길로 들어서니 오고 갈때가 마땅치 않아 지난 해 불사(佛事)에 정성을 들인 이 사찰을 찾아 왔습죠. 그 때 보시금이 이 절 생긴 이래 최고의 거금(巨金)을 들였는지라 제법 대접을 기대하고 왔습죠. 그런데 절 문에 들어서기 무섭게 십팔나한이 쇠뭉치를 들고 내리 치길래 냅다 꽁무니를 빼고 달아나고 보았지요.

얼마나 무서웠던지 지금도 오금이 저려 일어설 수가 없소이다. 도망을 치다가 뒤돌아보니 절문 앞에서 나한들이 청소를 하고 있길래 가만히 그들의 말을 엿들었소."

"이 년 잡기만 해봐라. 천년 만년 똥통청소를 시켜야겠다. 전국에 있는 방방곡곡 시주를 하여 사찰 벽에 똥칠갑을 해 놨으니 그것 청소한다고 몇 해를 보냈으니 이번 저승길에 잡아서 혼을 내야한다네. 시주 할 때 자기 이름 밝히고 자기 소원 적으면 모두가 똥으로 변하여 사찰 벽을 더럽히는 줄을 살아서 모르고 죽어야 알다니----. 쯔! 쯔! 쯔!"
　무주상 보시가 얼마나 고귀하고 빛나는 줄을 이승에서 알아야 하는데 이 부인처럼 이름내고 폼내며 거들먹거리다가 결국 저승길에서 무서운 나찰에게 쫓기는 신세가 되었으니 너무나 안타깝다.

### 자선에 대한 가르침(마태오 6; 1-4)

　"너희는 일부러 남들이 보는 앞에서 선행을 하는 일이 없도록 하여라. 그렇지 않으면 하늘에 계신 아버지에게서 아무런 상도 받지 못한다. 자선을 베풀 때에는 위선자들이 칭찬을 받으려고 회당과 거리에서 하듯이 스스로 나팔을 불지 말라. 그들은 이미 받은 상을 다 받았다. 자선을 베풀 때에는 오른 손이 하는 일을 왼손이 모르게 하여 그 자선을 숨겨라. 그러면 숨은 일도 보시는 네 아버지께서 갚아 주실 것이다."

　성경은 '오른손이 하는 일을 왼손이 모르게 하라'며 결과를 기대하지 않는 봉사를 강조하고 있다. 봉사와 사랑은 하늘 나라에 붓는 사후(死後)의 적금이다. 생명보험은 죽은 사람 몫이 아니라 살아남는 이들의 것이라면 오직 봉사와 헌신만이 영혼의 몫이다. 기독교에서는 육신은 죽어 없어지면 영혼은 남아 하늘 나라로 간다. 불교의 윤회설과 달리 되돌아오는 것이 아니라 한 번의 생애로 천당과 지옥행으로 결정된다.
　윤회(輪回)란 영혼의 쉼 없는 여정이다. 원시신앙과 모든 종교들은 영혼의 윤회와 환생에 대하여 가르쳐왔다. 불교와 힌두교는 물론 초기의 유태교에서도 윤회(輪回)는 진리였다. 카톨릭의 초기성서에도 윤회의 가르침이 있었지만, '서기553년 제2차 종교 공의회'에서 윤회의 이론을 이단으로 규정함으로써 사악시 되었다. 이것 또한 민중을 좀더 효과적으로 지배하기 위한 정치적인 음모였다고 주장하는 학자들도 있다.

오늘의 삶에서 왜 계율을 지키고 선(善)하게 살아야 하는 까닭은 이들 모든 행위가 죽음을 위한 생명보험이기 때문이다. 그렇다고 죽음을 두려워 할 필요는 없다. 죽음은 영혼의 세계에 이르는 하나의 과정에 불과하기 때문에 전혀 두려워 할 대상이 아니다. 따라서 인간은 죽음을 이해하고 알 수 있어야만 오늘의 삶도 이해할 수 있고 삶의 질도 높일 수 있다.

영혼의 존재를 인식함으로써 이승의 생활이 한 층 높은 영격(靈格)을 갖추기 위한 학습장임을 스스로 알아야 한다. 내가 이 생에서 남을 위해 베풀고 공부한 공덕만큼 다음 생에 전달되어 더 좋은 환경의 인간으로도 다시 환생한다. 그렇지 못하고 부처를 팔고 예수를 팔아 재물을 모으고 그것도 모자라 궤변으로 혹세무민한 착각도사는 축생이나 미물의 몸으로 환생할 수 있음을 명심해야 한다.

## 3) 카르마(業障)

불경(佛經)의 수많은 법어(法語)들은 수행자에게 어둠의 질곡에서 탈출하는 훌륭한 비기(秘記)를 제공한다. 특히 깨달음에 도달하기 위한 무심(無心)법은 인류를 형이하학에서 형이상학으로 비약하는 왕도(王道)를 제시하고 있다.

그러나 문자로 전해지는 수행법은 어기십성(語忌十成)의 오류를 본의 아니게 드러나기 된다. 그 한 예가 방하착(放下着)에 대한 잘못된 소견이다. 마음에 일어나는 생각을 주인공에게 놓는다는 아주 소박한 견해는 수행의 최고 길잡이로 등장하지만 이는 오류이다.

방하착의 착(着)은 어조사로써 방하(放下)한다는 의미로 일어나거나 일어나지 않는 생각을 마음의 주인공에게 놓는다는 뜻이다. 그런데 이것을 잘못 해석하여 머리에 떠오르는 망상과 번뇌를 마음의 한 점에다가 던진다거나 혹은 주인공에게 내맡긴다는 소견은 자기 최면에 불과하다.

집중의 삼매(三昧)는 최면의 상태인 트랜스와는 전혀 다르다. 깊은 침묵의 명상은 지혜로운 관찰과 지혜롭고 올바른 정진으로 수행자가 최상의 해탈을 얻고 최상의 해탈을 실현할 수 있는 삼매로 유도한다.

이에 비하여 자기 최면은 공포의 대상을 두렵지 않다고 생각하는 공포불감증에 불과하다. 바꾸어 말하면 진통제로써 잠깐동안 통증을 잊게하는 응급처치에 불과하지 올바른 치료법은 아니다. 무심의 삼매는 두뇌에서 일어나는 악한 생각은 물론 선한 생각조차도 모두 한 마음으로 놓음으로써 마침내 도달할 수 있다.

또 하나 큰 이슈로 논쟁의 상대가 되는 돈오돈수(頓悟頓修)와 점오점수(漸悟漸修)이다. 성철스님 사후(死後) 돈오논쟁으로 매스컴을 뜨겁게 장식하였던 그 때를 아직도 생생히 기억할 것이다. 불교의 교리를 포괄적으로 설명할 때 격물치지(格物致知)의 반대개념인 돈오(頓悟)를 설명한다. 불경은 사물의 물리를 하나씩 점차적으로 이해하고 습득하는 것이 아니라 인간의 신령스러운 지혜를 가지고 단번에 대우주의 물리를 터득할 수 있는 깨달음을 말하고 있다.

그러나 돈오(頓悟)가 이러한 포괄적인 개념이 아니라 수행의 깨달음의 시점을 돈오로 낙점하면서 조사(祖師)들의 오도송(悟道頌)을 소개하고 있다. 현암스님은 대나무에 돌이 부닥칠 때 즉시 깨달음이 왔고 유정스님이 숫닭이 낮에 울음을 터뜨릴 때 깨달음을 얻었다는 '즉시 깨달음'을 돈오(頓悟)의 큰 줄기로 주장한다.

이와는 반대로 점오점수는 수행이란 충분한 준비과정을 거쳐 한단계 한단계 점차적으로 발전하여 작은 깨달음에서 마침내 큰 깨달음을 얻을 수 있다는 견해를 말한다.

문자란 양면의 칼날과 같아 의사(意思)를 전달하고 기록으로 남기는 경우는 그 무엇과도 비교가 되지 않지만 그것이 철학의 요소가 되어 개념을 전달할 때쯤은 숲을 얘기해도 나무로 알아듣는 우(愚)를 범하기 일쑤이다.

수행의 목적지가 본성(本性)을 찾는 것이라면 그 방법은 불전(佛典)에 '형상이 있는 것은 언제나 사라지니, 나고 죽는 나를 없애면 그 곳임'을 밝히고 있다.

諸行無常　　　　모든 짓거리 덧없어라
是生滅法　　　　이는 나고 죽는 것이니라,
生滅滅己　　　　나고 죽는 나를 없애면
寂滅爲樂　　　　열반의 참나로 기쁨이 충만하리라.
　　　　　　　　- 대승열반경 -

 나고 죽는 자아를 없애면 열반의 참나를 발견할 수 있다는데 평생을 두고 참선에 몰두해도. 하루 일종씩의 고행도, 십년의 장좌불와도 과연 그 곳임을 자신있게 말하는 선승(禪僧)이 그 누구였던가! 깨달음의 설(說)만 무성하고 분분할 뿐 좀체 알려져 있지 않다. 주위에서 득도한 도인이라 칭송하지만 돌이켜보면 본인의 공부는 본인이 더 잘 알고 있다.
 그 까닭은 본성(本性)을 에워싸고 있는 전생의 업장인 먼지(카르마)를 벗겨내지 못하면 결코 본성의 그 자리인 진여(眞如)를 만날 수 없기 때문이다. 석가 부처님 당시와 2천5백년이 지난 오늘의 현실과는 시간 속 업장의 모습과 두께가 각기 다르기 때문에 업장소멸을 이루기 전에는 견성(見性)은 절대로 불가하다.

 '석가가 BC 544년에 세상을 떠났다. 돌아간지 몇 순(旬)

이 안되어 부처가 생전에 한 말씀을 모으기 위한 이른바 제일 집회가 항사성밖에 있는 칠엽굴에서 열렸다. 대가섭을 상좌로 한 5백명의 비구니들이 모였다. 붓도 종이도 귀한 때였으니 부처의 말씀을 가장 많이 들었고 기억하는 총기가 뛰어난 아난다의 공로가 컸을 것은 짐작이 간다. 그래서 석가의 십대제자를 들 때 아난다는 특별한 재능으로 다문(多聞)을 든다.

 부처의 말씀을 직접 들었다는 성문(聲聞)의 인연을 가진 5백명의 제자들이 모여 저마다 기억을 더듬어 부처의 말씀을 기억해 내어놓았다. 그리하여 불경(佛經)첫머리에 으레 "나는 이렇게 들었노라(如是我聞)"는 말이 언제나 있다. "부처께서 이렇게 말씀하셨다"가 아니라 "내가 이렇게 들었다"이다. 잘못된 말이 있다면 그것은 부처가 잘못 말한 것이 아니라 내가 잘못 들은 것이다.

 이때 모아진 부처의 법문을 5백명이 모은 것이라 하여 5백결집이라 한다. 이것이 원시경전의 [아함경]이다. 아함이란 뜻은 전(傳)한다는 뜻이다. 부처가 떠난 지 1백년 뒤에 제2결집 모임이 있었고, 떠난 지 3백30년 뒤에 제3결집이 있었다. 이미 부처의 가르침을 직접 들은 제자들은 모두 세상을 떠난 때라 첫 결집 모임 때와는 성질이 달랐을 것이다. 경전의 진위(眞僞)도 문제가 있었겠지만 경전을 널리 펴는 데 그 목적이 더욱 중대하였다.'

 8만4천경으로 널리 알려진 불경은 윤회설을 기조로 하여 가르침을 전한다. 신업(身業), 구업(口業), 의업(意業)의 업보(業報)로 윤회하여 태어난 것이 인생살이다. 전생(前生)에서 행한 신,구,의 업보의 성적으로 이 세상에 나왔으니 잘 살고 못살고는 전생의 업보라고 한다. 그러하니 이번 생(生)에서는 선근(善根)을 쌓고 수행(修行)에 정진하여 전생의 업(業)을 모두 갚아 도(道)를 깨쳐야 한다.

  수행의 핵심은 본성을 둘러싸 가로막고 있는 장애의 벽을 허물어뜨리는 업장소멸이 먼저이다. 그런뒤에는 자연스럽게 본성(本性)이 우리를 맞이한다. 그러나 이 티끌의 형체를 누구도 아는 이 없어 가르쳐 주지 않는다. 더구나 어떻게 해야 업장소멸의 힘을 얻을 수 있음을 가르쳐 주는 이 없다. 그 티끌은 영혼의 에너지로써 빙의령의 현주소이다.

## 본래무일물(本來無一物)

  5조홍인께서 여러 제자들을 불러놓고 "다 들어라, 너희들에게 할 말이 있다. 우리가 나고 죽는 것보다 더 큰일이 없거늘 너희들은 다만 복(福)이나 구하려 하였지 생사고해에서 헤어나려고 전혀 하지 않는구나. 만일 제 성품을 모르면 옳은 복인들 어찌 구하여 질 것이냐?

  너희들은 각기 돌아가서 스스로 지혜를 보고 제 본심의 반야(般若)성품을 잡아서 게송(偈頌)을 하나씩 지어오너라. 불같이 급히 하여 지체하지 말지니 생각으로 헤아려서는 맞지 않느니라. 견성(見性)한 사람이라면 이 말이 떨어지자 바로 될 수 있으리라" 하였다.

그리하여 상좌 신수스님은 불안한 마음으로 게송(偈頌)을 지어바쳤다.

| 身是菩提樹 | 몸은 보리수요 |
| 心如明鏡臺 | 마음은 맑은 거울, |
| 時時勸拂拭 | 때때로 부지런히 갈고 닦아 |
| 勿使惹塵埃 | 먼지 앉고 때묻지 말도록 |

한편 남방출신 혜능은 어느 날 장터에서 '應無所住而生其心 머무는 곳 없이 마음을 낼지니라'의 금강경(金剛經)구절을 듣고 홀어머님까지 남에게 의지하여 부탁하고 황해현 동선사 홍인대사의 문하에서 배우기를 간청한다. 한 눈에 법기(法器)임을 알아차린 대사는 일부러 방앗간에서 일을 하도록 명한다. 궂은 일만으로 8개월을 보내던 중 신수상좌의 게송을 들은 혜능은 다른 이에게 대필하여 맨땅에다 게송을 쓴다.

| 菩提木無樹 | 보리수 나무 본래 없고 |
| 明鏡亦非臺 | 거울 또한 틀이 아닌 것이 |
| 本來無一物 | 본래 한 물건도 없거니 |
| 何處惹塵埃 | 어느 곳에 때가 끼고 먼지가 일까? |

5조께서 이 게송을 보고 모른척하시면서 신짝으로 문질러 지우면서 "이것도 견성은 못한 글이다"며 내심 나쁜 사람이 헤칠까 두려워 자리를 피한다. 그러나 은밀히 혜능에게 삼경에 방장실에 오도록 지시하여 법(法)과 의발(衣鉢)을 전한다.

"이제 너는 제6대 조사가 되었다. 잘 지키어 나가며 널리 중생을 제도하여 앞으로 끊어짐이 없도록 하여라." 또 이어서 당부하기를 "옛날 달마대사께서 처음으로 이 땅에 오셔서 사람들이 믿지 않으므로 이 의발을 전하여 믿음의 표적을 삼았던 것이 이렇게 대대로 전해 내려와서 내게 이른 것이다. 그러나 원래 마음으로써 마음에 전하여 모두 스스로 알고 스스로 깨닫게 하는 것이다. 예전부터 부처마다 오직 본체(本體)를 전하시고 조사(祖師)마다 가만히 본심(本心)을 부쳐왔던 것이다. 그런데 이 의발은 자칫하면 서로 다투는 화근이 되기 쉬우니 다음부터는 전하지 말아라." 하였다.

본성의 성질은 이름도 없고 모습도 없는 본래무일물(本來無一物)임에는 틀림없다. 그러나 본성을 찾기가 어려운 것이지 본성을 말하기는 쉽다. 깨닫지 않아도 누구나 알고있어 본성을 공(空)이라 하며 진리의 자리를 진여(眞如)라 한다. 그러나 길을 잘못들면 나무나 돌처럼 생각이 없는 무정물의 무기공(無記空)을 진리로 생각하고 공(公)이 최고라는 생각의 악혜공(惡慧空)에 빠져 공부를 그르친다.

이들뿐만 아니라 본성을 찾아 바른 길을 떠나도 그것을

가로막고 있는 카르마(업장)를 인식하지 못하면 그 또한 오류(誤謬)에 빠지는 것과 진배없다. 본성을 찾기 위해서는 당연히 카르마의 구성입자인 빙의령의 정체를 파악해야한다. 카르마는 전생의 기록표인 에너지의 압축 프로그램이다. 마치 항공기의 기록장치(블랙박스)에 모든 비행의 정보가 기록되어 있듯 전생의 행적이 에너지로 밀봉되고 포개어져 어떠한 것으로도 도저히 녹일 수 없는 악성껍질로 변하여 본성을 막고있다.

집중의 일심은 번뇌를 잠재울 수 있지만 본성을 가로막고 있는 카르마의 껍질은 집중만으로는 결코 벗길 수 없다. 이들 껍질은 작은 집착에서부터 뿌리깊은 원귀(冤鬼)의 에너지까지 천차만별이다. 카르마의 입자인 빙의령은 쉼 없는 줄로 이어져 전생과 전,전생의 수많은 사연을 안고있다. 그 무게 또한 여러 층이라 고도의 청정법력인 오직 무상(無上)의 힘인 관음(觀音)만이 소멸시킬 수 있다.

관음은 우주의 첫소리로 모든 생명의 내면에 진동하고 있으며 우주창조 에너지의 근원이다. 오직 이 내면의 소리만이 업장소멸을 주도할 따름이다. 그리고 업장소멸만이 본성을 찾아가는 유일한 지름길이 될 것이다.

집중의 에너지는 현상계의 모든 조건을 박차고 일어나 '정신일도 하사불성'의 명언을 만들어 현실을 승리감에 도취시킬 수 있지만 초자연계의 에너지인 빙의령은 그 힘만으로 역부족이다. 선정(禪定)에서 유독 무심(無心)을 논하는 까닭은 '함이 없는 함(爲不爲)'만이 무한의 법력을 만들어낼 수 있기 때문이다.

　무심(無心)은 성령을 내리게 하며 내 몸 안의 불성(佛性)을 무한으로 확장시킨다. 그리고 업장소멸로 이어져 깨달음으로 인도하지만 집착의 집중은 깨달음은 커녕 접신(接神)을 불러 마구니의 하수인으로 만든다. 문자는 집중의 우수성을 설명할 수 있지만 지혜로 가득 찬 본성의 참모습은 바로 설명할 수 없다. 깨달음이란 머리로 아는 지식이 아니라 마음으로 나타나는 선험(先驗)인 것이다.

　본성을 거론하기보다는 그것을 막고있는 전생의 기록표인 에너지 군단(카르마)의 소멸만이 목표에 가까워 질수 있을 것이다. 이들은 신수대사의 게송처럼 몸과 마음에 잔류되어 있는 전생의 때를 끊임없이 닦고 또 닦아야 할 것이다. 그러나 그 힘은 6조의 말씀과 같이 무심(無心)만이 무한의 법력을 나타낼 것이다.

　몸은 지수화풍 4대로 만들어졌다지만 이 또한 전생의 인연이며 내 영혼의 점수이다. 오늘의 삶이 전생의 선근(善根)에서 복(福)을 받는것이라 하지만 인생은 고해라 항시 로병사(老病死)에 끄달리기 마련이다. 사주의 네 기둥에 운명이 정해진다는 명리학이론 보다는 전생의 기록부인 업장(카르마)에 의하여 체질이 정해지며 복덕이 배정되어 행, 불행이 정해진다.

　수행이란 전생에 기록된 빚을 갚는 행위로써 눈으로는 보이지 않지만 한 단계, 한 단계 나아갈 때마다 업장의 짐을 벗어 영혼의 무게는 점점 가벼워진다. 우리에게 시련이 닥치면 세상을 원망하고 자학에 빠진다. 질병과 우환으로 한 세상 고통으로 살게되면 사는 것이 죽는 것보다 못하다며 하늘을 원망해보기도 한다.

그러나 이러한 시련과 고통이 생을 뒤돌아 볼 수 있는 황금같은 기회임을 명심해야 한다. 향락에 젖어 한 세상 보내는 것이 행복이 아니라 수행의 꼬투리를 놓치지 않는 마음만이 삶의 보람임을 죽음직전에 비로소 알게된다. 초발심은 올바른 견해와 청정심으로 나의 영혼을 승화시키고 이웃에게도 삶의 목적과 수행의 가치를 알려주는 좋은 계기가 된다.

"수보리야, 만약 어떤 선남자, 선여인이 항하의 모래 수와 같은 목숨을 받쳐 널리 보시(布施)한 사람이 있고, 또 어떤 사람이 금강경 내지(乃至) 가운데 네 글귀만이라도 받아 지녀서 남을 위해 설명해 주었다면 그 복이 앞의 복보다 심히 많으리라"

– 금강경 여법수지분 –

## 4) 빙의(憑依)

 빙의(憑依)란 영(靈)이 육신에 기생하여 장애를 일으키는 것을 말하고 접신(接神)은 빙의된 영(靈)이 세력을 확장시켜 육신을 장악하는 현상이다. 접신자는 작은 초능력으로 영통(靈通)을 이루고 이를 빌미로 혹세무민하여 제2의 접신을 유도한다.
 영계(靈界)의 정보는 대부분 엉터리이지만 가끔씩 신통(神通)하게 맞춰 미혹의 부인들이나 위기의 환자에게 믿음을 주기도 한다. 이들은 마왕(魔王)의 하수인으로 제법 신통을 부리고 법사(法師)운운하며 거들먹거린다. 그러다가 어느 날 접신된 영(靈)이 떠나면 육신의 정기(精氣)를 앗아가 초능력은 커녕 일시에 죽음을 맞이한다. 마구니의 꼭두각시로 외관상 그를 듯 하게 보이지만 항시 귀신의 부름에 벌벌 떨며 일생을 보낸 참혹한 결과이다.
 영적(靈的)인 반응에 민감한 이를 일컬어 영매(靈媒)기질이 있다고 천시하는 경향이 있으나 그렇지 않다. 오히려 어린이들은 누구나 쉽게 기(氣)를 느낀다. 이러한 예를 비교하면 오히려 영혼이 순수하다는 표현이 올바르다. 어린이들은 기적(氣的)인 에너지뿐만 아니라 영적인 반응에도 민감하다. 예수님도 어린이와 같은 이들만이 하늘나라에 갈 수 있음을 말씀하신다.

**어린이를 축복하신 예수**(루가 18 ; 12-17)

"사람들이 어린 아기들을 예수께 데리고 와서 손을 얹어 축복해 주기를 원했다. 이것을 본 제자들이 그들을 나무라자 예수께서는 어린 아기들을 가까이 오게 하시고 제자들에게 이렇게 말씀하셨다. '어린이들이 나에게 오는 것을 막지 말고 그대로 두어라'. 하느님 나라는 이 어린이와 같이 천진한 마음으로 하느님 나라를 맞아들이지 않으면 결코 거기 들려 가지 못할 것이니라."

빙의가 되는 이유는 선천적과 후천적 요인으로 나눌 수 있다. 선천적이란 정신병환자가 아니라도 이름 모를 질병으로 고통과 한숨으로 정상적인 생활을 하지 못하는 경우이다. 특별한 의학적인 소견이 아니라도 유전적이며 가계(家系)에 대대로 이어져 오는 것을 보면 전생의 일들과 관련지어져 있지 않나 싶다.

전생에 무속인이거나 사도(邪道)의 수행자가 생(生)을 마감하면 그 영적인 에너지가 이월된다. 영(靈)이란 초자연적인 에너지라 육신의 모습은 바뀌었지만 그 에너지는 영원하다. 윤회의 법칙이 존재하듯이 선(善)은 선(善)으로 이월되고 사법(邪法)의 영적 에너지는 빙의(憑依)로 다시 그 모습을 들어낸다. 가까이는 후손으로 연결되어 유전이란 병력이 된다.

후천적으로는 크게 두 가지로 나눌 수 있다. 첫째는 갑자기 일어난 사건에 의한 정신적 충격으로 우울증과 같은 정신적 장애가 바로 그것이다. 정상이 심하면 정신분열증까지 변할 수 있는 소지가 있어 환자 및 가족들은 필히 정신과 치료를 요하고 있다.

이것은 외적(外的)인 충격으로 갑자기 기(氣)가 소진하여 생기는 것으로 이 때 빙의가 어김없이 나타나 육신을 침공한다. 검은고양이(黑猫)든 흰고양이(白猫)든 쥐를 잡는 데는 조건이 없어야 한다. 정신과 치료를 병행하면서 단전호흡으로 기(氣)를 보강시키고 앞서가는 스승의 지도를 받으면 빠른 시간 내로 회복될 수 있다.

두 번째로 잘못된 사도(邪道)의 수행법으로 빙의가 된 현상이다. 중세 유럽의 마녀사냥은 기독교정신의 대표적인 사례로 하느님을 외면한 어떠한 종교의식도 부정하였다. 그 이유는 이들의 모든 행위는 귀신을 불러들이는 행위로 간주했기 때문이다. 마녀(魔女)는 마녀를 확대 재생산한다는 결론이다.

명상의 이름을 걸고 의념수련과 자기최면을 유도하여 기공치료나 조상천도를 부추기는 것 역시 일종의 종교적 행위이다. 이들을 잘 이용하여 성공한 국내의 몇몇 수련단체가 있다. 자기최면으로 두뇌를 세뇌하여 학습능력을 올리며, 초능력을 구사하고, 건강을 회복하는 듯 하지만 그것은 결국 빙의를 부르는 행위가 된다. 무심(無心)이 없는 집중의 명상은 겉보기는 그럴 듯 하지만 모두가 마귀의 짓거리임을 명심 또 명심해야 한다.

또 영매기질은 무당과 무관하지 않다. 영매란 무속(巫俗)

의 가계(家系)와 무관하지 않고 사법(邪法)의 수행으로 빙의 된 조상을 가진 이들도 포함된다. 무당의 영(靈)에 접신된 조상이 있거나 사법(邪法)의 수행자를 조상으로 두면 자손 대대로 귀신의 굴레에서 빠져 나오지 못하고 후손(後孫)중 에 누군가 영적(靈的)인 장애를 받는다. 이것은 거부할 수 없는 필연으로 아무리 뛰쳐나오고 싶어도 영병(靈病)이 따라다녀 절대로 자유로울 수 없다.

　병명(病名)이 나오지 않은 이상한 질병으로 고생하는 이들은 내림영(靈)의 장난이 대부분이다. 오늘의 잘못된 수행은 나 자신뿐 아니라 자손에게로 이월된다. 초자연계는 함부로 들어올 수 있는 곳은 아니다. 이곳은 언제나 어두운 함정이 시커먼 입을 벌리고 기다리고 있음을 결코 잊어서는 안된다. 이들의 치료는 정법(正法)의 수행으로 무장한 선지식(善知識)만이 퇴마가 가능하다.

## 빙의(憑依)의 현상

　건강을 위하여 단전호흡을 하거나 웰빙선풍으로 명상을 찾는 이들에게 초자연계의 공포를 꼭 전하고 싶다. '혹 떼러 갔다가 혹 부쳐온다'는 속담처럼 잘못된 명상은 엄청난 결과를 초래하여 영혼을 피폐시킨다. 사이비 종교가 그러하듯이 조상 천도제나 맹신을 유도하는 자기 최면식 명상은 그 피해가 심각하다.

기공(氣功)을 연마하는 수행자들 대부분 정신통일만을 목
표로 하여 잡념을 지우는 의념수련이나 자기최면을 유도하는
데 이것은 큰 잘못이다. 그 이유는 빙의령의 출현이다. 영(靈)
이란 눈에 보이지 않는 에너지의 다른 이름이다. 집중하면 에
너지(氣)가 생기지만 이것에 집착하면 빙의(憑依)가 된다.
　빙의령(憑依靈)은 가슴의 전중혈에 근거를 두고 두뇌의 경
혈들을 모두 장악하여 맹신을 유도한다. 두뇌의 중요성은
아무리 강조해도 무리가 없다. 고급수행자는 빙의된 이들과
동석(同席)하거나 전화통화를 해도 빙의령은 금방이라도 공
간을 넘어와 두뇌의 경혈을 막는다. 영계(靈界)의 특징상 빙
의령은 자신보다 차원이 낮은 에너지는 거들떠보지 않고 언
제나 고급의 정기(精氣)를 원한다.
　지독한 원귀(冤鬼)의 빙의령은 고수(高手)의 기공수련가도
몇 개월을 고생하기도 한다. 암환자를 치료하던 기공치료사
가 본인이 오히려 말기암으로 전이되어 죽음을 맞이하는 것
도 모두 빙의령을 예사롭게 본 탓이다.
　국내최고의 퇴마사로 자처하는 모씨도 영가천도제를 지낸
후 빙의령의 공격으로 의식을 잃고 쓰러졌다. 응급실에서 3
일만에 깨어났음을 본인 스스로 월간지에 실토한 후 종적을
감췄다. 이처럼 초자연계는 언제나 함정이 있음을 수행자는
명심해야 한다.
　기(氣)수련은 영혼의 존재를 쉽게 감지할 수 있다. 영혼
은 에너지의 일부로 육안으로 볼 수 없지만 에너지의 파장
이기 때문에 기(氣)를 수행의 전부로 알고있는 기(氣)수련가

는 어느 경지에 도달하면 감지할 수 있게된다.
 그러나 기공수련의 강한 집중은 기(氣)를 운용하고 영(靈)의 존재를 알 수 있는 초능력을 선사하지만 어느 듯 접신이 되면 자신도 모르는 아집(我執)이 생겨 맹신의 덫에 걸린다. 그리하여 작은 초능력으로 우쭐대고 거만을 부리지만 그것은 일순간의 착각도사로 그치고 오히려 정기(精氣)를 빼앗겨 불과 십년미만으로 목숨을 잃는다.
 빙의령의 감지능력은 수행의 척도가 될 수 있다. 그러나 천도능력이 없이 감지할 수 있는 능력은 오히려 고통만 주는 부작용으로 사회생활이 불가능하다. 마치 상처가 물 속에서 아려오듯 만나는 사람의 빙의령 때문에 고생이 이만저만이 아니다. 빙의(憑依)란 질병의 뿌리로 아프지 않는 사람이 없기 때문이다. 빙의된 조카를 치료한다고 결국 존속살인까지 저지른 몇해 전 사건은 초자연계의 두려움을 실감한다.
 영(靈)의 에너지를 기공(氣功)으로 이용하는 수행자는 접신된 무당과 다름없다. 기공치료를 하거나 퇴마를 한다는 그들은 모두가 수준이하의 능력자임을 직시해야한다. 졸저 {카르마(신선도와 빙의령)}의 애독자중 일부는 빙의에 의한 고통을 심각하게 호소하고 있다. 빙의는 대부분 잘못된 수행으로 얻어지는 결과이다. 무심(無心)이 아닌 일심(一心)에 의한 집착으로 나타난 것으로 지금까지의 수행법을 당장 중단해야한다.
 자연이란 '함이 없는 함(無爲)'으로 구속하지 않고 억지를 내지 않으면 장애를 가져오지 않는다. 아무리 높은 법력의 세계적인 선승일지라도 무심을 논하지 않으면 그들은 귀신의 하수인에 불과하다. 그들의 소문이 하늘을 찌르고 세계를 감복시켜도 그것은 유명세를 등에 업은 달변가일 따름이지 우리가 기다리는 선지식이 아님을 상기해야한다.
'구(求)하지 말 것이며, 의지하지 말 것이며, 상(相)을 만들지 말아야함'을 불전(佛典)은 누누이 강조하고 있다.

## 5) 성령(聖靈)과 악령(惡靈)

초자연계는 눈에 보이지 않는 에너지의 세계로 성령(聖靈)과 악령(惡靈)으로 양분되어 있다. 성령(聖靈)은 글자그대로 성스러운 에너지로 태양과 같은 하느님의 사랑, 부처님의 자비로 항시 인간이 평화롭게 삶을 살아가는 원동력이 된다. 이에 비하여 악령은 힘으로 가득 찬 폭력적이며, 목적을 위하여 수단과 방법을 가리지 않는, 인간 세상에는 막강한 힘으로 통하고 있지만 그것은 하늘로 쏘아 올린 화살처럼 언젠가 추락하는 유한한 에너지의 결정체이다.
집중의 몰입은 에너지를 만들 수 있다. 무술의 격파술이나 기공사들의 초능력, 최면술등이 이것을 증명한다. 초능력은 육신의 의식을 바탕으로 연마하며 자아(自我)의 몰입이다. 그들이 구도자(求道者)와 다르게 접신이 잘 되는 까닭이 따로 있다. 잘먹고 잘사는 것이 중요한 목적이라 언제나 악(惡)과 친하기 때문이다.

성령(聖靈)은 소가 물을 마시면 우유가 되는 것과 같고 악령(惡靈)은 뱀이 물을 마시면 독이 되는 이치와 같다. 그 시작과 목적이 각기 달라 한편은 성령의 기운이 되고 또 다른 한편의 집착과 욕망은 마왕의 지배를 받는 것이 에너지의 법칙이다. 이것은 무당과 선승(禪僧)의 비유에서도 알 수 있다. 무당도 부처님을 모시고 예불하는 모습은 선승과 다름이 없다.

깊은 산중에서 산(山)기도로 일관하는 처절한 광경은 선승과 무엇이 다른가를 도무지 알 수 없다. 그 이유는 단하나! 그들은 신(神)에게 간구하고 기도하며 초능력과 복(福)에 매달린다. 그러나 선승(禪僧)은 이들과 분명히 다르다. 굳이 목적이 있다면 무심(無心)이 그의 목표이다.

시중에 소개되는 명상기법은 그 대부분이 엉터리이며 무당의 내림굿이나 다름없다. 그들은 언제나 의념수련이나 차기최면을 유도한다. 의념수련은 자기최면과 같은 효과를 가져와 생각을 트랜스(전환)시키는 세뇌훈련과 다름없다. 손바닥 위에 뜨거운 불덩어리가 있다고 최면을 걸면 어느 듯 뜨거운 감이 생기게 되는 현상은 마치 김일성 주체사상에 세뇌된 북한 동포들의 한심한 의식 수준과 똑 같은 모습이다.

이것보다 더욱 심각한 것은 잘못된 수행법을 연마한 학교 선생님이 초,중,고 학생들을 상대로 단전호흡이나 명상을 가르치는 행위이다. 명상을 통하여 건강과 학습능력을 향상시킬 수 있다는 슬로건으로 어린 초등교 학생들에게 영험이나 신비의 초자연계를 부추기는 행위는 그 끝이 두렵다.

　명상은 초자연계 진입의 지름길이다. 사리(事理)분별력이 부족한 어린 학생들에게는 초자연계 함정의 깊이가 너무나 커 종래에는 막대한 장애가 생긴다. 그 이유는 명상에서 오는 초능력이나 신비는 대부분 접신(接神)을 불러오기 때문이다. 지금 당장은 학습능력에 변화가 있어 흥미를 가질 수 있지만 시간이 지남에 따라 각종 빙의령에 시달리며 결국 정신분열증을 일으켜 사회적응이 불가능해지는 병폐로 이어진다.

　중학교 시절 담임선생님으로부터 의념수련의 단전호흡을 익힌 대학생이 빙의령에 시달리다 못해 본회를 방문하였다. 이곳 저곳 정신과 병원에서 치료를 받았지만 좀체 회복이 되지 않는다며 결국 학교를 휴학하는 지경에 이르렀다. 헛것도 보이고 이상한 소리도 들려서 일상생활이 불가능하며 도저히 잠을 잘 수 없다는 것이다.

　기독교나 불교에서도 단전호흡을 마귀 보듯 한다. 정신병으로 교회나 산사를 찾아오는 이들 대부분 잘못된 단전호흡으로 인한 후유증인 탓이기 때문이다. 이 모든 것이 잘못된 수행으로 인한 초자연계의 정보이다.

　초자연계는 초능력과 신비만 있는 곳이 아니라 그 곳은 마왕의 영역으로 한번 발을 잘못 들면 영원히 빠져 나올 수 없는 악마의 소굴로 종래에는 정신병을 일으켜 주위사람들을 안타깝게 한다. 뛰어난 학습능력을 기대하거나 신비(神秘)를 동경하는 학부형은 초자연계의 무서움을 상기할 필요가 있다.
 주위가 산만한 어린 자녀를 둔 부모는 한번쯤 명상의 힘으로 집중을 키울 수 있지 않을까하고 생각할 수 있지만 무술이나 운동을 통하여 육체적인 집중이 먼저이다. 명상은 깨달음의 목적이 동반되어야 소기의 성과를 거두어 있어 진정한 삼매를 만날 수 있다.
 삼매(三昧)는 잠이 든 상태나 최면이 걸린 상태의 트랜스와는 전혀다르다. 자아(自我)의 의식을 작게 또 작게 줄일 때 현실을 초월하는 깊은 침묵의 삼매를 만날 수 있다. '자아(自我)를 정복한다! 정복한다!' 며 최면을 걸어 자아를 정복했다고 주장하는 무아(無我)는 진통의 효과며 환각의 그림이다. 비행기가 이륙(離陸)을 위하여 활주로를 전속력으로 달려나가 듯이 깊은 침묵의 시간만이 삼매의 공간인 절대계로 진입할 수 있다.
 요가나 태극권도 문제가 있다. 요가의 아사나는 현대인에게 가장 적합한 체조임에는 틀림없지만 '자기의 건강이 좋아지고 있다, 좋아진다! 좋아진다!'는 자기최면식 명상은 언제나 영(靈)을 불러 접신을 만든다.
 태극권도 마찬가지이다. 느린동작과 스트레칭은 심신의 안정과 활기(活氣)를 만드는 '움직이는 명상'으로 서구(西歐) 상류사회에서 대단한 붐을 이루고 있다. 특히 노년인구의 증가추세는 태극권의 세계제패는 시간문제다. 그러나 상호간에 기(氣)를 주고받는 의념수련이 태극권을 망치고 귀신을 부르는 행위가 되어 빙의가 된다.

특히 영가천도를 주관하는 퇴마사나 기공(氣功)치료를 한
답시고 거만을 떠는 착각도사들 역시 접신(接神)이 된 무당
과 진배없다. 인간의 육신으로는 초능력을 절대로 사용할
수 없다. 오직 악령(惡靈)인 귀신의 힘으로만 초자연적 현상
을 보여줄 따름으로 무당이 아닌 다음에야 초능력은 구사할
수 없다. 그들에게 퇴마를 의뢰한다든지 치료를 받는 행위
는 무당에게 내림굿을 받아 작은 무당이 되는 결과임을 명
심해야한다.

오직 하나, 치유의 은사란 '함이 없는 함(爲不爲)'이다. 이
것은 성령(聖靈)의 힘이요, 불성(佛性)의 자비며, 본성(本性)
의 위대한 실체이다. [금강경]에 이르기를 '응무소주이생기
심(應無所住 而生其心) 머무름이 없이 내는 마음'이 곧 부처
의 자리임을 우리는 상기해야 한다.

영험(靈驗)을 좇아 맹신에 빠지는 것보다 수행의 초발심으
로 다가가 경전의 말씀을 가슴에 새겨 선(善)을 베풀고 수행
의 공덕을 쌓아 청정(淸淨)을 이루어야 한다. 청정의 법력은
빙의령을 천도할 뿐 아니라 나아가 위대한 실체인 본성(本
性)을 만날 수 있는 기틀이 된다.

'나는 무슨 일이나 내 마음대로 할 수 없고, 그저 하느님께
서 하라고 하시는 대로 심판할 따름이다. 내가 이루고자 하
는 것은 내 뜻이 아니라 나를 보내신 분의 뜻이기 때문에 내
심판은 항상 올바르다.

− 요한복음5;30 −

## 2. 초자연계

 초자연계는 과학으로 증명하거나 밝힐 수 없는 곳으로 현실과는 멀리 동떨어져 있다. 그래서 보통 사람은 감히 접근조차 허락지 않는다. 그리하여 초능력을 구사하거나 종교의 신비한 체험은 인간의 힘이 아닌 저편 영(靈)의 세계에서 오는 특별한 경험이거나 아니면 하느님의 힘으로 신령스럽고 조심스럽다.
 그러나 초자연계란 그렇게 멀리 있는 것이 아니다. 일상에서 잠시 물러나 조용히 눈을 감고 집중만 하면 곧 바로 초자연계를 체험할 수 있다. 그것뿐 아니라 손을 가만히 흔들거나 혹은 느린 동작의 몸짓만으로 손바닥에 흐르는 짜릿짜릿한 전류의 감각을 느낄 수 있다. 이러한 일들이 바로 초자연계의 현상이다.
 바람은 눈에 보이지 않지만 나뭇잎이 흔들리는 것을 보고 알 수 있듯이 초자연계는 집중의 끝에 살며시 나타난다. 선승(禪僧)이 고행을 기쁨으로 여기는 것은 초자연계가 깨달음으로 가는 길목임을 잘 알고 있기 때문이다. 허나 초자연계의 길목은 신비주의와 맹신(盲信)의 늪으로 수많은 함정을 파 놓고 그 길을 찾아오는 이들을 기다리고 있다.
 깨달음의 최고의 경지가 바로 열반(니르바나)이다. 열반이란 단일절번뇌(斷一切煩惱), 일체 번뇌를 다 끊는 것을 말한다. 죽고 사는 생사(生死)를 초월한 것이 해탈이며 열반이다. 생사의 초월은 '나는 초월할 수 있다, 혹은 초월했다'의 자기 최면은 아니다. 그렇다고 무슨 특별한 비법이 전해오는 것은 더욱 아니다. 그 길은 오직 집중을 통한 초자연계의 진입만이 초월과 해탈을 설명할 수 있을 뿐이다.

그러한 초자연계의 체험이 깨달음을 기초한다. 이러한 체험은 선험(先驗)이라는 이름으로 수행자를 지혜로 이끈다. 정법이란 무슨 특별한 수행의 비법이 있는 것이 아니라 자연의 흐름이다. 집중(集中)으로 관(觀)을 완성하고, 관(觀)으로 청정(淸淨)을 맞이하면 자연의 흐름을 감지할 수 있다. 자연이란 인위(人爲)가 개입되지 않는 무위(無爲)의 경지로 '함이 없는 함' 이다.

"내가 이 세상을 떠난 뒤에 어떤 사람이 나는 몸소 여래(如來)에게서 듣고 또 여러 조사(祖師)에게서 듣고 혹은 한 사람의 스승에게서 이와 같은 법(法)을 배웠다고 말하는 자가 있더라도 너희들은 그것을 들은 뒤에는 경(經)에 의지하고 율(律)에 의지하고 법(法)에 의지하여 그것이 거짓인지 참인지 생각하여라. 그리하여 그 본(本)과 말(末)을 연구하여야 한다. 만일 그가 설(設)한 것이 경(經)에도 율(律)에도 법(法)에도 의지한 것이 아니면 그것은 악마(惡魔)의 설(設)인 것이다.

그러므로 너희들은 바른 여래의 가르친 말로써 이것을 밝히고 그 사람으로 하여금 경(經)을 듣게 하고 율(律)을 받게 하여 법(法)을 지키는 것이 좋을 것이다. 그가 만일 경과 율과 법을 따르지 않거든 너희들은 이것을 쫓아내지 않으면 아니된다. 왜냐하면 악독(惡毒)한 풀을 뽑아 버리지 않으면 좋은 싹이 상처를 입는 까닭이다"

(불반열반경)

### 거룩한 것을 욕되게 하지 말라(마태오 7 ; 6)

 거룩한 것을 개에게 주지 말라. 진주를 돼지에게 던지지 말라. 그것들이 발로 그것을 짓밟고 돌아서서 너희를 물어 뜯을지도 모른다.

 예수는 양의 탈을 쓴 이리같은 선지자들을 조심하라고 가르쳤고 석가는 참된 진리가 아닌 악마의 궤변(詭辯)을 멀리 쫓아내라고 하였다. 우리 주변에 알음알이로 무장(武裝)한 착각도사들이 모르고 아는 체 하며 서성대고 있다.
 진리가 공(空)이라는 견해를 가지고 불전(佛典)에 있는 모든 수행법이 또한 방편이요, 뗏목이라 무시하고 무조건 공(空)을 주장하는 단멸공(斷滅空), 무기공(無記空), 악혜공(惡慧空)도 경계해야 하지만 그 보다 더욱 무서운 것은 스님이나 수행자를 가장한 접신(接神)의 영가천도능력자이다.
 모 인기 탤랜트의 영가천도경험은 원인모를 우환에 시달리는 이들에게 가뭄 끝에 비를 만나듯 시원하다. 수년동안 빙의령에 시달림을 받아 우울증으로 고통을 받다가 생불(生

佛)스님의 영가 천도로 정상적인 생활을 하게 되었다는 것이다. 그러한 능력있는 스님에게 누구나 의지하고 싶은 마음이 불현듯 일어난다.

그러나 이것은 일시적인 현상이지 영원한 것은 결코 아니다. 왜냐하면 빙의령이란 자기의 업장(業障)으로 본인이 해결해야지 남이 갚거나 청산할 수 없는 것이기 때문이다. 그래도 질병에서 털고 일어나 생활이 가능한 것은 기적이 아니겠느냐고 반문하겠지만 그것은 '마귀의 두목을 불러 마귀를 쫓아내는 것' 처럼 통증을 느끼는 신경을 마비한 것에 불과하다. 다시말해 진통제를 투여하여 일시적으로 고통에서 잠깐 물러서게 한 것과 다름이 없다.

천기(天氣)는 신경(神經)과 다름없는 인체의 경혈을 열어 건강과 자의식(自意識)을 선사한다. 그리하여 생활인으로 정상적인 사고와 행동으로 본분을 다한다. 그러나 접신된 영(靈)의 에너지는 인체의 경혈을 막아 우선 통증을 완화하는 듯 하지만 그것은 마약의 독성(毒性)처럼 습관성과 통제력의 상실로 맹신(盲信)의 족쇄를 차게된다.

이와같은 사례는 어제오늘의 일이 아니라 서구 중세 마녀사냥의 화형(火刑)과 깊은 관계가 있다. 그 이유는 근묵자흑(近墨者黑)으로 마녀는 또 다른 마녀를 낳는 확대 재생산의 원리를 일찍이 깨달았기 때문이다. 이는 곰팡이가 박테리아를 재생산하는 결과와 동일하다.

## 1) 기(氣)는 성령(聖靈)이 아니다

 교회에서는 열광적인 기도로 하느님을 찬양하며 선승(禪僧)은 참선으로 삼매를 논하며 기공수련자는 단전호흡으로 집중에 몰입한다. 그리하여 집중은 어떤 형태이든 에너지로 우리에게 다가온다. 이들의 에너지는 정신적인 안정과 성취감으로 심신의 건강과 평화를 가져와 삶의 질을 높이는데 일익을 담당하고 있는 것은 사실이다.
 중국기공(氣功)은 실용적으로 기(氣)를 질병치료에 이용하고 있다. 한 발 나아가 선진 강대국에서는 전쟁에 관련되는 정보수집에 응용할 수 있는 초능력의 기공(氣功)을 개발하여 시험한 예도 있었다.
 그러나 정신적에너지는 형이상학이라 그 이상은 밝힐 수 없다. 그럼에도 불구하고 초자연계를 과학적으로 밝히려는 부단한 노력은 계속되고 있다. 과학의 발달은 인간 유전자 세포인 게놈지도를 완성하는 개가를 올려 기염을 토했지만 우주의 생성과 생명의 근원을 과학적으로 증명하기란 아직 요원하다.
 더구나 영(靈)의 세계나 윤회설의 업장을 과학적으로 푼다는 것은 어불성설이다. 영(靈)이란 역에너지의 군단으로 평화를 깨뜨리고 질병과 액운(厄運)으로 시련과 고통을 선사하는 어둠의 용병들이다. 이들은 업장(業障)의 이름으로 나타나며 빙의령의 모습으로 인체에 기생한다.
 인간의 유약함은 닥쳐올 미래의 기대감과 불안감으로 눈

에 보이지 않는 힘의 근원인 신(神)에게 의지하고픈 속성이 있다. 그리하여 신(神)과 내통하는 이들에게 무언으로 의지하게되니 샤머니즘과 무속의 이름을 달고 마왕의 수하들이 인간세계에 활동하고 있다. 무당들의 선택은 육신의 정기(精氣)를 포기하는 조건으로 마왕의 하수인으로 행세한다. 그들은 영(靈)의 지시를 따르고 복종만 하면 작은 초능력을 얻는다.

기공(氣功)수련은 초자연적인 능력을 구사하기가 가장 용이하다. 그 이유는 영(靈)을 부르는 행위는 아니지만 집중을 통하여 정신적 에너지인 기(氣)를 한 곳으로 모을 수 있는 수행이기 때문이다. 그러나 목표가 없는 기(氣)수련은 자칫 초능력에 빠져 그 곳이 절대계로 진입하기 위한 발판쯤으로 오인되고 있다. 집중의 강한 집착은 어느 듯 영(靈)을 부르는 결과를 가져와 본인도 모르게 접신(接神)이 된다

흔히 체육전문대학에서 가르치는 중국식 기공체조나 한의대의 기공치료는 그 이름만큼이나 화려하지 않고 실적 또한 미비하다. 그 까닭은 접신을 받아들이는 내림굿의 의식이 빠졌기 때문이다. 기공치료자격을 획득한 한의사보다 오히려 무당이나 퇴마사들이 영(靈)을 불러 질병을 치료하는 편이 결과가 훨씬 나을 것이다.

기공수련은 경혈의 주천(周天)이 시작되면서 기운(氣運)을 느끼고 그것을 남에게 방사할 수 있는 능력이 나타난다. 의식만으로 기(氣)를 보내 작은 초능력을 구사하고 가끔씩 질병을 치료하기도 한다. 기공(氣功)은 마술과 같이 신비한 눈

요기감 이상은 아니며 그 힘은 언제나 한계를 들어내며 결국 소멸된다. 일가(一家)를 이룬 중국기공의 대가들이나 그들의 지도를 받은 국내 기공사들이 제법 초능력을 구사한다고 하나 그 힘은 미미하여 성령과는 비교조차 불가하다.

예수가 제자들을 거느리고 사마리아 지방의 시카르 동네를 지나다가 야곱의 우물에서 사마리아 여인에게 물을 얻어 마시는 구절이 요한 복음 4장에 나온다. 그 때 예수는 자기에게 물을 대접한 여인에게 성령의 법문(法問) 한 토막을 말씀하신다.

예수께서는 "이 우물물을 마시는 사람은 다시 목마르겠지만 내가 주는 물을 마시는 사람은 영원히 목마르지 않을 것이다. 내가 주는 물은 그 사람 속에서 샘물처럼 솟아올라 영원히 살 것이다"하셨다. (요한 4; 13-14)

영원한 생명의 샘물이라면 하느님으로부터 오는 성령을 두고 한 말이다. 성령은 영원한 생명이요, 무한한 법력으로 모자람이 없다. 기독교 성령은 하느님의 내적인 힘인 동시에 사랑이며 부처님의 법력은 법신의 화현이며 자비이다. 이 둘은 무한대의 에너지로써 무소부재(無所不在)하고 무소불위(無所不爲)한 능력을 가지고 있다.

수행이란 어쩌면 기(氣)를 성령으로 탈바꿈하는 과정인지도 모른다. 그렇지만 성령을 받기 위한 자세는 단순한 집중이나 명상은 결코 아니다. 육신의 에고(ego)를 쉬게하여 '내 이웃을 내 몸처럼 사랑'하고 '어린이 같은 맑음'으로 거듭나야 할 것이다. 집착의 인위(人爲)가 아닌 무위의 자연으로 회귀하면 그때 비로소 성령을 마주 할 것이 틀림없다.

일심의 집중에서 털고 일어나 자기를 비우는 무심의 마음법이야 말로 성령을 맞이하는 계기가 된다. 일심(一心)의 강한 집착은 빙의를 부르지만 결과를 기대하지 않는 무심은 성령과 관세음보살의 법력이 항상 주위를 맴돌며 수행자를 보호하고 빙의령 천도를 주도하고 있다.


**참된 행복**(루가 6 ; 20- 23 )
마음이 가난한 자는 행복하다.
하늘 나라가 그들 것이다.
슬퍼하는 사람은 행복하다.
그들은 위로를 받을 것이다.
온유한 사람은 행복하다.
그들은 땅을 차지 할 것이다.
옳은 일에 주리고 목마른 사람은 행복하다.
그들은 만족 할 것이다.
자비를 베푸는 사람은 행복하다.
그들은 자비를 입을 것이다.
마음이 깨끗한 사람은 행복하다.
그들은 하느님을 뵙게 될 것이다.

평화를 위하여 일하는 자 행복하다.
그들은 하느님의 아들이 될 것이다.
옳은 일을 하다가 박해를 받는 사람은 행복하다.
하늘 나라가 그들의 것이다.

## 2) 육신과 법신

광야에서 유혹을 받으신 예수(마태오 4 ; 1- 11)

그 뒤에 예수께서 성령의 인도로 광야에 나가 악마에게 유혹을 받으셨다. 사십 주야를 단식하시고 나서 몹시 시장하였을 때 유혹하는 자가 와서 "당신이 하느님의 아들이거든 이 돌더러 빵이 되라고 해 보시오."하고 말하였다. 예수께서는 "성서에 '사람이 빵으로만 사는 것이 아니라 하느님의 입에서 나오는 모든 말씀으로 살리라.'고 하지 않았느냐?"고 대답하셨다.

그러자 악마는 예수를 거룩한 도시로 데리고 가서 성전(聖殿) 꼭대기에 세우고 "당신이 하느님의 아들이거든 뛰어내려 보시오. 성서에, '하느님이 천사들을 시켜 너를 시중들게 하시리니 그들이 손으로 너를 받들어 너의 발이 돌에 부딪치지 않게 하시리라' 하지 않았소?"하고 말하였다. 예수께서는 "주님이신 너의 아버지를 떠보지 말라."는 말씀도 성서에 있다."하고 대답하셨다.

악마는 다시 아주 높은 산으로 예수를 데리고 가서 세상의 모든 나라와 그 화려한 모습을 보여 주며 "당신이 내 앞에서 절하면 이 모든 것을 당신에게 주겠소"하고 말하였다. 그러자 예수께서는 "사탄아, 물러가라! 성서에 '주님이신 너희 하느님을 경배하고 그분만을 섬겨라' 고 하시지 않았느냐?"하고 대답하셨다. 마침내 악마는 물러가고 천사들이 와서 시중 들었다.

마귀는 육신 속에 있는 자아(自我)이며 성령은 깨달음의 법신이다. 육신(肉身)속에 있는 마귀의 나와 성령의 나가 서로 대립하면서 빚어내는 육신의 유혹을 예수께서는 진솔하게 토로한다. 마침내 하느님이 보내신 성령으로 거듭 난 깨달음의 법신은 육신의 나인 악마의 성품을 성령으로 제압한다.

육신의 나(我)에서 하느님이 보내신 성령의 나로 거듭나는, 위로부터 나는 과정을 보여주고 있다. 악마의 비유는 육신이 가지고 있는 짐승의 성품을 뜻하며 성령의 인도는 깨달음의 시작이다. 예수께서 누리는 권세와 영광은 육신에서 나오는 초능력이 아니라 오직 성령의 깨달음에서 나오는 하느님의 위대한 권능일 따름이다.

광야의 고행에서 얻은 것은 육신의 무기력함이다. 인간의 육체는 미약하고 아무 쓸모없는 고깃덩어리에 불과하여 단 몇끼만 먹지 않아도 금방 허물어져 약해진다. 이틈을 노린 악마는 유혹의 손길을 뻗쳐 육신의 예수를 꼬드긴다.

유혹의 시험이란 악마의 속성인 육신을 인정하라는 것이

다. 첫째의 시험은 굶주림에서 오는 음식의 욕구를 나타내고 있다. 굶주림은 천하장사도 이기지 못하는 고통으로 죽음과 연결된다. 그러나 예수께서는 육신의 속성을 부정하지 않으면 성령의 법신이 몸의 주권을 잡지 못함을 제시하고 있다.

둘째의 시험은 성령으로 거듭난 성신(聖身)이 하느님의 아들이지 육신의 나는 하느님의 아들이 아니라는 깨달음이다. 그러므로 육신을 가지고 하느님 아들 노릇을 하려고 해서는 안된다. 돌로 빵을 만들고 높은 데서 뛰어내려도 무사할 수 있는 초능력따위를 인간의 몸으로 일으키려는 헛된 생각을 버린 것이다.

예수님의 위대함은 카리스마보다는 가장 인간적인 면모가 드러날 때 그 가치를 더한다. "주여! 하느님 아버지께서는 무엇이든지 다하실 수 있으시니 이 잔을 나에게 거두어주소서, 그러나 제 뜻대로 마시고 아버지의 뜻대로 하소서"(마르코 14; 16) 삶과 죽음을 초월한 그리스도였지만 가끔씩 인간 예수의 연약한 모습에서 비교 우월적으로 하느님의 위대성을 돋보이게 한다. 물론 기록자들이 문장의 굴곡을 위한 방편일 수 도 있지만 인간이 가질 수 있는 진솔한 모습에서 친근감을 높인다.

셋째는 세상의 부귀와 권세를 누리며 육신으로 살 것을 유혹한 것이다. 초능력 다음으로 예수에게 다가온 유혹은 세속의 부귀영화였다. 갈릴리 시골 목수의 아들로 태어난 예수는 경제형편이 어려웠던 것이 최고의 함정이었다.

부(富)하고 귀한 상류층 사람들이 부러웠을 때도 있었을 것이다. 그러한 마음이 없었다면 마지막 깨달음의 순간에 세상 영화에 대한 유혹이 일어나지 않았을 것이다.

그러나 예수는 흔들리지 않고 "주 너의 하느님께 경배하고 다만 그를 섬기라 하셨느니라."(마태 4;11)며 육신과 깨달음의 법신의 의미를 완곡하게 선을 긋는다. 그러면서 이 모든 것은 법신의 능력으로 육신과는 전혀 관계없음을 선언하며 마귀의 유혹을 물리친다.

예수께서는 오직 하느님의 권세와 영광은 육신에서 나오는 것이 아니라 성령에서 거듭난 깨달음의 소산임을 밝히며 이 모든 유혹의 근원지가 외부의 악마가 아니라 내부의 육신임을 밝히고 있다.

육신의 욕심이 비어지면 성령이 샘솟듯 터져 나온다. 상대적인 이성(理性)은 상대를 넘어 절대계까지 이르지 못하지만 절대는 상대세계라 하여 경계가 있는 것이 아니다. 절대는 상대를 포함하고 있으며 절대의 그림자가 상대계이다. 그리하여 자아(自我)를 정복한 예수님의 마음에 성령이 내려와 위대한 능력의 기적을 보여주고 있는 것이다.

그러면 우리도 집중하여 자아(自我)를 쉬게 하면 성령이 샘솟듯 내려오는 것일까? 한 마디로 그렇지 않다. 그 이유는 집중은 아직 상대계의 현상으로 그 자체가 절대계의 진입은 아니다. 오직 선정(禪定)의 지혜인 삼매가 있어야 깨달음의 그곳, 절대계를 엿볼 수 있기 때문이다.

## 삼매(三昧)

 인류의 조상은 에덴동산에서 시작된다. 에덴동산에서 아담과 이브가 선악과를 베어먹는 순간 자신이 벌거벗고 있음을 알고 부끄러워 나뭇잎으로 신체의 일부를 가린다. 이것은 곧 자아(自我)의 발견을 의미한다. 실낙원은 인간에게 상대계의 추락과 함께 또 다른 절대진리를 말하고 있다. 곧 자아(自我)의 극복이 바로 절대계의 회귀(回歸)를 암시하고 있다.
 깨달음이란 자아(自我)의 초월이다. 나라는 존재의 초월만이 이성과 감성을 벗어날 수 있어 내가 없음(沒我)을 강조한다. 나라는 육신이 분명히 존재하는데 어떻게 나를 없애고 초월할 것인가를 두고 동서고금의 많은 수행자들이 그 방법을 내 세운다.
 그들 중 가장 대중적인 것이 자기 최면이다. 그렇지만 자신의 존재를 '내가 없다'라고 최면을 유도하면 과연 없어지는 것일까? 결론적으로 최면상태의 트랜스가 자아를 진정 초월했다고 말할 수 없을 것이다.
 떠오르는 생각을 한 점(點)에다 던진다고 생각자체가 없어지는 것이 아니며 또 탱크의 캐트필라로 깔아뭉갠다는 상상으로 자아(自我)를 초월할 수 있는 것은 결코 아니다. 그렇다면 '이 뭐고!'의 화두는 어떨까? 화두는 일반적 집중의 명상과는 달리 의중(疑症)이 은산철벽을 만날 때 깨달음을 가져온다고 한다. 그러나 그곳이 과연 어딘가를 아무도 자신 있게 말하지 못한다.

자아를 초월했다고 아무리 주장해도 현실에서는 말이 되지 않는다. 자연계의 어떤 방식으로도 자아와 생사(生死)를 초월할 수 없다. 단지 길이 있다면 오직 깊은 침묵의 명상만이 초자연계를 진입할 수 있어 초월의 의미를 내포할 수 있다.

자아(自我)의 초월은 '성령으로 거듭난다'는 성경(聖經)의 의미와 같다. 성령의 하느님 나라는 '어린이와 같은 맑음'과 '이웃을 내 몸처럼 사랑' 하는 자비가 없으면 들어갈 수 없다. 계정혜의 삼학(三學)은 선정(禪定)의 핵심이다. 계(戒)를 확실히 지킨 집중의 정신통일만이 삼매(三昧)를 가져온다. 그리고 결과를 기대하지 않는 집중만이 삼매에 들 수 있다.

삼매는 인도말로써 마음이 산란하지 않고 요지부동해서 고요하다고 해서 정정(正定)이라고 번역하고 또는 삼매에 들어야 진리를 꿰뚫어서 바르게 본다고 정견(正見)이라고 말한다.

이러한 깊은 삼매가 아니라도 단전호흡으로 집중하면 우리는 초자연계의 첫걸음인 기(氣)를 느낄 수 있다. 초심자의 삼매는 처음에는 졸음과 같이 동행하여 언뜻 잠을 잔 것 같이 느껴지기도 한다. 그러다가 수행이 깊어지면 진정한 삼매의 시간을 맞이하게 되니 오직 무소의 뿔처럼 용맹정진이 있을 따름이다.

## 3) 하늘의 세계

 수없이 많은 생각의 소용돌이를 일념으로 순화시킬 때 삼매가 이루어진다. 수식관 호흡을 하든 화두를 들든 집중의 방법은 여러 가지가 있다. 단지 자기 최면의 의념수련이나 기복(祈福)을 비는 무당의 짓거리만 삼가면 된다. 그 이유는 앞에서 밝혔듯이 구(求)하거나 상(相)을 만들어 의지하면 영계(靈界)의 파장을 불러 저급령과 동기반응을 일으켜 빙의가 되기 때문이다.

 서구의 채널링 수행기법은 지구인보다 영격(靈格)이 진화된 고등영혼과의 정보를 통하여 신(神)과의 교감을 유도한다. 육신 속에 12개 각자의 영적인 파장으로 된 영체(靈體)가 따로 존재하는바 수행을 높여가면서 우주의 그 소속된 영체와 교신하며 수행(修行)지도를 받는다.

 황당하게 들릴 수 있지만 그것을 믿고 따라가면 무당이 새끼무당을 만들 듯 영적인 감응이 생기기도 한다. 어찌보면 머리 꼭대기에 우주의 파장을 받아들이는 안테나를 설치하는 국내 모 수행 단체보다는 덜 미혹스럽다. 이러한 일들은 밑에서 쳐다보면 존경스러운 영체(靈體)겠지만 위에서 내려보면 저급령의 집단에 불과함이 한 눈에 보인다.

 수행을 통하여 청정(淸淨)해지면 우주의 정보는 물론 초자연계인 영계(靈界)와 선계(仙界)의 소식까지도 감지할 수 있다. 불전(佛典)에는 천상(天上)을 10계나 혹은 33계로 나누어 설명하고 있으나 일반적으로 수행의 단계를 6단계로 설명할 수 있다.
 상대계인 영계(靈界) 3계와 절대계인 선계(仙界) 3계가 이들이다. 과거, 현재, 미래를 뜻하는 삼세(三世)는 다람쥐 채바퀴 돌 듯 윤회의 굴레에서 헤매는 나고 죽는 상대계이다. 오직 선계(仙界)의 3계만이 윤회가 없는 절대계에 있다. 영계(靈界) 3계와 선계(仙界) 3계 가운데 완충세계가 존재하여 수행을 게을리 하거나 집착(執着)으로 영혼의 등급이 떨어지면 다시 윤회의 상대계로 추락한다.
 제1계인 아스트랄계는 불경에 등장하는 아수라계와 동일하다. 시기심이 강하고 싸움을 일삼는 사람이 죽은 후에 떨어진다고 하는 악마의 세계로써 싸움이 끊임없다. 2계나 3계 역시 정도차이는 있으나 대동소이한 세계로 약간의 초능력을 구사할 수도 있다. 그러나 그 힘이 인간세계에서는 제법 커 영향을 미치기도 한다.
 죽은 이후에 영혼이 갈 수 있는 세계이지만 수행을 통해서도 미리 가볼 수도 있다. 왜냐하면 삼매(三昧)는 시공(時空)을 초월하는 초자연계의 한 부분이기 때문이다. 영격이 높아지면 높아질수록 성령으로 충만하여 천계의 높은 세계까지 갈 수 있다.
 지리산 실상사는 선종(禪宗)의 최초 가람으로 통일신라의 유적중 하나이다. 그 곳에 있는 명부전(冥府殿)은 천상계에 있는 누각을 옮겨 놓은 것으로 하늘나라가 있음을 중생에게 넌지시 알린다. 명부전이란 지옥행을 면한 영혼들의 사서함의 역할로서 윤회의 시간과 장소 그리고 복덕을 기록한 문서고이다. 겉모습 또한 일반인의 주거 수준과 비슷하게 지어진 형태이다.

그리고 그 다음 단계인 2계인 대부전은 겉모습이 반듯하게 정돈되어 한 눈에도 격이 사뭇 다르게 느껴진다. 대부전 역시 같은 문서고의 역할이지만 영격(靈格)이 조금 높은 영혼들의 기록이 정리되어 있다.

3계인 천부전은 날아갈 듯 한 기와처마로 우리나라 한옥(韓屋)의 전형과 같이 위용을 갖춘 건물이 당당한 모습으로 자리잡고 있는데, 물론 그곳은 영격이 높은 영혼기록과 함께 영혼의 휴식처 역할을 겸하고 있다.

수련 중 삼매에 들어가면 잠깐동안의 시간이지만 영계(靈界)를 구경하는 기회가 주어지는데 정신은 맑아 겨울날 호수 같은데 깃털 달린 새처럼 이곳저곳을 여행하게 된다. 그러나 영계의 3계 이상은 올라갈 수가 없다.

| | 천 | 상 | 계 |
|---|---|---|---|
| 선계(仙界)(해탈의 세계) | 3계 | 무상증득정각 | |
| | 2계 | 황금빛의 세계 | |
| | 1계 | 소리와 빛의 세계 | |
| | | 완충지대 | |
| 영계(靈界)(윤회의 세계) | 3계 | (천부전) | |
| | 2계 | 멘탈계(대부전) | |
| | 1계 | 아스트랄계(명부전) | |

## 관음(觀音)만이 그곳을!

　상대계란 너와 나의 구별이 있는 상대의 세계로서 생로병사와 길흉화복이 언제나 같이하며 또한 끊임없이 윤회하고 있다. 석가 부처의 깨달음은 나고 죽는 현상계(現象界)가 아닌 나고 죽음이 없는 절대계의 발견이며 그 곳은 내(自我)가 없는 무심의 집중만이 들어갈 수 있음을 설(說)하고 있다.
　집중의 정신통일은 질병 치료나 빙의령 퇴마의 효과를 가져올 수도 있다. 퇴마사가 영(靈)을 불러 대화를 나누고 어쩌고 해서 신비감을 주지만 이것은 무당의 짓거리에 불과하다. 그들은 언제나 영적인 한계를 가지고 있을 뿐 아니라 그 결과 역시 치졸하다. 그렇지 않으면 과학(科學)이 왜 필요하며 종합병원이 왜 있어야 하며 고등종교가 굳이 존재할 가치가 없을 것이다.
　잡념의 번뇌망상을 일념으로 순화시키는 작업이 수행이라면 그 일념을 무념으로 종착시키는 작업이 삼매이다. 이 삼매도 등급이 있어 고급법문을 만나지 못하면 일념의 집중인 착(着)으로 구분되어 초능력자로 전락된다.
　일념의 집중이 강한 에너지를 유도하여 초능력을 구사하지만 무념의 집중은 '하늘의 소리'를 만나 무한대의 법력(法力)을 창출한다. 다시말해 '하늘의 소리'인 관음(觀音)을 만나지 못하는 청정은 옳은 청정이 아니라 무늬만 청정이다.
　선정(禪定)이 어려운 것은 언제나 수많은 생각이 끊임없이 출몰하여 집중을 방해한다. 이것을 정리하여 한 곳으로 몰입하는 것이 선정(禪定)이다. 이를 얻기 위해서는 수식관 호흡으로 숫자와 호흡을 보든지 아니면 몸에서 일어나는 감각을 관(觀)하든지 그것도 아니면 '이뭐고!'로 화두를 타야한다.

그리하여 심신의 맑음이 이루어져 자연과 동화되면 기(氣)를 체험하고 경혈의 개혈을 인식하게 된다. 선정이 깊어져 맑음의 밀도가 높아지면 이윽고 정수리의 백회혈이 열린다. 이때쯤 집중의 대상은 인위적인 의식을 떠나 자연의 흐름인 묘촉을 만나게 된다. 묘촉이란 묘한 촉감의 줄인말로 굳이 의식으로 선정을 유도하지 않아도 묘촉은 언제나 수행의 길을 안내하며 마침내 '하늘의 소리' 관음(觀音)을 선사한다. 처음에는 멀리서 들리는 듯 하다가 어느 새 백회혈 가까이에서 들리는 듯 보인다.

수식관호흡으로 집중을 유도하면 심신의 청정(淸淨)이 서서히 나타난다. 청정은 자연의 흐름인 묘촉을 만들어내고 드디어 '하늘의 소리' 관음(觀音)이 나타나면서 깊은 몰아(沒我)의 세계에 빠지게 된다. 관음(觀音)은 하늘의 문인 백회혈에서 전생의 업장소멸을 진두지휘한다.

결국 전생의 업장은 하나 둘로 엮어진 끄나풀이 아니라 쇠뭉치처럼 단단하고 가죽같이 질겨 끝이 보이지 않는 실타래와 같아 집중의 관법(觀法)만으로 결코 부족하다. 오직 '하늘의 소리' 관음으로 무장한 관세음보살(觀世音菩薩) 천수천안의 자비의 법력이 아니고는 절대로 업장소멸을 할 수 없다.

현 육신(肉身)속의 탁기(질병등)와 전생 업장의 지푸라기인 빙의령을 한 동안 청소하던 관음은 점차 이마 중간 아즈나 챠크라(인당혈)로 자리를 바꾸며 관음의 밀도를 높이며 빛으로 그 모습을 바꾼다. 무념무상(無念無想)이 아니고는 결코 관음의 고급법문을 만나지 못하고 관음(觀音)의 도움이 없이는 전생의 카르마를 소멸시킬 수는 없다.

하늘의 문인 백회혈을 개혈해도 지속적인 수행의 기본을 따르지 못하면 다시 막힌다. 관음(觀音) 역시 정진(精進)의 중요성과 함께 앞서가는 스승의 도움이 있으면 시간을 절약할 수 있어 완충지대인 어둠의 세계를 쉽게 벗어날 수 있다. 소리와 빛으로 표현되는 선계(仙界) 역시도 무상증득정각으로 가는 길이지 마지막 열반은 아니다.

### 4) 수행의 오류

형상(形相)이 있는 모든 것은 사라진다. 사라지기 전에는 어떤 형태이든 성질은 바뀌면서 변질이 된다. 수행의 형태도 마찬가지다. 2,500년전 부처님 시절과 2,000년전 예수님 시절이 어제가 아니고 그제도 아니다.

오백년 도읍지를 필마로 돌았드니
산천은 의구하되 인걸은 간 곳 없네
어즈버 태평년월이 꿈 일련가 하노라

기독교는 성령으로 거듭남을 강조하고 있다. 하느님의 말씀을 믿고 따르기만 하면 성령이 샘물 터지듯 쏟아져 나올 것을 예견한다. "성령으로 나지 아니하면 하느님 나라에 들어갈 수 없느니라. 몸으로 난 것은 몸이요, 영(靈)으로 난 것은 영(靈)이다. 내가 네게 위로부터 나야 한다는 말을 기이하게 여기지 말라."(요한 3;5-9)며 육신과 성령의 구별을 전한다. 또, 말씀은 하늘에서 오는 것으로 "진리의 성령이 오면 그가 너희를 오로지 진리로 인도하리라"(요한 16;17)며 오직 믿음의 종교를 선택한다.

그러나 이 믿음은 자칫 직업 종교인의 손에 들면 맹신으로 탈바꿈한다. 유대인들이 예수를 죽인 것도 이러한 직업종교인의 종파심(宗派心) 때문이다. 자기 종교의 우월성이 성인(聖人)을 죽이고 진리를 죽이고 수행을 오류로 끌고 간다.

특히 예수를 팔고 부처를 파는 전문 직업종교인들에 대해서는 경계를 늦추지 말아야 한다. 교회나 사찰이 지나치게 많이 생기면 그 나라는 망한다. 통일신라와 고려가 망한 원인은 사찰이 많은 데 있다. 오늘 날 국내에 교회(사찰)가 지나치게 많이 생기는 것도 결코 좋은 일은 아니다.

신학교와 불교대학들이 우후죽순처럼 늘어나는 것도 바람직하지 못하다. 직업 종교인과 진실한 신앙인과는 아무런 관계가 없다. 진실한 신앙인이 많이 나와야 사회에 도의(道義)가 바로 서고 나라에 기강이 선다.

기도에 대한 가르침(마태오 6; 6)
　기도할 때에도 위선자처럼 하지 말아라. 그들은 남에게 보이려고 회당이나 한길 모퉁이에 서서 기도하기를 좋아한다. 나는 분명히 말한다. 그들은 이미 받을 상을 다 받았다. 너는 기도할 때에 골방에 들어가 문을 닫고 보이지 않는 네 아버지께 기도하여라. 그러면 숨은 일도 보시는 아버지께서 다 들어 주실 것이다.

　깨달음을 얻기 위하여 자아(自我)를 비우는 것에서 한 발 나아가 자아를 정복한 선정의 무심(無心)이 수행의 대미(大尾)다. 육근(六根)의 주관과 육식(六識)의 객관을 정복하든지 아니면 죽이든지 혹은 놓든지 무엇이든 해야할 것이다. 그러나 정복한다해도 무심이 아니고 죽인다해도 무심이 아니며 놓는다해도 의식이 가만 있지를 않는다.

　'聲前一句千聖不傳　소리 앞의 한 마디 진리는 천명의 성인도 전하지 못한다.'

[벽암록] 94칙

　불전(佛典)은 언제나 무념(無念)과 무착(無着)과 무주(無主)를 당부하고 있다. 의식의 충동이 없는 '응무소주이생기심'이 유일한 답이다. 수행의 오류가 생기는 까닭은 진리를 말과 문자로 설명하기 때문이다. 특히 문자의 확대해석으로 발생한 수행의 오류가 더욱 심각하다.

'불립문자(不立文字) 교외별전(敎外別傳)'이라 말로 할 수 없는 진리의 자리에서 보면 말과 문자는 쓰레기에 지나지 않는다. 그러나 깨닫지 못한 사람에게는 말과 문자가 있어야 그 길을 설명할 수 있다. 그러므로 말을 떠난 진리는 반드시 말에 실린 진리가 되어야 할 것이다.

## 의념수련

스님 출신의 유화양 저(著) '대성첩요'가 중국기공의 중심을 이룬다. 하단전에 기(氣)를 모아서 임,독맥의 경락을 의념으로 유통시킨다. 단(丹)을 만들어 소주천을 이룬 후 이를 3백회 주천하면 소약(小藥)이 대약으로 바뀌면서 중단전에 오른다.

이것을 다시 양신(養神)으로 삼년유포하여 출신(出神)으로 연결하는 연기화신(練氣化神)의 수행법이 전해오고 있다. 여기서 한 술 더 떠 일곱 마리의 용(七龍)을 상상의 그림을 그려 부적에 넣는다. 의념의 기운은 칠용으로 그 기세를 떨치며 기공치료와 퇴마에 이를 사용하고 있다.

그러나 국내 최고라 자칭하는 기공사나 퇴마사를 만나면 언제나 가슴이 답답해진다. 이는 접신(接神)의 그림자인 빙의령이 심장의 경혈을 막고 있는 탓이다. 그리고 백회혈도 두텁게 막혀있다. 이들의 출신성분이 무당이 아닐진데 빙의를 항시 달고 다니는 이유가 따로 있다. 의념의 수행법은 기공이든 퇴마이든 집착의 에너지를 불러와 작은 초능력을 구사하지만 그들은 모두 접신(接神)의 파장이기 때문이다.

 그렇다고 퇴마사들이 능력이 전혀 없다는 것은 아니다. 영(靈)을 불러내어 대화를 나누고 영적인 현상을 일반인에게 보여주는 행위는 신비롭기까지 하다. 피시술자는 부르르 떨다못해 귀신들린 언행(言行)을 연출하다가 의식을 잃는다. 그리고 잠시 후 깨어나서는 좀 전에 자기가 한 일을 전혀 모른다. 그리고는 상태(狀態)가 많이 호전되었음을 감사드리며 동행한 가족과 함께 만족한 표정을 짓는 것이 순서이다.

 그렇다고 그를 괴롭히든 영(靈)이 완전히 떠났다고는 볼 수 없다. 왜냐하면 빙의는 전생업장의 일부로써 본인이 갚아야 할 성질이지 남이 관여한다고 해서 되는 일은 아니다. 길이 있다면 수행의 길이든지 아니면 영(靈)을 받는 내림굿이 있을 따름이다.

 영(靈)의 세계는 천차만별이라 하찮은 잡신(雜神)들은 자기보다 높은 영격의 무당을 만나면 벌벌 떨면서 고양이 앞에 쥐처럼 행동한다. 방금 전까지만 해도 자기가 산신(山神)의 높은 영(靈)을 모시고 있다고 호령하다가 고급령의 무당을 만나면 어린이같은 순종을 약속한다. 빙의령도 이처럼 고급령을 만나면 힘을 잃거나 예속되어 질병은 호전된 것 같아 보이지만 육신은 더 큰 세력에 장악되어 맹신하게 된다.

 '구(求)하지 말 것이며, 상(相)을 짓지 말며, 의지하지 말라'는 불전(佛典)의 말씀을 거역하고 중국기공은 작은 초능력을 탐하여 의념(疑念)의 그림을 그리는 중대한 오류를 범하고 있다.

착각도사들이여, 가슴이 답답함이 느껴지면 아직도 불성(佛性)이 떠나지 않았음을 다행스럽게 생각하라. 그리고 초발심으로 다시 돌아가자! 잘못 끼워진 첫 단추만 발견하고 수정하기만 하면 불성(佛性)은 그대로 존재한다. 그곳은 청정(淸淨)이 있는 곳. 관음보살이 우리를 기다리고 있다.

구하라, 찾아라, 문을 두드리라.(루가 11; 9- 13)
"구하라, 받을 것이요,
 찾아라, 얻을 것이요,
 문을 두드리라, 열릴 것이다."
누구든지 구하면 받고, 찾으면 얻고, 문을 두드리라 열릴 것이다. 너희 중에 아들이 빵을 달라는데 돌을 줄 사람이 어디 있으며 생선을 달라는데 뱀을 줄 사람이 어디 있겠느냐? 너희는 악하면서도 자기 자녀에게 좋은 것을 줄줄 알거든 하물며 하늘에 계신 너희의 아버지께서야 구하는 사람에게 더 좋은 것을 주시지 않겠느냐!

'하늘에 계신 너희의 아버지'가 자연이며 불성(佛性)이며 본성(本性)이다. 자연은 인위의 작용이 없는 무위(無爲)이지만 잘못 끼워진 첫 단추만 수정할 수 있다면 언제든지 자연의 리듬에 합류할 수 있음을 성서(聖書)는 친절하게 설명하고 있다.

**산은 산이요, 물은 물이다.**

　인류의 조상인 아담은 에덴동산에서 선악과(善惡果)를 따 먹는 순간 벌거벗은 자신의 모습을 발견하고 몸을 숨긴다. 자아란 부끄러움과 욕구를 아는 것이며 삶과 죽음을 인식하는 현상계의 실재를 의미한다. 현실의 현상계란 상대의 세계로 내(我)가 있으면 남이 있고, 삶이 있으면 죽음이 언제나 다가오는 상대로서만 존재하며 결코 상대를 초월할 수 없는 개체의 분별이다.

　"수보리야, 만약에 보살이 무아법(無我法)에 통달한 사람이라면 그것은 참다운 보살이라 말 할 것이다. 무릇 모든 상(相)은 허망한 것이니라. 만약에 모든 상(相)이 상(相)이 아님을 보면 그것은 곧 여래(如來)를 보는 것이니라."
　"수보리야, 만약 아상(我相), 인상(人相), 중생상(衆生相), 수자상(壽者相)을 만들어 가려 보고있다고 한다면 곧 보살이 아니기 때문이다."

－ 금강경 －

　보살(菩薩)은 보리살타의 줄임말로 개체인 자아를 초월하여 원래 하나에 소속되어 있는 진리(영원절대의 생명)를 깨달은 사람이다. 나와 너의 개체에 사로잡힌 사람은 보살이 될 수 없다. 그렇다고 "나는 할 수 있다! 나는 나와 너의 개체를 확실히 떠났다"는 최면을 유도한다하여 초월해지는 것은 아니다. 이것은 '마귀의 두목을 불러 마귀를 쫓는 방편'으로 결국 큰 마귀에 걸리는 접신(接神)일 따름이지 진리의 수행법은 아니다.

"이제 두려움과 공포가 오는구나."
그리하여 나 고타마는 생각했다.
그런데 나는 왜 두려움이 오기를 기다리고 있는가. 두려움과 공포가 실제로 닥쳤을 때 나는 예전에 했듯이 바로 그렇게 그 두려움과 공포를 극복해야 한다.
내가 이리저리 왔다갔다 하면서 서성이고 있을 때 마침내 두려움과 공포가 밀려왔다. 나는 걸음도 멈추지 않고 왔다갔다 하면서 앉거나 눕지도 않았다. 여전히 앞뒤로 걸음을 걸으면서 공포와 두려움을 극복했다.
그리고 이번에는 가만히 서 있을 때도 두려움과 공포가 밀려왔다. 나는 이리저리 서성이지도 않고 눕거나 앉지도 않았다. 여전히 선 채로 공포와 두려움을 극복했다.
단, 이번에는 앉아있는 동안 두려움과 공포가 밀려왔다. 나는 눕지도 않고 가만히 서 있거나 이리저리 서성이지도 않았다. 여전히 앉은 채로 공포와 두려움을 극복했다.
내가 누어있는 동안에도 두려움과 공포가 몰려왔다. 나는 앉지도 않고, 가만히 서 있거나 이리저리 서성이거나 움직이지도 않았다. 여전히 누운 채로 공포와 두려움을 극복했다.
세상에 밤을 낮과 똑같게 느끼게 주문하여 최면을 걸고, 밤을 낮과 똑 같게 느끼고, 낮을 밤과 똑 같게 느끼는 고행자와 바라문이 많이 있다. 나는 그것을 고행자와 바라문이 맛보는 환각(幻覺)의 기쁨일 따름이라고 부른다. 이젠 나는 확실히 알았다. 밤이 올 땐 밤이요, 낮이 올 땐 낮이다.
 참으로 그러하다고 말할 수 있는 이는 참으로 그러함을 이렇게 말할 수 있으리라. 환각을 벗어난 사람이 태어났도다. 중생의 이익을 위하여, 세상을 향한 자비심에서 신(神)들과 인간의 안녕과 행복을 이루어 주기 위하여, 그리하여 서늘하고 평온한 몸과 고요하게 집중된 마음으로 나는 사려(思慮) 깊고 고요하고 빈틈없는 정진을 계속하여 그곳에 머물렀다.
― 중부경전 4(브라만 잔누쏘니에게 설함) ―

 기공(氣功)을 수행하는 사람이나 서구 명상법을 수행하는 사람들은 대부분 선(善)을 취하고 악(惡)을 버린다. 시끄러움과 복잡함은 버리고 조용한 호숫가에 혼자 앉아 있는 모습을 그리거나 일어나는 생각을 주인공에게 놓거나 혹은 한 점에다 던짐으로써 무심의 공(空)을 만든다. 그리하여 그 공(空)을 관찰해서 정(定)에 들어가는 수행을 한다.
 무아(無我)법을 이루기 위해서는 마음을 다잡는 방하착이 우선이다. 떠오르는 생각을 주인공에게 놓아 고뇌와 번민을 벗어나 무심(無心)이 된다. 그리하여 자아(自我)를 없애는 방하착 수행법이 괄목하다하여 과거의 모든 행위와 현재의 상념을 탱크의 캐트필라로 갈아 뭉개고 또 짓눌려 무심의 공(空)을 연출한다. 이것이 과연 불전(佛典)의 무심(無心)과 같을까?

천만에! 이것은 잘못된 수행법이다. '산은 산이요, 물은 물이다.'의 법어(法語)는 인위가 개입되지 않은 자연 그대로를 제시하고 있다. 사실을 호도(糊塗)하는 최면술은 강한 집착의 에너지를 만들고 그 뒤에는 언제나 그것을 조종하는 영적(靈的)인 세력이 나타나 빙의(憑依)가 된다.

고등종교는 무속이나 사이비종교와 달리 기복(祈福)이 아닌 자기(自己)성찰이다. 진리의 추구는 물론 신앙인들과 상호교류하며 그 목표를 향하여 매진한다. 그러나 같은 소속의 종단이지만 그 종단의 신도(信徒)는 다른 교회나 사찰과는 왕래가 이루어지지 않는다. 이것은 그 종단의 특색이기 전에 강한 집착의 메시지가 인위를 조장하여 진리가 아닌 또 다른 세력의 영(靈)을 불러들인 탓이다.

수행은 초자연계와 연결된다. 그러나 이곳은 그렇게 호락호락하지 않다. '소가 물을 마시면 우유가 되고 물을 뱀이 마시면 독(毒)'이 되듯이 길을 잘못들면 영원히 헤어나지 못할 빙의령에 시달린다. 빙의에 벗어나는 길은 '하는 것이 없이 해야되고 닦아도 닦는 것이 없이 닦아야 함'이다. '함이 없는 함' 무위(無爲)야 말로 조작(造作)을 떠나 무심의 삼매를 얻을 수 있는 참된 길이다.

'오직 무념(無念)으로 종(宗)을 삼는 것'으로 자아(自我)를 떠나 무아(無我)의 절대계인 저 언덕, 피안(彼岸)을 건널 수 있다. 강을 건너기 위해서는 뗏목을 이용해야 하지만 강을 건너고 나서도 뗏목의 고마움에 사로잡혀 그 무거운 뗏목을 걸머지고 갈 필요가 없다.

집중은 마땅히 강을 건너기 위해 필요한 방편일 따름이지 그 무거운 짐을 버려야 한다. 문자란 그 뜻을 전하기 위한 것 뿐으로 그 뜻이 전해지면 당연히 놓아야 함을 달마조사께서 불립문자(不立文字), 교외별전(敎外別傳), 직지인심(直指人心), 견성성불(見性成佛)로 설명하고 있다.

"내가 만약에 심요(心要; 본성)를 알고자 하면 다만 일체 선악을 모두 생각하지 아니하면 저절로 청정한 마음의 본체에 들어가서 담연상적하여 묘용(妙用)이 항하 모래수처럼 많을 것이다."
— 달마어록 —

집중은 생각을 일념으로 만드는 수행상의 가장 핵심적인 상황이다. 그러나 그곳에서 의식을 동원하거나 더구나 한 발 나아가 긴긴밀밀하게 그 집중을 강력하게 꿰뚫어 보는 관법은 정법과는 거리가 멀다. 보는 것도 아니요 보지 않는 것도 아니며 있는 것도 아니고 있지 않는 것도 아닌 것으로 [금강경]은 아상 인상 수자상 중생상을 경계하며 상(相)!, 상(相)!, 상(相)을 만들지 말라며 사자후를 토한다.

"이렇게 하여 한량없이 많은 중생들을 다 제도하지만 실로 한 중생도 제도된 바 없느니라. 왜냐하면 수보리야 보살이 나라는 생각(我相), 남이라는 생각(人相), 중생이라는 생각(衆生相), 오래 산다는 생각(壽者相)이 있으면 이는 보살이 아니리라."

## 남방불교의 위빠사나

"마음의 오염(번뇌)으로부터 자유로움을 얻는 것을 포함하여 일곱 가지의 이익을 얻기 위한 하나의 길이며 해탈하는 유일한 길이 있다, 그것은 네 곳에 마음 집중하는 '몸에서 일어나는 감각의 느낌, 마음에서 일어나는 법(法)'을 관하는 사념처 위빠싸나(Satipatthana Vipassana)이다."

샃띠(sati)란 말은 알아차림 혹은 마음집중(念)을 의미하고 팟파아나(pattana)는 네 곳의 마음집중 대상(身-몸의 감촉, 受-느낌, 心-마음, 法-진리)에 굳건하고 밀밀하게 뿌리내리고 있는 것을 뜻한다.

그러므로 '샃띠 팟타아나'는 관찰되는 대상에 대한 관찰 즉 마음집중이 확고하고 민민면면하게 건립되는 것을 말한다. 팟티아나(pattana)에서 파(pa)는 초강력(超强力)의 의미를 담고있어 '팟티아나'는 보통의 상태로 관찰대상에 밀착되어 있는 것이 아니라 초강력으로 완전하게 밀착되어 있는 상태이다. 그러므로 '샃티 팟티아나'의 의미는 마음 집중(관찰, 알아차림)이 관찰 대상에 파고들어 대상(對象)속에 계속 이어지는 것을 말한다.

여기에서 대상을 파고드는 것은 전광석화처럼 단도직입적으로 흐트러짐 없이 뛰어드는 형태여야 한다. 이와같은 알아차림은 돌이켜 생각하거나 분별함이 없는 직관적인 통찰로서 대상에 즉각 파고들어 계속 이어지면서 굳건하게 자리

잡는 지혜의 관찰이다.
 즉 이것은 대상이 일어나자마자 즉각 그 대상을 포착하여 파고드는 비상(非常)하고 초강력적이고 확고부동한 마음집중이며, 일어나는 대상에 힘차게 돌진해 들어가 빈틈없이 무간단(無間斷)으로 굳건하게 자리잡는 마음집중이며, 그 대상을 처음부터 끝까지 완전히 놓치지 않고 장악함으로써 끊임없이 현재의 당처에 머무는 당하무심(當下無心)의 마음집중이다.
 이와 같은 마음 집중의 복합적인 의미는 일어나는 대상을 즉각적으로 확고부동하게, 전심전력으로 포착하고 파고들어 계속 빈틈없이 밀밀면면하게 성성적적하게 현 당처를 내관(內觀)하는 직관적인 관찰법이다. 한 마디로 삿티 팟타아나'는 네 곳의 관찰 대상에 초강력적으로 확고부동하게 굳건히 머무는 그 마음집중(Sati)을 뜻한다.
(김열권저 위빠사나에서)

 마음을 하나의 대상에 전주(專主)하여 산란하지 않게 하는 사마타 수행에는 8가지 단계의 선정(禪定)이 있다. 여기에는 색계(色界) 4선정과 무색계(無色界)의 4선정이 있다. 색계란 물질계를 말함이고 무색계란 눈에 보이지 않는 세계를 말한다.
 8선정은 요가, 수피, 도가(道家) 등과 본질적으로 틀린다고 할 수 없는 대대로 전해오던 수행법이다. 부처님 자신도 깨치기 전에는 이 수행법으로 통달하였으나 이것에 만족할 수 없어 두 분의 스승을 버리고 보리수 나무밑으로 갔던 것이다. 그 수행법이 바로 위빠사나 수행법이다.

국내 불교의 '간화선의 화두(話頭)' 와는 다르게 남방불교의 '위빠사나'는 집중을 몸과 마음의 흐름에 밀밀면면하게 파고드는 것으로 석가 부처님의 유일한 정통 수행법임을 강조하여 논란의 요지가 된 적도 있었다. 국외 여행의 자유화 물결로 언제부터인가 관법(위빠사나)이 수행의 근간이 되어 국내외를 주도하고 있다.

특히 남방은 단기(短期)출가가 인정되는 독특한 불교체제로 누구나 쉽게 스님이 되었다가 환속하여 전 국민이 일생에 한번쯤은 승려의 경험이 있다. 수행을 대중화하는 분위기는 인정할 수 있지만 그들의 수행법이 아무런 여과장치 없이 들어와 수행을 생명으로 하는 선승(禪僧)들을 당혹케 하는 것 또한 현실이다.

남방불교에서는 '위빠사나'의 독특한 수련법이 완성되어 '몸에서 일어나는 감각을, 마음에서 일어나는 법'을 사념처 수행법으로 정립하지만 여기에도 함정이 있어 그 뛰어난 수행법도 한계를 벗어나지 못한다. 그 이유는 문자(文字)로써 이론을 만들면 또 다른 아상(我相)이 생기게 되는 까닭이다.

집중의 한 수단으로 관법은 훌륭한 역할을 하지만 송곳처럼 파고드는 의식의 집중은 또 다른 우(愚)를 부른다. 일심(一心)의 집중은 에너지를 만들 수 있지만 강한 집착을 유발하여 빙의를 부른다. 무심(無心)이란 자아(自我)를 쉬게 하여 6근(안이비설신의)과 6진(색성향미촉법)과 6식(안식, 이식, 비식, 설계, 신계, 의식계)을 잠재우는 것이다.
 그런데도 불구하고 또다시 밀밀면면하게 송곳처럼 의식을 곤두세우는 행위는 무심과는 십만팔천리 멀어진다. '구(求)하지 말며, 상(相)을 짓지 말며, 의지하지 말라'는 불전(佛典)의 말씀에 상(相)을 만드는 행위로 마땅히 규탄 받아야 한다. 더우기 잘못된 위빠사나 수행자들 역시 집착의 제물이 되어 빙의령의 온상이 된다.

## 화두법

 "이 뭐꼬?"는 '이것이 무엇이냐?'의 경상도 사투리로 성철스님 이후 화두(話頭)의 대명사가 된다. 이것이 무엇이냐의 단순한 물음이 아니라 '나는 누구인가?, 인생은 어디서 왔다가 어디로 가는 걸까?' 등등의 철학적인 인생사뿐 아니라 본성(本性)을 찾기 위한 절대절명의 의문부호이다.
 화두는 의증(擬證)이 생명이다. 흔히 화두(話頭)를 든다는 것은 단순한 마음의 집중으로 생각하기 쉽지만 그 곳에는 몽중일여(夢中一如)가 되도록 놓아서는 안되며 더욱 더 중요한 것은 의심의 증표가 있어야 한다. 이것을 의증이라 하며 공안(公案)인 화두를 의심하고 또 의심해야한다.
 화두 드는 방법은 당(唐)멸망 후 송대(宋代)에 전해진 것으로 당나라 6조 혜능선사때에도 없었으나 그 이후에 생긴 것으로 추측된다. 화두는 간화선이라 하여 독특한 수행의 산맥을 이루어 현 한국불교의 조계종이 주축이 되어 계승 발전되고 있다.

02년 12월 말 지리산 실상사에서 선승들의 특이한 모임이 매스컴에 소개되어 눈길을 끌었다. 실상사는 신라 고찰(古刹)로써 우리나라 최초로 선(禪)불교를 수입한 당대 최고의 선찰(禪刹)이다. 주제가 '왜 간화선이여야 하는가?'로 선승(禪僧)들의 객론이 미공개로 소개되었다.

중국불교는 달마선(禪)과 천태선(天台禪)으로 대종을 이룬다. 달마선은(교외별전(敎外別傳)이라고 해서 교(敎)와 경전에 얽매이지 않고 그들을 오직 뗏목에다 비유하며 관심일법(觀心一法)으로 마음법을 닦는다.

국내 불교계가 화두를 강조하고 있지만, 달마조사께서 화두(話頭)드는 방법을 직접 가르친 것도 아니며 6조 혜능선사도 가르친 바가 전혀 없다.

천태종은 화두를 드는 법이 아니라 경전에서 관(觀)하는 법, 부처님의 교법에서 관(觀)하는 법으로 수행을 한다. 남방불교의 위빠사나와 비슷하기도 하지만 시대가 바꿔 변화된 부분도 있겠으나 현재 일본불교의 조동종과 같이 묵조선으로 분류되는 것이 옳을 것이다.

수행의 방법이야 여러 선승들이 경험하고 시행하여 나무랄 것이 없겠지만 그들이 불전(佛典)의 무심법과 과연 상응하느냐가 문제가 된다. '뭐 묻은 개가 겨 묻은 개를 비웃는다'고 할지언정 화두(話頭)의 결정판인 의증의 철저함을 거론하지 않을 수 없다.
　의식의 철저함은 두뇌의 피로를 증폭시켜 흔히 말하는 스트레스성 질환을 발생시키는 것이 현대의학의 소견이다. 그래서 음악이나 스포츠를 통하여 심신의 이완을 권장하고 있다. 특히 정신집중은 두뇌의 과부하현상에서 일어나는 두통으로 누구나 쉽게 정신질환을 앓게 된다. 이것이 상기(上氣)병이다. 기(氣)가 역상하여 생기는 정신질환으로 심하면 정신분렬증으로 이어진다.
　성철스님 시봉자 모스님의 저서에 상기병을 거론한 대목에 눈길이 끈다. 스님의 용기있는 행동은 제도권의 여러 선승들께 충격과 실망을 안겨주었지만 현실을 직시하고 자기를 희생한 진솔한 고백은 상기병의 병폐를 적나라하게 제시하였다고 본다. 내용 중에는 속가의 자녀인 불필스님의 상기병이 정도가 지나쳐 걱정과 우려를 담고 있으면서 선승은 기공치료사나 퇴마사가 아닌 구도자임을 재삼 밝히고 있다.
　상기병이란 화두를 드는 선승들이면 누구나 겪는 질환이기 이전에 이것 역시 빙의의 현상이다. 의식을 강력하게 집중하면 집착의 에너지가 영(靈)의 모습으로 변하여 당연히 빙의가 된다. 빙의령은 두뇌의 경혈을 막아 기운을 흐르지 못하게 하여 정신병을 일으킨다. 두뇌의 중요성은 우리가 익히 아는 바다. 두뇌의 경혈이 막히면 뇌종양이나 정신분렬증을 일으킨다. 다시말해 강한 두뇌의 집중은 빙의를 불러 경혈을 막고 기운의 흐름을 방해하여 결국 죽음으로 몰고간다.

　영각 스님이 혜충국사께 물었다.
　"발심(發心)하여 출가한 것은 본래 부처 구하기를 위함인 바를 누구나 알지 못하겠습니까만 어떻게 마음을 써야만 곧 성불을 얻을 수 있습니까?"
　국사께서 말씀하시기를 "마음을 쓰는 것 없는 것이 곧 성불(成佛)함을 얻는 것이니라."
　스님이 말하기를 "마음을 쓰는 것 없다면 어느 누가 성불합니까?"
　국사께서 말씀하시기를 "마음이 없으면 스스로 이루나니 부처도 또한 무심(無心)이니라."
　스님이 또 물어오기를 "부처님께서 위대한 불가사의가 있어서 능히 중생을 제도하시니 만약 마음이 없다면 어느 누가 중생을 제도합니까?"
　혜충 국사께서 답하시기를 "무심(無心)한 것이 바로 참으로 중생을 제도한 것이라, 만약에 중생을 제도함이 있는 것을 본다면 그것은 무심(無心)이 아니라 곧 이 마음이 있는 것이니 불생불멸이 아니라 바로 생멸(生滅)이니라."

　성불하기 위해서 삭발염의하고 발심(發心)출가하였는데 어떤 마음을 가지고 도(道)를 닦아야 득도(得道)할 수 있느냐고 어떤 스님이 국사께 묻고있다. 그러자 국사께서는 "용심(用心)이 없어야만 성불(成佛)한다"고 하였다. 어떤 마음을 가지고 도를 닦아야 하느냐고 물었는데 마음을 사용하지 않는 즉 마음을 일으키지 않는 무심만이 성불할 수 있다는 말씀이다.

또 혜충국사께 스님이 물어온다. "어떤 것이 이 일념상응입니까?"

혜충국사가 말씀하시기를 "기억과 지혜를 함께 잊어버리면 곧 상응이니라."하셨다.

스님이 말하기를 "기억과 지혜를 함께 잊어버리면 어떻게 부처님을 볼 수 있습니까?"

혜충국사가 말씀하시기를 "잊어버리면 곧 없고 없는 것이 곧 부처이니라."

스님이 말하기를 "없다면 곧 없다고 말함이니 어찌 부처라고 말할 수 있습니까?"

"없는 것도 또한 공(空)이고 부처님도 또한 공(空)이다. 그러므로 '없는 것이 곧 부처이고 부처가 곧 없는 것' 이니라." 며 혜충국사께서 말씀하셨다.

무사일물(無思一物)이 곧 성불이다. 그러나 먼저 집중의 일심(一心)으로 다듬어져야 만이 무심의 삼매에 도착할 수 있다. 일심은 마음을 집중해야 얻을 수 있고 무심은 마음을 일으키지 않아야 얻을 수 있다. 서로가 같으면서도 모순되니 집중은 하되 결과를 기대하지 않는 관심일법(觀心一法)으로 들어가야 비로소 부처를 만날 수 있다.

관심일법은 마음을 한 곳으로 집중하여 무심으로 보는 법문(法問)이다. 몸에서 일어나는 감각과 두뇌에서 일어나는 상념들을 마음의 눈으로 간단없이 지켜보며 결과를 기대하지 않는 마음법이다. 이러한 달마조사의 가르침은 수행(修行)의 첫걸음이며 핵심이다.

문) 선(禪)의 비교는?

답) 선(禪)은 '화두'를 드는 간화선, 일본의 묵조선, 남방의 위빠사나등으로 구분된다. 간화선(看話禪)은 선사와 제자간에 오고간 문답을 말하는 것으로 그 중요하기가 공안(公案; 관공서의 공문, 재판의 판결문)과 같다. 이것은 일상의 대화이면서 동시에 본질적 진리인 것에의 해답이기도 하다.
'화두'는 송나라 때 발생한 선법(禪法)으로 국내 불교계는 이를 특별히 중시하다못해 타 수행법을 근기가 낮은 차원으로 배척하고 있다. 옳고 그름은 제도권의 역량이지만 이것 역시 부처의 수행법을 지키기 위한 방편이라고 생각한다. 남방불교의 '위빠사나'는 독특한 관(觀)의 수행법으로 부처가 깨달음을 얻은 법으로 현(現)국내불교의 화두법과 함께 참선의 맥을 유지하고 있다.
이들의 수행법은 어제오늘의 것이 아니라 사마타(止)와 위빠사나(觀)로 수행의 근간으로 자리잡힌 지 오래이다. 그러나 문자로 전해진 탓에 항시 견해의 영향아래 변질되어 왔다. 수행의 오류와 변질은 맹신(盲信)과 기복(祈福)으로 얼룩져 그 병폐가 이루 헤아릴 수 없다.

기독교에서도 묵상기도와 관상기도 등으로 수행자의 길을 안내하고있어 돌이켜보면 이들은 모두가 일심(一心)을 이루기 위한 방편이다. 기도나 염불 역시 정신을 집중하는 목표는 같으나 신(神)이나 부처에게 의지하는 요소가 많아 오늘의 종교가 기복(祈福)으로 치우치는 결과를 초래함을 부정할 수 없다.

그렇지만 무심(無心)의 수행법을 강조하는 현 불교의 공(空)이론은 변질되기 쉬운 정법의 가치를 그나마 오염에서 지켜주는 마지막 보루로 그 빛을 더하고 있다.

## 3. 빙의령 천도

마귀를 쫓는 사람을 퇴마사라 부른다. 신기하게도 영혼과 귀신을 불러 대화를 나누고 또 쫓아내기도 한다고 주장한다. 원시종교에서 시작된 퇴마의식은 샤머니즘으로 뿌리내려 영혼제나 별신굿으로 오늘 날 전통문화의 반열에 자리잡고 있다.

신(神)은 인간이 할 수 없는 모든 능력을 가지고 있다. 그러나 잡귀의 형태인 귀신(鬼神)은 신(神)과는 전혀 다르다. 신(神)은 유일신(唯一神)을 말하고 귀신은 죽은 영혼의 다른 이름이다. 다시말해 신(神)은 하느님이며 귀신은 악령(惡靈)이며 마귀이다.

하느님은 인간의 모든 염원과 소망을 들어준다. 그러나 악령이 깃들면 우리가 누리는 평화를 깨뜨리고 장애와 우환을 일으켜 고통과 불행으로 몰아간다. 그래서 심약(心弱)해진 이들은 영(靈)의 세계와 통하며 퇴마를 주관하는 무당(巫堂)이 신비롭고 경외(?)스럽다. 그들의 힘은 유치하고 한계가 있지만 인간세계인 속세에서는 제법 대접을 받기도 한다. 그리하여 영혼(靈魂)들과 소통할 수 있는 집단으로 군림하여 퇴마를 주도한다.

죽으면 귀신이 되는 영(靈)의 세계는 등급이 천차만별이라 굶어죽은 아귀(餓鬼)귀신, 얼어죽은 동사(凍死)귀신등 이루

헤아릴 수 없는 잡귀들이 구천을 떠돌아다닌다. 이들은 아직 이승의 집착에 벗어나지 못해 영혼의 갈 길을 떠나지 못하는 중음신(重陰神)들이다.

일상(日常)의 소유(물질)는 육신을 지탱하는 버팀목이 되지만 그 소유욕은 집착과 탐욕으로 변하여 죽음 앞에서도 이것을 버리지 못하게된다. 죽음이란 육신과 영혼의 분리로써 육신은 눈앞에서 사라지지만 영혼은 에너지로 남아 영원히 존재한다. 그러한 영혼의 파장은 빙의가 되어 중음신의 굴레를 벗어나지 못한다.

퇴마의식은 내림굿과는 달리 잡귀의 행태로 나타나 이상한 몸짓이나 어눌한 말들이 모여 귀신을 내쫓는 의식(儀式)으로 진행된다. 그리고 정신이 돌아오면 본인이 어떤 말과 행동을 하였는지 마치 최면술에서 깨어난 이들처럼 전혀 모른다. 결국 퇴마는 마귀대장을 불러 마귀를 쫓아내는 방식으로 장애와 고통을 일시적으로 완화시키는 경우도 있다.

그러나 이것은 진통제의 역할로 고통을 주는 신경세포를 잠시 마비시킨 것과 다름이 없다. 근본적인 병소(病巢)를 찾아 곪고있는 상처를 외과수술로 도려내야 함에도 불구하고 임시 방편으로 진통약물을 투여하여 고통을 잠시 잊어버리는 행위이다. 병이 확장되어 마침내 수족을 잘라내야 하는 터무니없는 치료법과 무엇이 다르겠는가!

또 환각의 작용으로 정신적인 고통을 잠깐 잊어버리는 마약의 남용과 같다. 마약류는 진통제중에서 가장 강력한 약물로 그 중독성은 이미 주지의 사실이다. 퇴마는 이러한 마약류의 복용과 같이 육신의 신경세포를 마비시키고 인간이 갖고 있는 신령스러운 지혜를 망각하여 또 다른 큰 접신(接神)의 노예가 되어 맹신의 덫에 걸리는 결과를 가져온다.

이처럼 신비주의는 자연의 법칙을 정반대로 거슬리는 마왕(魔王)의 역에너지로써 이들은 맹신을 유도하며 혹세무민이 목표이다. 초능력은 절대로 인간의 육신으로는 구사할 수 없다. 흔히 신통력이 있는 스님이 일가(一家)를 이루어 질병을 치료하고 영가 천도의 대단한 법력으로 산부처로 칭송하지만 이들은 접신된 무당과 다름이 없다.

국제적인 기반과 사회적인 존경을 받는 어떤 단체도 신비주의와 초능력을 앞세운다면 그들은 접신(接神)의 형태일 따름이다. 관세음보살의 자비를 내세워 조상 5대를 천도시키고 업장을 소멸할 수 있는 전대미문의 수행법을 설파하는 세계적인 명상단체가 국내에서도 활동중이다.

그들 스승의 능력은 일반적인 경계를 넘어 전 세계를 뛰어넘는 다 할지라도 '신(神)을 체험하라' 는 어구(語句)는 차츰 한계를 들어내고 있다. 관음(觀音)과 관세음보살의 화신으로 일세해탈(一世解脫)할 수 있다는 고급법문은 완전채식과 함께 신선한 충격으로 다가왔지만 그들 역시 관음신통에 빠져있지 않나 염려스럽다.

'부처님이 항시 말씀하시기를 "너희들 비구는 내가 말한 바 법(法)이 뗏목과 같은 줄 알라"하였으니 진리도 당연히 놓아야 하거늘 하물며 그릇된 법이랴'

― 금강경 정신희유분 제6 ―

## 1) 신통

부처님께서 일찍이 경전을 통해 신통(神通)에 대해서 언급한 적이 있었다. [장아함] 견고경을 보면 석가모니가 신통에 대해 어떻게 생각하고 있으며 어떤 견해를 갖고 있는지 미루어 짐작할 수 있다.

부처가 나란다성 바바리암라 동산에 머무르고 있을 때였다. 남자(男子)신도 중에 견고라는 사람이 있었는데 그는 어느 날 부처님을 찾아와 다음과 같이 말하였다.

"부처님, 이토록 변화하고 풍요한 저희 나란다 국민들은 모두 부처님을 공경하고 있습니다. 원컨대 부처님께서는 어떤 비구로 하여금 신통변화를 나타내 보이게 해주십시오. 그러면 이 성안에 사는 사람들이 더욱 부처님의 법을 믿고 공경할 것입니다."

그러자 부처는 다음과 같이 대답하였다.

"나는 비구들에게 여러 사람들이 보는 앞에서 신통변화를 보이라고 가르친 일이 없소. 가지고 있는 능력이 있거든 그것은 안으로 감추어 두고 반대로 허물이 있으면 몸소 드러내놓으라고 가르칠 뿐이오."

그러나 견고는 거듭 부처에게 간청하였다. 부처는 그의 청을 거절하고 나서 이렇게 말씀하셨다.

"내게는 몸소 체득한 신통이 세 가지가 있는데 그것에 대해 말해보겠소. 신족통(神足通)과 타심통(他心通) 그리고 교계통(教戒通)이 그것이오."

"그러면 신족통이란 무엇입니까?"

견고가 묻자 부처는 대답하였다.

"신족통이란 한 몸으로 여러 몸을 나타내기도 하고 여러 몸을 합쳐 한 몸으로 만들기도 하며 또한 나타내게도 하고 숨기기도 하오. 산과 장벽을 지나되 허공과 같이 걸리지 않고 땅속에 출몰하되 물속에서 처럼 자유로우며 물위로 다니되 땅위에서 같고, 허공에 앉되 날개 있는 새와 같소. 큰 신통력과 위력으로 해와 달을 손으로 만지고 몸으로는 범천(梵天)에 이르기도 하오.

어떤 신도가 비구의 이러한 신통력을 보고 아직 믿음을 얻지 못할 사람에게 이것을 이야기하면 그 사람은 '저 비구는 간다리라는 주문을 외워 그러한 신통을 얻은 것이다'라고 할 것이오. 그러므로 이것은 불법(佛法)을 비방하는 결과를 가져오지 않겠소. 그러므로 나는 신통변화 같은 것을 부질없게 여겨 모든 비구들에게 이를 못하도록 한 것이오."

부처가 그렇게 말하자 견고가 다시 입을 열어 물어 말하였다.

"그러하면 타심통이란 무엇입니까?"

부처는 다시 대답하였다.

"타심통이란 남의 마음을 관철하여 '너의 뜻은 이렇고 내 마음은 이렇다'라고 말하는 것이오. 이것을 보고 믿음을 얻은 이가 아직 믿음을 얻지 못한 사람에게 이야기한다면 그 사람은 '저 비구는 마나가라는 주문을 하여 그런 신통을 얻은 것이다'라고 할 것이오.
 이것은 오히려 불법(佛法)을 비방하는 결과가 되지 않겠소. 그러므로 나는 이런 허물을 보고 신통변화 같은 것을 부질없게 여겨 모든 비구들에게 엄중히 이를 금하도록 한 것이오."
 부처가 말한 '간다리'라는 주문은 '건타리'라는 이름으로 이를 외우면 공중을 날 수 있다는 부처 이전(以前) 인도에서 전해오는 하나의 요술이었으며 '마니가'라는 주문 역시 이를 외우면 타인의 마음을 들여다볼 수 있다는 점술(占術)로 부처가 생겨나기 전부터 인도에서 전해오는 마술이었던 것이다.
 부처의 말을 들은 견고가 다시 물었다.
 "그러면 교계통이란 무엇입니까?"
 부처는 대답하였다
 "교계통이란 여래가 세상에 출현하여 사문이나 바라문들에게 '그대들은 이렇게 생각하고 저렇게는 생각하지 말라. 이런 일은 하고 저런 일은 해선 안된다. 또한 이것은 내버리고 저것은 취하여라'라고 가르치고 훈계하는 것이오. 그러면 그들은 모두 어둠을 떠나 밝음을 찾고 적막을 버리고 공덕을 성취하게 되는 것이오. 이렇게 출가하며 정진 수행함으로써 계행(戒行)이 갖추어지고 성정이 갖추어지며 지혜가 갖추어져 마침내 아라한의 지위를 얻게 되는 것이오."

 신통(神通)을 보여 달라는 견고의 간청에 모든 신통과 기적은 허물이며 부질없는 것이므로 이를 엄중히 금한다는 부처의 말씀은 시사하는 바가 크다. 이미 견성(見性)을 하여 도(道)를 이루었다고 점을 치고, 부적을 써주며, 신통을 부리는 일은 부처의 이러한 계율을 스스로 깨트리는 일이다. 조선 말(末) 최고의 선승(禪僧)이신 서산대사의 표현처럼 '신통(神通)은 모난 나무로 둥근 구멍을 막으려는 어리석고 요망스럽고 괴이한 일'임에 틀림없다.

초자연적인 능력이란 마왕(魔王)의 역에너지로써 무당의 능력과 신비주의를 포함하여 총칭하는 영통(靈通)으로 혹세무민이 목표이다. 흔히 신통력이 있는 스님이 일가(一家)를 이루어 대단한 법력을 구사한다고 산부처로 칭송하고 존경하지만 이것은 넌센스에 불과하다.

이들이 무당과 다름이 없다는 것은 집중의 일심은 있어 초능력을 구사할 수 있지만 그것은 보잘 것 없는 마구니의 짓거리를 정법이라 오도한 탓이다. 집중의 일심은 본성을 찾아가는 뗏목으로 당연히 초능력이 나타남은 애써 부인할 필요는 없지만 그 이상은 결코 아님을 잊지 말아야한다.

그렇다고 수행자는 굳이 초능력을 금기시 할 필요는 없다. 법력이란 본성의 힘인 탓에 자연스럽게 신통(神通)이 나타난다. 집착하지 않으면 때때로 중생을 위해 사용할 수 있으며 특히 영가천도능력은 수행자들의 청정을 돕는 위대한 실체의 법력이다.

집중은 번뇌를 제거하여 수행의 기틀을 만들고 이것이 청정과 무심이 함께 할 때 에너지의 차원에서 법력으로 바뀐다. 마치 기(氣)가 육신의 건강을 가져오지만 성령(聖靈)이 아니듯이 무심의 청정이 관음의 고급법문을 만날 때 비로소 나고 죽음이 없는 절대계의 진입이 가능하다. 결론적으로 성령(聖靈)과 관음보살의 법력(法力)만이 본성을 가로막고 있는 업장을 소멸시킬 수 있는 위대한 하나의 힘이다.

**문) 신통(神通)과 영통(靈通)의 구별은 어떻게 하는가?**

답) 신통은 6신통인 누진통을 말하며 영통은 6신통의 부분적이며 일부인 한 개의 초능력에 불가하다. 다시말해 영통(靈通)은 접신의 힘이다. 무당이 작두를 타는 행위등 영(靈)이 내림으로써 나타나는 작은 초능력이다. 이것은 당장은 신비감을 줄 수 있을는지 모르지만 가까이 하면 본인도 모르게 빙의가 되어 어느 날 결코 원치 않아도 불현듯 접신이 된다. 근묵자흑(近墨者黑)으로 '검은 먹물은 주위를 검게 한다'는 일상의 진리와 조금도 다름이 없다. 이들은 또한 인체의 신경세포인 두뇌의 경혈을 막아 사고력(思考力)의 부재를 일으켜 맹신(盲信)을 유도한다.

수행에서 관법(觀法)의 중요성이 돋보이는 까닭은 영통의 힘은 관법 앞에서는 화롯불 위의 잔설(殘雪) 녹듯이 소멸된다. 영가천도능력은 수행자의 법력으로 관(觀)으로 그 기초를 닦는다. 관법의 완성은 법력의 무한대를 실감하는 선험(先驗)으로 빙의령뿐만 아니라 전생의 업장까지도 녹일 수 있는 지혜가 나타난다. 더욱이 무심의 관(觀)은 정법과 사법을 구별하는 지혜의 힘을 창출한다. 그리하여 사법의 에너지는 허공으로 분해되고 진리의 정법은 청정으로 확대되어 무한한 법력인 지혜(반야)로 다가온다. 지혜란 사람이 할 수 없는 모든 것을 가능케 하는 하느님의 사랑의 손길인 '함이 없는 함(爲無爲)'이다.

### 고관을 아들을 고치신 예수(마태오 8:5 -13)

고관 한 사람이 예수를 찾아와 자기 아들이 거의 죽게 되었으니 가파르다움으로 내려가셔서 아들을 고쳐달라고 사정하였다.

예수께서는 그때에 "너희는 기적이나 신기한 일을 보지 않고는 믿지 않는다."하고 말씀하셨다. 그래도 그 고관은 "선생님, 제 자식이 죽기 전에 같이 좀 가 주십시오"라고 애원하였다.

예수께서는 "집에 돌아가라. 네 아들은 살 것이다."하시다. 그는 예수의 말씀을 듣고 떠나갔다. 그가 집으로 돌아가는 도중에 그의 종들이 길에 마중 나와 그의 아들이 살아났다고 전해 주었다. 그가 종들에게 자기 아이가 낫게 된 시간을 물어보니 오후 한시에 열이 떨어졌다는 것이었다. 그 아버지는 그 때가 바로 예수께서 "네 아들은 살 것이다"라고 말씀하신 시간이라는 것을 알았다. 그래서 그와 그의 온 집안이 예수를 믿었다.

## 2) 관법(觀法)

명상이 영혼을 쉬게하는 것이라면 수행은 해탈이 목표이다. 해탈이란 모든 사물과 사유(思惟)를 초월한 것으로 불가(佛家)에서는 본래의 마음자리를 말한다. 그래서 진여(眞如)라 이름하며 지극히 고요하고(寂寂) 지극히 밝으며(晟晟) 온갖 선악과 유위법은 물론 무위법조차도 초월한 자리이다. 이곳은 대우주의 시작의 근원지이며 태극이 있기 전(前) 시작 없는 시작의 처음이다. 그래서 하나(一)로 칭하며 붓다(깨달음)의 자리이며 성령의 하느님이다.

초발심은 생각이 만나는 인연의 끈이다. 생각함으로 무명(無明)의 미로를 한 발자국 진입하지만 반대로 생각은 그 길을 방해하는 장애(障碍)가 되는 모순을 범한다. 생각은 번개와 같아 잠시도 머무르지 않고 순간에 소멸하지만 또다시 일어난다. 생각은 원숭이와 같아 잠시도 그대로 있지 못하고 여러 가지로 움직인다. 생각은 화가(畵家)와 같아 여러 가지 모양을 나타낸다. 생각은 한곳에 머무르지 않고 서로 다른 의혹을 불러일으킨다.

이러한 마음속의 생각을 집중으로 한 곳으로 묶어야한다. 이것이 수행의 시작이다. 그리고 집중을 통하여 마음의 눈을 열어야한다. 이것이 관법이다. 집중이 곧 관(觀)이 아니지만 마음의 눈을 개발하면 관법(觀法)이 완성된다.

그러나 이곳이 목적지가 아니다. 집중은 에너지를 가져와 저급령을 다스릴 수 있는 능력을 주지만 유한하고 세속적이다. 법력이란 걸림이 없는 무한대의 힘이며 자유이며 해탈이다. 그것은 오직 무심의 관법(觀法)만이 그 곳에 도달할 수가 있다.

집중이 관(觀)이 아니며 관법이 결코 무심이 아니지만 집중만이 관(觀)을 생산하고 관법의 완성만이 무심을 유도한다. 이들은 하나이며 또한 셋이다. 차례로 나타나는 것이 아니라 집착이 없으면 동시다발적으로 일어나 수행을 이끈다.

도(道)는 닦는 것이 없이 닦아야하고 번뇌는 끊음이 없이 끊어야 한다. 관(觀)은 보는 것 없이 보는 것으로 결과를 기대하지 않는 무주상 보시와 같다.

## 항상 깨어있어라(루가 12; 35 -48)

"너희는 허리에 띠를 띠고 등불을 켜고 준비하고 있어라. 마치 혼인잔치에서 돌아오는 주인이 문을 두드리면 곧 열어주려고 기다리고 있는 사람들처럼 되어라. 주인이 돌아왔을 때 깨어 있다가 주인을 맞이하는 종들은 행복하다.

주인은 띠를 띠고 그들을 식탁에 앉히고 곁에 와서 시중을 들어줄 것이다. 주인이 밤중에 오든, 새벽녘에 오든 준비하고 있다가 주인을 맞이하는 종들은 얼마나 행복하겠느냐! 생각해 보아라, 도둑이 언제 올지 집주인이 알고있었다면 자기 집을 뚫고 들어오지 못하게 하였을 것이다. 사람의 아들도 너희가 생각지도 않은 때에 올 것이니 항상 준비하여 깨어있어라."

수행은 집중에서 관법으로 진행된다. 관(觀)이란 '항시 깨어있는 자세'로 성령을 담을 그릇을 항시 챙긴다는 의미로 해석하면 이해하기가 쉽다. '구슬이 서말(三斗)이라도 꿰어야 보배'이듯 갈고 닦아서 그릇을 만들지 못하면 담을 수 없다.

잡념은 생각을 일으켜 기(氣)를 소모시키지만 반대로 생각을 작고 단순하게만 정리하면 언제든지 우주의 에너지인 기(氣)를 채울 수 있다. 수식관호흡은 잡념이 나타날 때마다 숫자와 호흡을 세는 것으로써 어느 날 이것이 생활의 습관으로 정착이 되면 그 자체가 관(觀)이며, 깨어있음이며 수행이다.

'기와장을 갈아 거울을 만들지 못하듯 좌선(坐禪)만이 도(道)를 얻을 수 없다'는 조사(祖師)의 가르침이 바로 이 관법이다. 행주좌와어묵동정(行住左臥語默動靜)이 도(道)라는 것은 관법의 다른 설명이다. 일에 파묻히면 내가 일을 하는 것인가 일이 나를 끌고 가는 것인지 혼돈이 온다. 이때 내가 일을 하고 있다고 것을 챙기기만 해도 수행과 연결된다. 그뿐 아니라 밥을 먹을 때도 밥을 먹고 있다고 알아채기만 하고, 세수를 하고 있을 때 세수를 하고 있음을 알기만 해도 깨어있는 그 하나로 우리는 성령을 그릇에 담을 수 있다.

## 위빠사나

'깨어있음'은 불가(佛家)에서는 관(觀)으로 설명되어 사물을 눈으로 보는 형태가 아니고 마음으로 응시하는 것으로 '내 안에 또 다른 큰 나(我)'가 있음을 관법(觀法)으로 단정한다.

"마음의 오염(번뇌)으로부터 자유로움을 얻는 것을 포함하여 일곱 가지의 이익을 얻기 위한 하나의 길이며 해탈하는 유일한 길이 있다. 그것은 네 곳에 마음 집중하는 '몸에서 일어나는 감각의 느낌, 마음에서 일어나는 법(法)'을 관하는 사념처 위빠싸나이다.

1) 마음의 오염(번뇌)부터 자유로워지며
2) 슬픔과 비탄으로부터 자유로워지며
3) 갈애와 불안으로부터 자유로워지며
4) 육체적 고통으로부터 자유로워지며
5) 모든 정신적 고통으로부터 자유로워지며
6) 성(聖)스러운 도(道)를 얻으며
7) 성(聖)스러운 과(果;견성해탈)를 얻는다."

위빠사나는 먼저 육신의 움직임을 집중하는 것으로 행(行)하면 행을 관하고, 주(住)하면 주를 관하고, 좌(坐)하면 좌(坐)를 관하고, 와(臥)하면 와(臥)를 관(觀)한다. 어묵동정(語

默動靜)의 관(觀)은 고요속에서 파문을 알 수 있듯 몸에서 일어나는 현상을 즉시 알게된다. 몸의 현상과 함께 마음의 느낌도 알 수 있는 것은 기운의 흐름이 인식되어 나타나기 때문이다. 이와같이 무심의 관(觀)은 마음을 거울처럼 맑게 만들어 자연의 속삭임과 몸짓을 감지하게 된다.

  주관의 6근(안이비설신의)과 객관의 6진(색성향미촉법)을 쉬게 하는 큰 이유는 6식(안식,이식,비식,설식,신식,의식)인 의식의 흐름을 잠재우기 위한 까닭이다. 그러나 남방불교의 수행법인 위빠사나는 '깨어있음'을 부연하게 설명하여 초강력의 집중을 유도하여 또 한번의 우(愚)를 범하게 된다. 긴긴밀밀하게 송곳이 파고들듯 초강력의 관(觀)은 의식의 두뇌를 쉬게 하는 것이 아니라 오히려 의식을 부추긴다. 그 결과 집착을 가져오고 집착은 빙의령을 부른다.

  남방불교의 경행 역시도 그 시작은 명쾌하다. 천천히 걷는 느린 걸음은 집중을 높이는 성과는 대단하나 결국 송곳처럼 파고드는 긴긴밀밀의 함정에 빠져 두뇌의 의식인 착(着)의 에너지를 부른다. 기공체조의 느린 동작 역시 너무 그 속도를 느리게 하면 진동의 형태인 무드라(기무 氣舞)가 나타남으로 경계해야 한다. 중국의 자발동공은 무드라를 이용한 기법으로 본인 의식과 상관없는 육신의 움직임은 무당이 대(竹)를 잡고 흔드는 무속행위와 동일하여 빙의를 부른다.

  인간의 두뇌는 지식으로 무장되어 있어 문자의 해석에 탁월한 재능을 보여준다. 말로써 법(法)을 전하지 못하는 이유가 문자의 미비성도 있지만 그 보다도 문자의 비약이 더욱 악(惡)을 조장하여 재앙을 가져와 귀신을 맞이하게 된다.

'지(知)의 한 글자가 모든 재앙의 문이다
(知之一字가 衆禍之門)'
　　　　　　　　　　　　　　　　　　- 황룡사심 선사 -

## 3) 묘촉(妙觸)

우리는 육신의 탄생과 죽음을 내 의지대로 할 수는 없다. 태어날 때도 나의 의사(意思)와는 무관하게 출생하드니 죽음이 다가오면 아무리 발버둥쳐도 헤어나지를 못하고 일생을 마감한다. 하루도 마찬가지다. 일상의 업무에 휘둘려 녹초가 되어 귀가하지만 또 아침은 어김없이 찾아와 다람쥐 채 바퀴 돌듯이 바쁜 하루가 시작된다.

일에 파묻혀 있으면 내가 뭘 하고 있는지 나 자신을 잃어 버리게 되고 내가 일을 하고 있는지 일이 나를 끌고 가는지 알 수 없다. 이 세상은 마왕(魔王)의 세계라 물질이 욕망을 끝없이 부추기고 집착과 사리분별로 좋은 것과 유리한 것만 취하게 된다. 오직 육신의 나만이 진정한 삶이라고 여기며 인생의 여정을 재촉한다.

사람이 짐승과 다른 점은 생각할 수 있는 능력이다. 육신의 안락(安樂)을 위한 생각은 잠시 멈추고 영혼을 살찌우는 깊은 침묵을 배우자. 일상의 소용돌이에서 생각을 쉬게 하는 방법은 오직 일념의 집중이다. 일어나는 생각을 지우는 것이 아니라 그 생각 자체를 관(觀)하므로 원인을 제거할 수 있고 집중을 강화할 수 있다. 예를들면 화를 내는 자신을 관(觀)하면 금방 분노의 모양을 알아차릴 수 있다. 그러면 분노는 화롯불위에 잔설(殘雪) 녹듯 사라지는 것을 느낀다.

이것은 마치 어둠 속을 살금살금 지나가는 도둑의 모습과 같다. 갑자기 어둠을 밝히는 전등불이 켜지면 도둑은 깜짝 놀라며 몸을 움추린다. 그러면서 도둑의 몸과 마음은 점점 위축되어 전의(戰意)를 상실하면서 용서를 구한다. 우리 몸 속에 일어나는 분노가 이와 같다. 일어나는 분노의 불길을 마음의 눈으로 볼 수만 있으면 그들은 눈 녹듯 사라지게 된다. 이러한 성내는 마음은 마음의 진정한 본체가 아닌 또 다른 마음의 찌꺼기이기 때문이다.

관(觀)이란 집중의 결과로 마음을 어느 한 순간 한곳에 모음으로써 발생하는 에너지이다. 이 마음은 육신의 마음이 아니라 태고적부터 이어져 내려온 본성(本性)에 내재된 마음의 눈이다. 본래의 마음자리는 비어있고 청정하며 신령스러운 지혜의 힘인 영지(靈知)를 가지고 있다.

하느님이 내 몸 안에 들어오면 성령(性靈)이 되고 부처가 내 몸 안에 들어오면 불성(佛性)이 된다. 감히 하느님이 내 몸 안에 있다고 말할 수 없어 성령이라 하고 불성이라 말한다. 견성(見性)이란 내 안에 참나를 찾는 행위 즉 하나에서 분리된 개체에서 다시 하나로 돌아가는 '참마음의 나' 는 성령이며 불성이며 본성인 동시에 위대한 실체다.

이것은 없는 것을 새로 만드는 과정이 아니라 전(前)부터 존재했고 언제나 가지고 있었던 무소부재(無所不在)하며 무소불위(無所不爲)한 본성의 능력이다. 그런데 언제부터 이곳에 때가 묻어 좋고 나쁨의 분별과 이익과 손실의 사량(思量)분별이 생겼다. 마치 양파의 껍질처럼 덕지덕지 때가 포개져 본성의 힘을 막아 생멸심을 일으키는 우리의 생각으로 둔갑한 것이다.

집중의 시간은 정신을 통일하고 삼매에 들게 한다. 책을 읽을 때 빠지는 독서삼매는 시간이 언제 흘러갔는지를 느끼지 못함을 종종 경험한다. 깊은 침묵의 명상은 내가 없음(沒我)의 삼매를 가져와 거울에 묻은 때를 씻는 힘이 되어 양파 껍질을 하나씩 벗기듯 청정을 서서히 나타나게 한다. 청정이 지속되면 집중의 밀도가 높아져 관(觀)이 완성되고 이때쯤 의식과는 전혀 다른 심안(心眼)이 개발되면서 드디어 묘촉(妙觸)이 나타난다.

어느 수행단체를 막론하고 관법을 중시하고 이를 종(宗)을 삼고 있지만 모두가 허구(虛構)이다. 관(觀)은 결과를 기대하지 않는 무주상 보시와 같아야 만이 자연의 흐름에 편승할 수 있다. 그리하여 이들의 완성은 묘촉으로 나타나 수행의 길을 제시한다. 묘촉이 없는 관(觀)은 무심(無心)의 관법이 결코 아니다. 이들은 다만 일심의 범주를 벗어나지 못한 집중의 형태일 따름이다.

세존이 앉아 계실 때에 발타마라와 아울러 열 여섯분의

보살(菩薩)이 곧 자리로부터 일어나서 부처님 발에 정례하고 부처님께 고하여 말하되 "스님들이 목욕할 때에 육신의 신체가 느끼는 감각도 아니요, 물의 감각도 아닌 내외(內外)의 주관과 객관이 아닌 묘촉을 얻었사옵니다. 이것은 이미 먼지를 씻는 것도 아니며 또한 몸을 씻는 것도 아니라 중간이 연연하여 있는 바가 없음을 얻음이라, 묘한 촉감이 선명하여 불자주(佛子住)를 이루었습니다."

오늘 날 수행(修行)이 정법의 길을 찾지 못하고 헤매다가 쓰러지기 직전이다. 외국의 청정 법신 큰스님이니 혹은 살아있는 부처로 군림하는 이들을 초빙하여 떠들석하지만 불경의 무심(無心)법을 제외하고는 진리는 없다.

간화선의 '화두(話頭)'가 부처의 가피와 달마의 공덕이 있는 냥 오도되어 후학(後學)들에게 상기(上氣)병을 선사하고 그것도 모자라 기복(祈福)의 유혹에 헤매게 한다. 또 남방의 위빠사나는 사족(蛇足)이 붙어 수입되어 빙의령의 온상이 되고 이것이 깨달음의 유일한 수행방법으로 과대포장되어 전해짐은 절대로 간과할 수 없는 일이다.

이들을 타파하고 정법(正法)을 얻기 위한 방법은 그냥 깨어 있는 자세 이외는 왕도가 없다. 업무(業務)중에 업무를 보고 있음을 알고, 걸음을 걷고 있을 때 걸음을 알고, 왼발이 땅에 닿을 때 왼발을, 오른 발이 닿을 때 오른 발을, 그리고 발이 땅에 닿이는 감촉의 느낌을, 항시 육체의 움직임에서 '내 몸안의 내'가 지켜보는 것으로 수행의 기초를 삼는다.

깨어있는 의식의 집중은 생각을 단순화하여 기(氣)를 모을 수 있고 나아가 영혼을 맑게 한다. 그러나 이것과는 반대로 쓸데없는 잡념은 기운(氣運)을 소모시켜 육신을 병들게 한다. 기(氣)의 현상은 초자연계의 느낌으로 육안으로 볼 수는 없지만 누구나 체험할 수 있고, 과학으로 증명하기란 어렵지만 분명히 존재한다. 수행(修行)이 집중의 정신통일에서 한 걸음 나아가 관(觀)으로 전환하는 한 단계의 진보라면 묘촉(妙觸)은 초자연계의 신비에서 지혜를 찾아 떠나는 길(道)이다.

**청정(清淨)하여라!**

그때에 성품이 오만한 한 바라문 수행자가 부처님이 계신 곳으로 가까이 와서 인사를 나누었다. 자만심에 가득 찬 말로 인사를 나눈 뒤 옆에 바짝 다가서서 부처님께 말했다.
"고오타마여, 사람은 어떻게 함으로써 수행자가 될 수 있습니까. 수행자를 만드는 특성이나 요건은 무엇입니까?"
이 말을 들은 부처님은 엄숙하게 설했다.
"사악함을 물리치고, 오만하지 않으며, 불순하지 않으며, 자제할 줄 알고, 지혜를 닦아가며, 성스러운 삶을 살아가는 자(者)가 수행자이니 수행자는 마땅히 말씨가 성스러워야 하며 세속적인 욕망을 떠나 있는 자(者)를 말하느니라."

— 율장, 대품 —

수행의 목표는 청정이다. 청정은 곧 법력으로 '함이 없는 함(無爲)'으로 나타난다. 무위란 질병을 치료한다든지 빙의령을 천도한다는 의식의 작용이 없이도 저절로 해결되는 힘이다. 깨달음은 청정의 기초위에 만들어지며 그 맑음은 바람이 나뭇잎을 흔들어 깨우듯 묘촉이 일어나게 한다.

참선을 하든 기도를 하든 집중의 정신통일은 기(氣)의 느낌을 체험하게되고 신체에 분포되어있는 경혈과 경락의 흐름을 누구나 잠시 느낄 수 있다. 그러나 그 참 의미를 몰라 기공(氣功)에 흠뻑 빠진 기(氣)수련가는 기(氣)를 최고의 대상으로 삼는다. 그리하여 기공(氣功)지상주의자가 된다. 또 기공수행의 반대입장에 있는 선승은 마음법에 반(反)하는 에너지의 파장을 의식적으로 멀리한다. 그런 탓으로 자연적으로 나타나는 묘한 느낌의 흐름을 무시하는 잘못을 범한다.

그리하여 소를 타고 소를 찾는 우매한 목동의 모습이 된다. 그러나 해답의 열쇠는 자연의 손에 쥐어져 있다. 자연(自然)이란 어떠한 것인가! 의식을 부추겨 그것(氣)을 따라가도 틀리고 또 그들의 느낌이 아니라 하여 배척하여도 틀린다. 인위(人爲)가 작용하지 않을 때만이 자연은 공존하며 그 묘한 촉감이 맑음을 증명한다. 청정은 묘촉으로 그 존재를 나타내고 영혼의 격을 높인다.

불전(佛典)은 청정을 맑음과 함께 공(空)으로 표현한다. 공(空)은 비어있는 듯하나 맑음으로 꽉차 있다. 청정은 빈(無)과 꽉차있음(有)을 느낌으로 표한다. 장심(掌心)의 따뜻함과 두정(頭頂)의 시원함은 경혈의 개혈을 감지하고 가슴의 담담함과 통증은 빙의령의 출몰을 촉지할 수 있는 묘촉으로 나타낸다.

묘촉은 느낌과 동시에 관법의 완성을 의미한다. 무심의 관법은 성령의 순에너지 파장은 확장시키고 그 반대로 악령의 역에너지는 소멸시켜 모든 영가(靈駕)천도를 주도한다. 육신의 맑음도 물론 중요하지만 영혼의 청정만이 세상의 물리(物理)를 초월하여 초자연계의 원리를 감지하게 된다.

마조스님이 말씀하셨다.
"도는 닦는 것이 아니고 다만 오염시키지 말 것이니라.
어째서 오염이 되느냐? 나고 죽는 생사(生死)의 마음이 있어서 조작하고 취향하는 것이 모두 이 오염이다. 만약에 그 도(道)를 알고자 할진데 평상심(平常心)이 바로 도(道)이다.
어떤 것을 평상심이라고 말하느냐?
인위(人爲)의 조작이 없으면 옳고 그른 것이 없어지며 취향과 버리는 것이 없어지며 범부(凡夫)와 성인(聖人)도 없어진다. 그러므로 경에 말씀하기를 '범부의 행도 아니며 성현의 행도 아닌 것이 바로 이 보살행이니라.' 하셨느니라."

수행은 무아(無我)가 목표이다. 불교의 종지가 무아요, 보살의 종착도 무아이다. 개체에서 다시 하나로 환원하는 무아는 부모미생전의 분별력이 없는 청정의 공(空)이다. 바로 이곳이 진여(眞如)라 부처의 자리이다. 내가 없어지기 위한 무아(無我)는 육신의 의미가 정립되어야 한다.

4대(지,수,화,풍)의 인연으로 만들어진 육신은 윤회(輪回)의 결과일진데 업장을 벗어내기만 하면 바로 그 자리가 무아(無我)이며 청정이며 바로 정각(正覺)이다. 청정은 업장소멸을 의미하며 업장을 벗기 위해서는 천도능력을 먼저 갖추지 않으면 청정은 없다.

신수대사가 거울에는 원래 때가 없음을 말하거나 육조 혜능선사가 '본래무일물' 임을 주장하거나 그 바탕은 청정이다. 청정이란 깨끗함을 말하지만 또 다른 의미는 공(空)이며 무심이다. 결국 내가 없을 때란 의식의 없음(無)이 아니라 업장소멸 그 이후의 일이다.

청정은 일상에서 벗어나 수행의 끝자락을 잡을 때 비로소 나타난다. 선행이나 보시는 어느 정도의 맑음을 이룰 수 있지만 청정 그 자체는 아니다. 언제나 초발심의 수행이 필히 따라야 하며 집중의 척도(尺度)인 정신통일로 지,관(止,觀)의 완성만이 청정을 만들 수 있다.

그러하지만 심신(心,身)의 청정을 만들어가기 위해서는 첫번째 목표인 육신의 탁함을 걸러내는 것이 우선이다. 이것은 마치 고장난 수도관을 수리할 때처럼 새로운 수도관으로 교체한 뒤라야 맑은 수돗물을 사용할 수 있는 원리와 같다.

그렇지 않고 압축된 공기압력이나 수압이 강한 물로써 씻어내려고만 한다면 당장은 효과가 있을 수 있지만 세월이 가면 또다시 막혀 고장이 나게 될 것이다. '새 술은 새 부대에' 의 성서(聖書)의 말씀이 새삼 상기된다. 수행의 목표에 도달하기 위해서는 잘못된 원인을 제거하여 첫 단추를 새로 끼우는 용기가 필요하다. 그렇지 않고 용맹정진만이 유일한 길로 오인하여 밀어붙이는 행위는 다시 한번 재고해야 한다.

불전(佛典)에는 무착(無着)과 무아(無我)와 무심(無心)을 강조하고 있다. 이것은 집중으로 형성된 같은 에너지이라도 가는 길에 따라 정반대의 모습이 나온다. 청정을 목표로 나아가면 자연에 순응하여 대우주의 이치를 알게되지만 강한 집착의 정진은 에고(ego)만 늘리거나 마구니의 장난인 알음알이에 걸려들어 반드시 빙의가 된다.

알음알이란 지혜가 아닌 지식의 견해로 말로서 말을 만드는 마왕의 하수인이 되어 아만(我慢)과 맹신(盲信)의 족쇄를 차게된다. 이들 대부분 가슴이 답답함을 호소하는바 그것은 빙의령의 장난이다. 이러한 저급령은 냉기(冷氣)로 가슴 중앙에 세력을 구축하여 마침내 두뇌의 경혈을 서서히 가로막아 치명적인 질병이나 우환의 근원지로 역할을 톡톡히 한다.

8,90년대를 풍미하든 착각도사들이 하나, 둘 저승길을 재촉하는 소식을 접할 때마다 연민의 정을 느끼지 않을 수 없다. 저자 주변에도 몇 사람이나 유명을 달리 한 수행자가 있으니 그 대표적인 예가 부산지방국세청의 모 서장이며, 부산 사직동 모 선원의 원장, 부산 D대학의 기(氣)과학자인 교수이다.

이 분들은 하나같이 청정을 외면한 에너지의 파워를 수행의 법력으로 오인하여 받아들인 결과이다. 초능력은 언제나 유한하며 반대급부가 따른다. 동전의 양잎처럼 초능력을 구사하면 몸의 정기(精氣)를 빼앗기면서 어느듯 인체의 경혈이 서서히 막혀 죽음을 맞이하게 된다. '구(求)하지 말며 상(相)을 짓지말며 의지하지 말라'는 불전(佛典)말씀이 더욱 빛을 발하며 길을 밝히고 있다.

"다만 비고 고요한 것(空寂)으로써 자체를 삼고
색신(色身)을 인정하지 말며,
신령스러운 지혜(靈知)로써 자기 마음을 삼고
허망한 생각을 인식하지 말라,
허망한 생각이 만약에 일어날지라도
모두 따라가지를 아니하면
목숨이 마칠 때를 당해서 저절로
업(業)이 능히 얽매이지 못하여
천상과 인간의 뜻을 따라 태어날 것이니,
이것은 바로 진리를 깨달은 사람의
아침저녁으로 늘 수행하는 중요한 요결(要訣)이니라."

― 규봉 봉밀 선사 ―

## 4) 마음법

 기독교 성경(聖經)에서는 원죄를 설명하고 있다. 그러나 불교에서는 후천적으로 중생의 마음과 행동으로 죄를 짓는 것은 있기야 있겠지만 본래 청정한 마음자리에는 죄도 없고 복도 없는 것으로 고요하고 적막하다. 다만 우리 중생의 허망한 마음과 행동으로 만든 죄가 스스로 있어 윤회의 굴레를 벗어나지 못할 따름이다.

 마음이란 원래 공(空)하며 마음의 본래 성품은 불생불멸, 불구부정, 부증부감이며 일체의 모든 것은 원래부터 공적(空寂)할 뿐이다. 불전에 이르기를 '모든 것은 처음부터 늘 열반에 든 모습을 하고 있다.' 하였으며 '궁극에 이르는 곳은 공적(空寂)의 집'이라 하고 있다.

> "온갖 착한 법을 일으키는 것도 본래 환(幻)이고
> 온갖 악업을 짓는 것도 또한 이 환(幻)이라,
> 몸은 물거품 같고 마음은 바람과 같나니
> 환(幻)으로 나온 것 근거 없고 실상이 없네."
>
> — 시기불 —

 이 세상의 모든 일들이 환(幻) 아닌 것이 없으니, 근거 없는 것이 곧 실상(實相)이니 이는 허망(虛妄)이 진실인 줄 아는 것 자체가 실상이라는 뜻이다. 가상(假相)이 없다면 실상(實相)을 밝힐 필요도 없는 것이다. 실상은 가상에 의한 상대적인 것이다.

 키가 작다는 것은 키가 큰사람이 있은 결과의 상대적인 사건이며 또 키가 작은 이가 있으니까 자신이 크다고 비교가 된다. 지옥이란 것이 있기 때문에 지옥보다 좋은 천국의 존재를 얘기할 수 있지 지옥이 없다면 천국이 좋다는 것도 존재할 수 없다. 모두가 상대의 세계일 따름이다.

 현실의 세계는 상대적이라 생과 사가 구분되지만 깨달음의 세계는 생사를 초월한 절대계로 본래의 마음자리이다. 범부의 마음이 부처의 마음과 다를 바가 없으나 부처는 마음을 깨닫고 생사를 해탈한 존재다. 그래서 그는 악마를 눈멀게 하고, 악마의 눈을 흔적도 없이 끊어, 악마에게 보이지 않는 존재가 되어 모든 악령을 다스린다.

 그러나 범부는 마음이 어둠에 사로잡혀 생사에 속박되어 육신의 삶을 전부라 여긴다. 내 몸뚱이가 세상의 전부라며 식(食)과 색(色)만을 좇아 윤회의 굴레를 벗어나지 못한다. 육신은 언제나 무기력하며 초라하여 심약해진 마음을 누구엔가 의지하게 되면서 빙의령의 침해를 받게 된다.

 중국의 초조(初祖) 달마대사께 그의 훗날 제자 신광이 물어오기를 "저의 마음이 편안치를 못하오니 스님께서 편안하게 해 주실 것을 비나이다."

 달마대사께서 말씀하시기를 "마음을 가져오너라. 너의 마음을 편안하게 해주겠노라."

 신광이 말하기를 "마음을 찾아봐도 마침내 가히 찾을 수 없습니다."

달마대사가 말씀하시기를 "너에게 마음을 편하게 해 주는 것을 마쳤느니라."

이 한 말씀에 신광은 홀연히 깨달음을 얻는다. 그 이후 2조 혜가로 법통을 잇는다.

2조 혜가대사에게 3조 승찬스님이 묻기를
"제자가 몸에 풍양(문둥병)을 만났으니 청컨대 스님께서는 저를 위하여 죄를 참회해 주소서"
2조께서 말씀하시기를 "죄를 가져오너라, 너에게 참회를 해주리라."
승찬이 말하기를 "죄를 찾아봐도 마침내 얻을 수가 없습니다."
2조께서 말씀하시기를 "너에게 죄를 참회해서 이미 마쳤으니 마땅히 불법승에 의지하여 머물지어다."

달마대사께서 '아픈 마음을 가져오라' 는 우문현답에 홀연히 마음법을 깨달아 2조 혜가는 법통을 잇고 3조 승찬스님 역시 스승께서 하신 마음법을 듣고서 깨달음을 얻는다. 죄의 근본이 마음 안에도 있지 않고 마음 밖에 있는 것도 아님을 새삼 알게된다. 모든 근본은 마음법과 같아서 죄만 그런 것이 아니라 불(佛)과 법(法)이 둘이 아닌 것을 깨달았다.

말 한마디에 깨달음을 얻을 수 있다면 얼마나 통쾌하겠느냐만 그것은 주(主)된 법문이 빠진 에피소드로 과정은 없고 결과만 언급한 기록자의 견해일 뿐이다. 특기할 부분을 부연하면 불조(佛祖)의 법력을 설명하지 않고 말로서만 홀연히 깨달았다는 것은 어불성설이다.

불전(佛典)에 이르기를 법력(法力)이란 '먼저 자신이 피안(彼岸)으로 건너가, 다른 사람도 건너게 해주며, 먼저 자신이 해탈(解脫)하고 나서 다른 사람도 해탈케 해주며, 먼저 자신의 마음을 청정(淸淨)하게 하고 나서 다른 사람도 청정하게 해주며, 먼저 자신이 니르바나(열반)에 도착하고 나서 다른 사람도 니르바나에 도착케 하는 것이 불력(佛力)이다'

초발심에 일어나 계정혜 삼학(三學)으로 무장한 수행자들이 목숨과 같이 여겨 평생을 지관(止觀)과 청정을 지켜도 나타나지 않고, 밤을 낮처럼 눈을 부릅뜨고 찾아보아도 찾을 수 없는 그 마음자리는 도대체 어떻게 생겼고 어떻게 만들어지는 것일까?

조사(祖師)의 말 한마디에 깨달음을 얻을 수 있는 근기(根器)란 도대체 어떤 경지일까?

마음법이란 문자로 전해지지 않는 격외도리(格外道理)로써 지식의 수준에서 이해하는 것이 아니라 지혜의 눈으로 깨달아야 한다며 '마음이 곧 부처다'라고 하지만 아직 안개 속을 헤매는 것 같다.

마조선사께 어느 스님이 "무엇이 부처입니까?"라고 물어온다. '마씨 성을 가진 조사' [마조도일]은 6조 혜능이 일찍이 표현하였듯이 '천하의 모든 사람들을 미친 말발굽으로 짓밟아 죽여버릴 것'이라는 점지한 손자 상좌이며 '금빛 나는 닭'으로도 예견되었다.
그러자 마조가 대답하였다.
"자네 마음의 본성이 부처라네."
다시 스님이 당돌하게 물어온다.
"그것은 어떻게 얻을 수 있습니까?"
"마음의 본성을 빈틈없이 지켜 나가야 한다."

마음의 본성은 기독교의 원죄론과는 달리 절대계의 산물로서 그 자리가 부처이다. 그러나 그것을 얻기까지는 이기심으로 가득 찬 육신의 탐,진,치 삼독을 놓아야 하고 지식의 선입관까지 버려야함은 수행인 누구나 익히 아는 바다. 그러나 이것만으로는 절대로 그곳에 당도할 수 없음을 평생을 두고 선(禪)에 정진한 선승은 너무 잘 알고 있다.
 그 이유는 첫 단추의 잘못이다. 자연계와 초자연계의 의미를 너무나 복잡하고 미묘하게 설정하여 언어의 틈바구니에 갈팡질팡하다보면 어느 새 빙의가 되어 상기병에 시달리고 접신의 그늘에서 신음하게된다.
 초자연계는 영(靈)의 세계로 인식하여 빙의와의 전쟁을 선포해야 한다. 이 싸움에서 이길 수 있는 유일한 방법은 무심의 관(觀)이다. 일념의 강한 집착은 깨달음이 없는 에너지를 만들어 영(靈)을 부르는 결과를 낳지만 무념무상(無念無想)은 수행자를 본성으로 인도하여 깨달음을 선사한다.

"마음의 본성을 빈틈없이 지켜나가면 얻을 수 있다"는 말씀은 수행자에게 시사하는 바가 크다. 집중은 하되 무심해야하는 마음법이 바로 관(觀)의 완성이다. 이들은 마음의 본성인 불성(佛性)을 확장시키고 빙의령 천도를 주도하여 업장을 소멸하는 중대한 계기가 된다.

이미 잘못 끼워진 첫 단추를 수정하지 않고는 아무리 공(空)도리를 논(論)해 본들 진보가 없음이 당연하다. '구(求)하지 말며, 의지하지 말며, 상(相)을 짓지 말라'는 불경의 말씀을 토대로 아무런 구함이 없는 관법으로 정진하면 그때 비로소 진실된 삼매(三昧)에 들게된다.

삼매는 인도말로 정정(正定)이라고 번역하고 정견(正見)이라고 말한다. 무심(無心)의 정신통일이 바로 삼매이다. 정신통일로 삼매를 이루면 희로애락의 감정을 초월하여 마음이 산란하지 않고 요지부동해서 고요해진다. 삼매(三昧)만이 진리를 꿰뚫어서 바르게 볼 수 있는 지혜를 생산한다.

## 5) 집중의 대상

"수행자들이여, 세속을 떠난 자(者)가 마땅히 피해야 하는 두 가지 극단이 있다. 무엇이 두 극단인가. 하나는 삶을 향락에 내맡겨 향락과 욕정을 일삼는 것이니, 이는 타락하고 관능적인 것이며 저속하고 수치스러우며 무익한 삶이다. 또 다른 삶은 고행을 일삼는 것이니, 이 또한 고통스럽고 수치스러우며 무익한 것이다.

  수행자들이여, 이 두 극단을 피함으로써 여래(如來)는 중도(中道)의 지혜를 얻었으니 이 중도로 깨우침과 지혜의 길을 열고 고요와 선정과 무상정등정각인 열반에 드는 것이다. 수행자들이여, 여래(如來)가 터득한 통찰과 지혜의 길을 열고 선정과 지혜로 최상의 깨달음과 열반을 성취하는 그 중도(中道)란 무엇인가? 그것은 바로 8정도이다.

  정견(正見; 올바른 견해)
  정사(正思; 올바른 생각)
  정어(正語; 올바른 말)
  정업(正業; 올바른 행위)
  정명(正命; 올바른 생활수단)
  정정진(正精進; 올바른 노력)
  정념(正念; 올바른 생각)
  정정(正定; 올바른 선정)

  이것이 바로 여래(如來)가 얻은 여덟가지 성서러운 길이며, 이는 통찰과 지혜에 이르게 하며, 선정과 무상정득정각 그리고 열반에 드는 길인 것이다."

— 율장, 대품 —

  초발심의 수행자들이 공통으로 느끼는 장애가 있다. '유독 내 혼자만이 집중이 안되는 것일까!' 하는 자괴감이 집중은 커녕 망상을 더욱 부추긴다. 오늘은 자신이 있을 것 같아 좌선(坐禪)에 들어보지만 또 생각은 꼬리를 물고 앉아있는 동안 내내 공간을 휘몰아친다. 아무리 8정도의 진리를 뇌까리지만 도대체 무슨 말인가 집중과는 거리가 멀다.

간화선의 화두법 '이 뭐고?'를 되풀이하고 의중(疑症)으로 파고들지만 어느 새 생각은 또 다른 망상을 피우고 있다. 남방불교의 '위빠사나'도 마찬가지로 '몸에서 느끼는 감각을, 마음에서 일어나는 법을' 4념처 수련이 정각의 깨달음을 준다고 하지만 결국 집중의 틈바구니에서 좌충우돌하다가 책을 덮기 일쑤이다.

출가승은 세속을 버렸기에 집중과 무심을 잡아 견성(見性)의 기쁨을 재가자보다는 훨씬 쉽게 가져올 것 같지만 선승(禪僧)들 역시도 만만치는 않음을 고백한다. 어쩌면 생활이 단순하면 할수록 망상(妄想)의 강도가 강렬해 재가자(在家者)보다 더 한 고통을 받고 있는지도 모른다.

## 수식관호흡

아무튼 집중의 방편이 있기는 있어야 하는데 혹 '나는 할 수 있다!'의 자기 최면은 어떨까, 아니면 중국 기공의 의념 수련은 어떠할까?하고 호기심이 발동한다. 불전(佛典)에는 무심(無心)을 강조하지만 어떻게 해야 무심이 되는 줄 오리무중이다. 무심(無心)이 없는 사도(邪道)의 수행법은 빙의(憑依)가 될 수 있다니 이렇게도 저렇게도 망설이다 세월을 보낸다.

[안반수의경]은 부처님이 깨달음을 얻은 호흡법으로 그 핵심은 수식관호흡이다. 자칫 선가(仙家)의 수행법으로만 잘못 알려져 불교인들이 소홀하고 여기고 또 수준 낮은 수행법으로 취급되고 있다. 그러나 천만의 말씀이다. 그 깊이와 효과는 타수행법의 추종을 불허한다.

잡념(雜念)은 집중의 방해꾼으로 이를 극복하는 것이 최대의 관건이다. 수식관 호흡은 여름 한낮 고추잠자리의 어지러운 날개짓처럼 떠오르는 생각 그 자체를 쫓아내거나 지우는 것이 아니라 부채를 들어 바람을 일으키듯 숫자와 호흡을 그냥 따라가는 것이다.

숫자와 호흡을 지키다보면 또 생각이 꼬리를 물고 다른 상념의 세계에 빠지게 된다. 그러면 다시 의식을 돌려 '하나-하면서 숨을 마시고, 하나-하면서 숨을 뱉는다'. 편안하게 기대거나 누어서 하는 와공(臥功)으로 아랫배의 불룩과 홀쭉을 숫자와 함께 반복한다. 숫자를 관(觀)하지 않으면 집중이 떨어져 불룩과 홀쭉이 매너리즘에 빠진다. 그렇게해도 생각이 가끔씩 방해를 하지만 어느 듯 단전호흡은 자연스럽게 자리를 잡는다.

누운자세의 복식호흡은 하복근의 근육을 발달시켜 잠들기 전의 30-40분의 수식관만으로 단전(丹田)을 개발하여 기

(氣)를 모을 수 있다. 아랫배 호흡은 복부의 기분좋은 팽만감과 함께 따뜻함이 나타난다. 집중의 대상은 수식관과 함께 몸에 나타나는 현상을 동시에 같이 관(觀)할 수 있다. 수행의 초기에는 의식으로 하는 수식관호흡이 필요하지만 관(觀)이 잡히면 자연은 흐름은 우주의 속삭임이 되어 그 신호가 몸의 여기저기에서 들리는 듯 느껴진다.

그 첫 번째가 기감(氣感)으로 손바닥의 노궁혈이 뜨거워지면서 단전의 온기가 인체의 뒷면부(배꼽반대쪽) 명문혈과 함께 가끔씩 반응을 나타낸다. 이 글을 읽는 수행자는 벌써 명문혈이 움직이고 있음을 감지할 것이다. 이윽고 소주천의 기미가 생기면서 가슴이 답답함을 느끼게 된다. 단전호흡을 오랫동안 하면 가슴이 답답해진다는 엉터리 소견이 있는데 이것은 심신이 맑아져서 나타나는 자연의 신호이다. 이 답답함은 오래 전부터 가슴을 막고 있었던 빙의령의 모습으로 카르마의 첫 장(章)이다.

자연의 흐름은 기(氣)의 확장으로 생기는 따뜻함과 경혈이 막혀서 나타나는 답답함으로 빙의령의 존재를 동시에 감지하는 묘한 촉감으로 나타나는바 이것이 묘촉이다. 집중의 대상은 묘촉으로 바뀌면서 관(觀)의 밀도를 더욱 증폭시킨다.

하늘의 기운은 자가치료능력을 배양하여 답답하게 느껴지는 막힌 부위의 경혈을 관법만으로 스스로 개혈한다. 경혈을 막고있는 역에너지는 본인의 업장으로 언젠가 갚아야 할 빚이다. 결과를 기대하지 않는 관(觀)은 드디어 경혈을 막고 있던 역에너지를 소멸시킨다. 역에너지는 소멸되면서 전생의 업장인 영(靈)의 그림으로 모습을 나타내며 사라진다. 마침내 경혈이 열리면서 시원함을 가져온다. 이것이 업장소멸의 과정으로 법희(法喜)선열(禪悅)의 희열(喜悅)이다.

집중의 대상이 묘촉으로 바뀔 때 인체의 임,독맥 주천은 거의 완성단계에 있어 드디어 두정(頭頂)의 백회혈이 개혈된다. 백회(百會)는 백맥이 집결되는 경혈로 천기(天氣)가 내려오는 신비스러운 하늘의 문(天門)이다.

세계의 문호(文豪)이든 거장의 작곡가이든 세기를 넘나드는 걸작들은 본인의 창작이라기보다도 오직 자연의 이치와 속삭임을 기록하였다고 작가들은 이구동성으로 말한다. 작품의 표현은 인위(人爲)의 개입을 전면 부정하며 자연을 노래한다. 자연을 존중하여 그들과 동화될 때 대우주의 매시지를 기록한 걸작이 탄생된다. 이들 역시 구도자임을 스스로 자처한다. 결국 구도(求道)란 자연의 흐름을 읽어내는 무위(無爲)가 그 해답이 된다.

## 6) 자책은 금물, 인생은 시행착오가 아닌가!

어둠의 밤이 지나 여명(黎明)이 동녘하늘을 손짓한다. 지금은 캄캄하나 이미 새벽이다. 아직 못다한 일들이 뇌리에 떠오르면 어제 하루 일상의 편치 않았던 사건들이 내 영혼을 부끄럽게 한다. 매일 다짐하는 맹세이건만 일상에 묻히면 어느 새 육신의 몸삶에 기울어져 또 하루를 헤매고 이른 새벽 이부자리에 앉아 자책에 빠진다.

로마서는 사도 바울의 전기로 꾸며진 복음서이다. 그는 한때 '예수를 추종하는 무리들'을 탄압하고 소탕하는 선봉장이었다. 그러나 하늘의 도움으로 개과천선하여 오히려 '복음의 말씀'을 전파하는 위대한 예지자로 생(生)을 승화시킨다.

그러한 그도 매일 육신(肉身)의 몸삶과 성령의 성신(聖身) 사이에서 고뇌의 한숨을 내뱉는 연약한 인간의 모습을 보여주는 휴매니티였다.

### 마음의 법과 육체의 법(로마서 7 ;13 -25)

우리가 아는 대로 율법 자체는 영적(靈的)인 것입니다. 그런데 나는 육정(肉情)을 따라 사는 사람으로서 죄의 종으로 팔린 몸입니다. 나는 내가 하는 일을 도무지 알 수 없습니다. 내가 해야겠다고 생각하는 일은 하지 않고 도리어 해서는 안되겠다고 생각하는 일을 하고 있으니 말입니다. 그런데 그런 일을 하고 있으면서 그렇게 해서는 안되겠다고 생각하는 것은 곧 율법이 좋다는 것을 인정하는 것입니다.

그렇다면 그런 일을 하는 것은 내가 아니라 내 속에 도사리고 있는 죄(罪)입니다. 내 속에 곧 내 육체(肉體)속에는 선(善)한 것이 하나도 들어 있지 않다는 것을 나는 알고 있습니다. 마음으로는 선(善)을 행하려고 하면서도 나에게는 그것을 실천할 힘이 없습니다. 나는 내가 해야겠다는 선(善)은 행하지 않고 해서는 안되겠다고 생각하는 악(惡)을 행하고 있습니다. 그런 일을 하면서도 그런 일을 해서는 안되겠다고 생각하고 있으니 결국 그런 일을 하는 것은 내가 아니라 내 속에 들어 있는 죄(罪)입니다.

여기에서 나는 한 법칙을 발견했습니다. 곧 내가 선(善)한 일을 할 때에는 언제나 바로 곁에 악(惡)이 도사리고 있다는 것입니다. 나는 내 마음속에서 하느님 율법을 반기지만 내 몸 속에는 내 이성(理性)의 법과 대결하여 싸우고 있는 다른 법이 있다는 것을 알고 있습니다.

그 법은 나를 사로잡아 내 몸 속에 있는 악마의 종이 되게 합니다. 나는 과연 비참한 인간입니다. 고맙게도 하느님께서 우리 주 예수 그리스도를 통하여 우리를 구해 줍니다. 나는 과연 이성(理性)으로는 하느님의 법을 따르지만 육체로는 죄의 법을 따르는 인간입니다.

사도 바울이 말하는 죄의 법이란 사람의 몸이 지니고 있는 짐승의 성질인 탐진치의 수성(獸性)을 말한다. 육신으로 태어난 인간은 본래가 짐승과 다름없다. 그래서 언제나 악(惡)과 친해지려고 한다. 이러한 육신을 진리의 말씀을 찾아 영원한 생명에 참여하는 길은 오직 하나, 하느님으로부터 보내오는 성령(聖靈)으로 거듭나 몸의 수성(獸性)을 다스리는 길 뿐이다.

육신을 위한 삶이 인생의 전부라고 생각하는 사람은 그 끝은 언제나 실패의 나락이다. 인간의 탐욕은 끝이 없어 '만

지는 손마다 황금'으로 변해도 더없이 부족하게 생각하고
'하늘에서 내리는 이슬비가 황금의 조각' 일지라도 만족하
지 못한다고 전해온다.
　중국의 전(全)국토를 통일한 진시왕도, 유럽의 땅덩어리
까지 유린한 징키스칸도, 그 정복욕은 목숨이 다할 때까지
끝나지 않았다. 온 세상을 다 잡아 먹어도 배부르다고 말하
지 않는다. 죄다 잡다먹고도 그만 두는 일이 없다. 그러면서
이것을 통일이라고 허울 좋게 말한다.
　내가 저질은 이성(異性)간의 스캔들도 내가 하면 로맨스
요, 남이 하면 불륜이다. 모든 것이 내 몸뚱이가 주인이며
주체이다. 이 살덩어리는 온통 죄악이다. 깜박 정신을 놓으
면 어느 새 악마의 군단이 이 죄악의 몸뚱이를 버젓이 차지
한다.
　인류의 역사는 결국 정복의 역사며 서로 물고 물어뜯으며
싸움한 기록이다. 자랑할 것이 있다면 우성(優性)의 종족보
존을 위한 필요악 밖에 없다. 인류의 역사는 죄악(罪惡)의
역사이지 그밖에 아무것도 없다. 개인의 역사도 마찬가지이
다. 지나간 과거는 모두 후회할 것뿐이지 누가 감히 자기의
과거를 자랑할 수 있겠는가!
　어거스틴만 참회록을 쓰고 룻소나 톨스토이만 참회록을
쓸 것이 아니다. 누구나 자기의 과거를 쓰면 다 후회요 참회
인 것이다. 지난 과거(過去)의 과(過)가 본래 허물을 의미하
는 과(過)자다.
　언젠가 죽어야 할 이 몸은 가짜 생명이다. 이 몸을 버리고

진짜의 나를 찾는 것이 도(道)의 길이다. '도(道)는 닦는 것이 아니고 오염시키지 않는 것'이라 하지만 이미 엎질러진 과오는 어떻게 해야하는지 그 물음이 간절하다.

## 정보의 홍수

 진리를 찾아가는 길이라 해서 항시 정법의 옳은 길만이 기다리고 있는 것은 아니다. 그 길을 잘못 찾아들면 일상의 시행착오보다 더 큰 함정이 수행자를 기다리고 있다. 불전(佛典)에 나오는 앙굴리 말리는 999명을 살해한 희대의 살인마로 세인을 두려움에 떨게 하였다. 그러나 그의 본 이름은 아힘사까(모든 생명을 해치지 않음)로서 부드럽고 자비심 넘치는 성품에다 매우 영특하여 명성이 높았다.
 그럼에도 불구하고 스승의 말 한마디에 망설임 없이 살인을 저지른다. 사도(邪道)의 가르침은 구변이 특출하고 신비를 부추긴다. 작은 초능력으로 혹세무민하여 금방이라도 깨달음을 얻을 수 있는 비법이 있음을 암시한다.

 스승은 자기 부인과 아힘사까의 불륜사실을 제자들에게 고해듣자 마자 이성을 잃고 복수를 결심한다. 그러나 이것이 제자들의 모함인 줄은 꿈에도 모르고 있었다.
 어느 날 스승은 그를 불러 이렇게 말한다.
 "아힘사까야, 나에게는 값으로는 계산할 수 없는 특별한 가르침이 있느니라, 그것을 너는 알고 싶지 않느냐? 그것은 참으로 희귀한 것으로서 아주 특별한 일을 해내는 자(者)만이 쟁취할 수 있는 보배이니라."

 이런 스승의 충동에 마음이 움직인 하임사까는 "그런 귀중한 것을 배우기 위해서는 해야 할 일이라면 그것이 무엇이든지 물불을 가리지 않겠습니다."

 그러자 스승은 그에게 지시하기를 "너는 지금부터 남녀를 가리지 말고 천명의 사람을 죽여야 한다. 그러면 나는 네게 값진 가르침을 전해주마."

 그리하여 그는 값진 가르침을 얻기 위하여 사람을 죽이기 시작했다. 그 뒤 그가 사람을 죽인 숫자가 많아지자 숫자를 기억하기 위하여 죽인 사람의 엄지손가락을 잘라 줄에 꿰어 목에 걸고 다녔다. 그래서 사람들은 그를 앙굴리 말라(손가락목걸이)라고 불렀다.

 부처님께서는 흉폭하고 잔인해진 그의 악행을 멈추게 하기 위해서 몸소 그를 찾아갔다. 999명을 죽이고 마지막 살인 목표를 찾아 헤매든 그가 부처님의 자비한 모습과 법문을 대하자 "이것은 분명 지극히 현명한 분의 말씀이다. 이 비구는 실로 드물게 현명하며 또한 두려움을 모르는 위대한 분이시다. 이 분이야 말로 천상(天上)과 인간들을 통틀어 가장 위대한 스승이신 부처님 바로 그 분일 것이다. 아, 부처님께서 직접 나를 위해 이곳에 오시어 모든 악과 어리석음에서 벗어나도록 자비와 지혜의 빛을 보이고 계시는 것이다!"

 이런 생각이 든 순간 부처님 발아래 엎드려 자기가 그 동안 저지른 악행의 과보에 공포를 느끼고 뉘우치면서 진심으로 용서를 빌었다. 부처님은 큰 자비심으로 그를 제자로 받아들이시고 그가 편안한 마음을 가질 수 있도록 부드러운 말씀으로 위로하고 "비구가 될지니라!" 하셨다.

부처님의 위대한 법력과 본인의 진솔한 참회로 알굴리 말라는 그 무거운 지난날의 악행을 한 순간 벗어 던지고 평화롭게 열반을 실현했다.

아무리 지독한 어둠이라도 한 줄기 광명의 빛은 찰나에 무명의 어둠을 걷어버린다. 비록 그 어둠이 수천 수만년의 깊고 깊은 터널의 무명일지라도 본인의 회심(回心)은 부처님의 대자대비의 위신력이 광명을 불러 지난날의 과오를 한 순간에 씻을 수 있다.

수행의 오류는 맹신을 가져와 가족은 물론 주위사람들을 피폐하게 만들고 본인은 빙의령의 족쇄를 차고 다녀야 한다. 사법(邪法)의 강한 집착은 맹신(盲信)과 인위를 조장하여 마치 습기 찬 곳에 곰팡이가 피듯 제1의 곰팡이, 제2의 곰팡이가 악마의 영역을 넓히게 된다. 그러나 잘못 끼워진 첫 단추만 발견할 수 있다면 누구나 새롭게 시작할 수 있다.

**잃었던 아들** (루가 15; 11- 32)

예수께서 말씀하셨다. "어떤 사람이 두 아들을 두었는데 작은 아들이 아버지에게 제 몫으로 돌아올 재산을 달라고 청하였다. 그래서 아버지는 재산을 갈라 두 아들에게 나누어 주었다. 며칠 뒤에 작은 아들은 자기 재산을 다 거두어 가지고 먼 고장으로 떠나갔다. 거기서 재산을 마구 뿌리며 방탕한 생활을 하였다. 그러다가 돈이 떨어졌는데 마침 그 고장에 심한 흉년까지 들어서 그는 알거지가 되고 말았다. 하는 수 없이 그는 그 고장에 사는 어떤 사람의 집에 가서 더부살이를 하게 되었는데 주인은 그를 농장에 보내어 돼지를 치게 하였다. 그는 하도 배가 고파서 돼지가 먹는 쥐엄나무 열매라도 배를 채워보려고 했으나 그에게 먹을 것을 주는 이는 아무도 없었다. 그제야 제 정신이 든 그는 이렇게 중얼거렸다. '아버지 집에는 양식이 많아서 그 많은 일꾼들이 먹고도 남는데 나는 여기서 굶어죽게 되었구나! 어서 아버지께 돌아가, 아버지, 제가 하늘과 아버지께 죄를 지었습니다. 이제 저는 감히 아버지의 아들이라고 할 자격이 없으니 저를 품꾼으로라도 써 주십시오 하고 사정해보리라.'

마침내 그는 거기를 떠나 자기 아버지 집으로 발길을 돌렸다. 집으로 돌아오는 아들을 멀리서 본 아버지는 측은한 생각이 들어 달려가 아들의 목을 끌어안고 입을 맞추었다. 그러자 아들은 '아버지, 저는 하늘과 아버지께 죄를 지었습니다. 이제 저는 감히 아버지의 아들이라고 할 자격이 없습니다.' 하고 말하였다. 그렇지만 아버지는 하인들을 불러 '어서 제일 좋은 옷을 꺼내어 입히고 가락지를 끼우고 신을 신겨 주어라. 그리고 살진 송아지를 끌어내다 잡아라. 먹고 즐기자! 죽었던 내 아들이 다시 살아 왔다. 잃었던 아들을 찾았다.' 하고 말했다. 그래서 성대한 잔치가 벌어졌다.

성서(聖書)는 하느님께서 우리의 잘못을 무한히 용서하신 다는 것을 '잃었던 아들(루가 15:11-32)'의 비유로 가르치고 있다. 아무리 큰 잘못과 실수를 저질렀어도 회개하여 하느님 아버지에게로 돌아오기만 하면 하느님 아들의 자격을 허락하고 크게 반기신다는 것이다.

"회개하라, 하느님나라가 다가왔다."(마르코 1; 15)며 예수께서는 말씀하신다. "하느님나라는 시작되었고 모든 사람들은 제 마음속에 이 나라를 가지고 있고 또 자격이 있으면 이 나라를 차지할 수 있으며 누구나 참된 회심(回心)에 의하면 조용히 이 나라를 창조할 수 있다"고 선언하고 있다.

참회의 기도(祈禱)는 성령의 광명이 폭포수 쏟아지듯 내려와 어둠과 그 안에 숨겨진 습기와 박테리아를 쓸어내고 모든 전세를 역전시킨다. 잘못 끼워진 첫 단추만 풀 수 있다면 모든 것의 수정이 가능하듯이 회심(回心)은 탐욕의 마력을 약화시켜 마왕의 족쇄에서 확실히 탈출할 수 있는 절호의 계기가 된다.

현대 과학의 대부 아인슈타인도 "자연은 주사위 놀이를 하지 않는다."고 언급하였다. 커텐이 닫힌 창문으로는 절대로 햇빛이 들어올 수 없다. 자! 일어나서 커텐을 활짝 열자. 그러면 우리는 찬란한 새날의 광명을 맞이하게 될 것이다.

이처럼 회심(回心)은 모든 것으로부터 구원을 받을 수 있다. 그 참회가 진심으로 지속될 때 해탈에서 오는 마음의 평화와 심령의 자유를 걸림이 없이 마음껏 누릴 수 있게 될 것을 자신한다.

문) 집중은 청정을 만들고, 청정은 묘촉을 유도하여 관음(觀音)의 고급법문을 만나게 되는데 이러한 과정은 모든 수행자에게 다 똑같이 나타나는 것인가요? 또 관법의 완성은 무엇을 의미합니까?

답) 조사(祖師) 선문(禪門)에서는 개구즉착(開口卽着), 즉 입을 열기만 하면 집착의 망령이 되살아나 곧 어긋난다고 한다. 마음을 깨달아야 되는 것이지 입만 살아있으면 그것은 알음알이일 따름이다. 그러나 언어를 사용하지 않고는 수행의 과정을 설명하기가 만만치 않다.

"소리 앞의 한 마디 진리는 천명의 성인(聖人)도 전하지 못한다(聲前一句千聖不傳)"([벽암록]94칙)는 말이 무게는 있지만 "소리 앞의 한 마디 진리는 한 사람의 성인이 말한다(聲前一句一聖可言)"는 문장 역시 틀린 말은 아니다. 이것이 선종(禪宗)의 교과서인 [벽암록]을 불살랐다가 다시 복간하지 않을 수 없었던 이유이기도 하다.

두뇌의 집중이 의식의 작용이라면 관(觀)은 마음의 눈으로 보는 것이라고 설명할 수 있다. 의식(意識)이 이차원이라면 관(觀)은 높은 곳에서 볼 수 있는 삼차원의 집중이다. 집중은 에너지를 모을 수 있는 좋은 계기가 됨과 동시에 관(觀)으로 차원이 바뀐다. 그리하여 무심의 관(觀)은 얼룩진 곳을 깨끗하게 청소할 수 있는 법력의 시작이다.

관법의 완성은 무명의 어둠을 밝히는 청정의 법력을 가져온다. 집중과 청정, 묘촉 그리고 관음은 정법의 수행자이면 누구나 그 과정이 동일하다. 그러나 순서대로 나타나는 것이 아니라 영혼의 격이 높은 수행자는 동시다발적으로 진행된다. 결론은 누구나 청정하면 관음(觀音)의 고급법문을 만날 수 있다는 사실이다.

## 4. 선도(仙道) 수행

'나라에서 본래부터 내려온 도(道)가 있었으니 그 이름이 현묘지도이니라.'

- 고운 최치원 -

모든 종교는 마음공부를 강조한다. 육신은 언제나 버려야 할 탐욕의 덩어리로 지목하여 예사롭게 설정된다. 그러나 선도(仙道)수련에서는 이와는 정반대의 소견을 가지고 있다. '건강한 육체에서 건전한 정신이 깃든다'는 오늘날의 스포츠 슬로건과 같이 육신(肉身)은 버려야 할 탐욕의 업장(業障)덩어리가 아니라 정신(精神)을 담는 그릇으로 갈고 닦아 길이 보존해야한다.

육신의 건강 없이는 절대로 높은 깨달음을 얻을 수 없다는 선도수행은 현대인의 필수 건강보감과 같다. 그래서 집중의 기(氣)공부와 함께 몸공부를 중요시하여 바른 자세와 운동을 통한 건강을 강조하고 있다. 그리고 종교에서 추구하는 마음공부-'역지사지(易地思之)'와 '네 이웃을 내 몸처럼 사랑하라'-와 함께 세가지 공부를 동시에 갖추어야 만이 비로소 목표점에 도달할 수 있음을 강조하고 있다.

임진왜란시 사명당을 끝으로 우리고유의 선도수련법이 지

하로 들어가 인고의 세월을 지나 오늘 우리 앞으로 성큼 다가왔다. 중국기공은 낙후된 의료환경에서 건강을 지키는 대체의학으로 맥을 유지하였지만 우리의 신선도 수행법은 공해시대에 사는 현대인에게 육체적 건강과 함께 정신적 건강을 위해 더욱 절실하다.

물질문명의 병폐에 허덕이는 모든 이들에게 정신수행의 중요성을 일깨우고 대한민국의 건국이념인 홍익인간과 제세이화를 만방에 선포하여 우리고유의 선도수행법을 세계인들의 정신적 지주로 승화시켜야 한다.

## 1) 동양의 신비

기운(氣運)은 생명의 원천이다. 그리고 우주공간에 작용하는 모든 원동력의 근원이다. 명상은 집중을 통하여 얻어지는 기쁨의 에너지이다. 명상을 통하여 자연의 흐름인 기(氣)를 체득하여 그곳에 몰입하면 육신의 건강은 물론 영혼의 청정을 가져온다.

한때 과학적으로 증명되지 않는다는 이유만으로 비과학이며 무속의 일종으로 매도되었던 동양의 신비가 이제는 '무한 효능이 깃든 과학'으로 서구(西歐)에서도 경탄하고 있다.

명상의 효능(效能)중에서 기(氣)를 얻을 수 있는 인도의 요가, 중국의 기공(氣功), 일본의 센(Zen), 한국의 단전호흡

(仙道)등은 서구인들이 즐겨 찾는 명상법이다. 최근 윈스콘시 대학의 연구진들은 '정신치료의학' 최신호에 발표한 연구 보고서에 의하면 명상중에 나타나는 뇌파의 에너지가 면역력을 강화하고 긍정적 감정을 주관하는 두뇌부위의 활동을 증진시킨다는 사실을 제시하였다.

또한 '사람이 갖게 되는 감정 상태에 따라 인체의 면역 시스템의 반응도 달라지게 되어 우리의 건강에 영향을 미치게 된다.'는 보고와 함께 [스트레스 감소의 길잡이]란 책에서 명상을 통하여 마음의 심리상태가 달라지며 명상상태에서는 신체에서 자연치유력의 에너지가 증폭된다고 서술하고 있다. 이와 때를 같이하여 서구의 심리학자들은 명상(瞑想)이 반사회적 심성을 바로 잡는다고 보고하고 있다.

이러한 뇌파의 에너지 체계인 기(氣)를 과학적으로 설명하고 증명할 수 없는 것이 현대과학의 현 주소이다. 명상에 의하여 일어나는 마음의 미묘한 변화와 그에 따라 발생하는 초자연계의 에너지인 기(氣)를 측정하거나 정량화할 능력이 아직 없기 때문에 과학적으로 밝혀지지 않을 따름이라고 03년 8월 타임지는 부연 설명하고 있다.

아울러 지난날 비과학적이라는 이유로 무관심되어 과학의 대상에서 제외되었던 동양의 신비가 이제는 서양의 과학적인 입장에서 연구되어 점차 베일을 벗고 있다. 침을 놓는 경혈과 경락에 대한 인체 반응의 체계를 필두로 뇌파의 에너지에 대하여 심층 깊게 연구하고 있으며 특히 정신과 물질에 관한 상호작용 및 한의학에서 주장하는 생명에너지인 기

(氣)를 총체적으로 다루고 있음을 자세하게 설명하고 있다.

그러나 진리(法)의 요체를 설명하는 불생불멸의 절대계를 과연 과학이 제대로 다룰 수 있을까하는 의구심이 앞선다. [금강경]에 이르기를 '여래께서 말씀하신 진리는 취할 수도 없고, 말할 수도 없고, 진리도 아니고, 진리 아닌 것도 아니기 때문'으로 법(法)을 법이라 해도 틀리고, 아니라고 해도 틀림을 그들은 알 수 있을는지 의문스럽다.

서구의 명상열풍을 실감하는 뉴-스는 수행자의 입장에서는 고무적이고 반겨야 하지만 명상이 하느님의 성령과 어떤 함수 관계가 있는지? 과연 불가(佛家)의 마음법을 소화하고 무상정득정각의 지혜를 이해할 수 있을지 두렵기까지 한다.

## 2) 현묘지도

현묘지도는 민족의 생성과 더불어 시작된 우리 민족 고유의 심신수련법이다. 단전호흡을 통한 선도수련은 대자연의 에너지인 기(氣)를 운용하여 인성(人性)을 정화하여 대외적으로는 홍익인간 제세이화의 건국이념을 만방에 전파하고 내적으로는 불로불사의 신선(神仙)의 도를 깨칠 수 있음이 면면이 전해 내려오고 있다.

이러한 기(氣)문화는 기(氣)의 통로인 경혈과 경락설의 바탕을 둔 한의학이 동양에서는 만고불변의 진리로 인정되어

오늘날의 서양의학과 함께 쌍벽을 나란히 하고 있다. 일반적인 외과의 수술을 제외하고는 침이나 한약으로 모든 병을 다스릴 수 있다는 우리의 의료개념을 서양인의 시각으로는 좀체 이해하기가 힘들 것이다.

동양의학은 철학에 근간을 두고 있다. 처음의 하나(무극)가 태극인 음(陰)과 양(陽)으로 갈라져 그것이 오행으로 나뉘어져 크게는 대우주가 되고 작게는 인체인 소우주로 태어난다. 그리하여 성,주,괴,공으로 다시 환원한다. '일시무시일 무시무종일'(하나는 시작 없는 하나로 시작하여 다시 끝 없는 하나로 돌아간다), 만물귀일시(만물은 하나로 돌아간다)의 법칙은 자연의 흐름과 같다.

명상은 영혼의 휴식을 위한 시간이 아니라 영혼의 등급을 올리기 위한 공부이다. 불가(佛家)에서 참선하는 것을 공부한다고 말하는 것은 지식을 얻기 위한 학교 공부나 다름없음을 설명한다. 계(戒)를 지켜 선정에 들면 진리의 근원인 지혜가 나타나 영혼의 청정뿐 아니라 위대한 실체의 본성(本性)을 만날 수 있다.

현대인에게 명상의 필요성은 물질만능시대에서 오는 인간성의 요구와 함께 정신적인 안정과 위안이다. 밀려오는 업무의 과중함에 능력의 한계를 실감하여 번민하고 남들과의 비교우위에서 욕망의 끝을 멈출 수 없는 모순에 빠지게 된다. 모든 것에서 자유로워질 수 있는 뛰어난 능력과 욕망의 틈바구니에서 뛰쳐나오고 싶은 자유인이 누구나 되고 싶다.

이러한 일상의 불안과 번민, 공포는 손기(損氣)를 일으켜 육신을 병들게 하고 나아가 정신적인 허탈과 공허를 일으킨다. 번뇌의 모진 바람과 성난 파도를 잠재우려면 조용한 침묵과 깊은 명상의 시간이 필요하다. 우리는 수행을 통하여 분노와 탐욕과 어리석음의 삼독(三毒)을 쉬게 해야한다. 그리고 나서 청정한 계(戒)를 지니고 선정(禪定)에 들면 마음에 걸림이 없는 자유와 지혜를 얻을 수 있을 것이다.

부처는 일찍이 구리성(拘利城) 북쪽의 한 나무 아래에 머무르면서 다음과 같이 말하였다. 이것이 장아함경(長阿含經)을 이루고 있다.

"너희들은 마땅히 계를 지니고 선정을 생각하며 지혜를 깨달아라. 이 세 가지를 잘 지키는 사람은 덕망이 높고 명예가 더 날리게 될 것이다.

음란한 마음과 성내는 마음과 어리석은 마음과 잡된 생각이 없어질 것이니, 이것을 일러 해탈(解脫)이라 한다. 이 계행이 있으면 절로 선정이 이루어지고 선정이 이루어지면 지혜가 밝아지리니, 이를테면 흰천에 물감을 들여야 그 빛이 더욱 선명하게 되는 것과 같다.

이 세 가지 마음이 있으면 도(道)를 어렵지 않게 얻을 것이고 일심(一心)으로 부지런히 닦으면 이생을 마친 후에는 청정한 곳으로 들어갈 것이다.

만약 계,정,혜의 삼행을 갖추지 못하면 결코 윤회에서 벗어나기 어려울 것이다. 그러나 이 세 가지를 갖추면 마음이 저절로 열려 문득 천상, 인간, 지옥, 아귀, 축생들의 세상을 보게 되고 온갖 중생들의 생각하는 것도 알게 될 것이다. 이는 마치 시냇물이 맑아야 그 밑의 모래와 돌 자갈들의 모양을 환희 들여다 볼 수 있는 것과 같다.

깨달은 사람은 마음이 밝으므로 보고자 하는 것이 다 드러난다. 도(道)를 얻으려면 먼저 그 마음을 깨끗이 해야 한다. 마치 물이 흐리면 그 속이 보이지 않는 이치와 같다."

불조(佛祖)의 마음법을 증득하기 위해서는 계를 지키고 선정에 들어야 한다. 먼저 집중해야 하며 항시 깨어있는 자세인 관(觀)을 완성해야 한다. 그러나 이들도 완전(完全)하다고 보장할 수가 없다. 지혜란 정법의 완전한 수행자만이 가지는 법력이다.

완전은 자연의 흐름으로 그것들이 가지는 묘촉이 나타나야 한다. 마치 어둠의 밤이 지나면 새벽이 다가와 여명이 오듯 묘촉을 만나야 비로소 정도(正道)의 무심(無心)임을 안심할 수 있다.

맹신과 일심은 에너지를 만들어 초능력을 구사할 수 있지만 그것은 무상정득정각의 정법이 결코 아님을 알아야 한다. 그것은 지혜가 아닌 오직 유한(有限)하고 가치없는 무속(巫俗)의 에너지로써 마왕(魔王)의 짓거리임을 잊지 말아야 한다.

문) 내공으로 기(氣)를 느낄 수 있는 최고의 방법은 무엇입니까? 그리고 단전호흡은 어떠한 병(病)이라도 치료가 가능한가요?

답) 단전호흡으로 집중을 유도하면 육신에 흐르는 아주 미약한 전류의 느낌인 기(氣)를 감지할 수 있게 된다. 이것은 누구나 체험할 수가 있지만 특히 유년(幼年)의 초등학생은 그 느낌이 확연하다. 그러나 몸에 질병이 있거나 사십이 넘은 중늙은이는 좀체 기(氣)의 느낌이 나타나지 않는다. 이러한 현상을 유추해보면 에고(ego)가 생기기 전이나 건강한 육체가 유지될 때 정신통일이 쉽게 되며 또한 기(氣)를 체험할 수 있다.

집중의 현상은 기감(氣感)을 증폭시키는데 손바닥 노궁혈이나 아랫배의 단전에 뜨거운 열감이 나타나 항시 몸의 컨디션을 유지시키며 젊음을 되돌린다. 그러나 기능이 떨어진 장기(臟器)나 만성질환으로 고생하고 있는 그 부위는 답답함과 거북함이 생겨 자연히 의식이 가게된다. 심생종기(心生從氣)라 의식이 가는 곳은 기(氣)가 모이게 되어 자연스럽게 집중이 이루어져 자가치료가 가능하다. 집중은 정신통일을 만들고 이것은 다시 에너지를 증폭시킨다.

'따뜻하면 살고 냉(冷)하면 죽는 원리'에 따라 건강과 질병이 나누어지며 병이 발생하면 그 해당 부위가 냉해진다. 단전호흡으로 뜨거운 열감이 하복부 단전(丹田)에 자리 잡으면 아무리 지독한 만성병이나 난치병도 서서히 사라지게된다.

문) 마귀를 물리칠 수 있는 힘이 경혈에 있다는데?

답) 경혈은 한방의 치료점이다. 어깨가 결리고 아프면 자연적으로 통증이 있는 환부를 두드리거나 맛사지 하고 복통으로 배가 아프면 배를 움켜지는 지압점이 경혈이다. 이것이 발달하여 경혈과 경락을 이루고 한의학의 이론이 형성된다.

한의학은 침이나 약탕(藥湯)으로 경혈과 경락을 개혈하여 장부의 허(虛)와 실(實)을 조절함으로써 질병을 다스린다. 현대의학에서 난치병으로 구분되는 고혈압, 당뇨병, 암등을 치료한 임상보고가 다수 있음을 상기해야한다.

선도수련은 침(針)이나 약초 대신 단전호흡을 통한 집중의 관법(觀法)만으로 경혈을 열어 치료의 효과를 가져올 수 있다. 인체가 세균에 의한 공격에도 버틸 수 있는 면역기능은 자연치유력의 결정체이다. 특히 단전호흡으로 얻은 초자연의 에너지(天氣)를 사용하여 영(靈)적인 질환에도 그 위력을 발휘할 수 있음을 선도수행자들은 익히 알고있다.

빙의령과 경혈의 기능은 서로 반대적인 입장에 있다. 무당은 접신된 영(靈)에 의하여 인체의 경혈이 모두 막혀있어 천기(天氣)의 출입이 통제된 상태이다. 무당은 마귀의 하수인이며 흔히 귀신짓거리로 저급의 능력(?)있는 영(靈)에 의해서 앞일을 예지할 수 있고 또 하찮은 귀신을 쫓기도 한다.

경혈은 천기(天氣)의 출입문으로 하늘의 기운이 왕래하는 인체의 신경세포와 같은 역할을 한다. 우리의 신체에 신경이 없다면 건강을 유지할 수 없듯이 경혈이 막히면 빙의령의 지배를 받는다. 경혈의 개혈은 하늘의 기운을 받아들여 마귀를 천도시킬 수 있는 막강한 능력이 따른다. 특히 두뇌에 분포되어 있는 정수리의 백회혈, 앞이마의 인당혈, 뒷머리 옥침혈, 그리고 태양혈은 어떠한 악령의 힘도 화롯불위에 잔설 녹듯이 소멸되게 하는 위대한 법력의 산실이다.

영가천도란 한번의 능력으로 처리되는 것은 결코 아니다. 왜냐하면 습기 찬 곳에 곰팡이가 생기듯이 영(靈)이 빙의된 육신은 그 환경이 양명(陽明)하지 않는 한 끊임없이 빙의가 된다. 천도제를 부추기는 무당과 사이비 도사들은 한,두번의 제사로 해결된다고 하지만 곰팡이가 쓴 육신에 천기(天氣)의 청정이 자리잡지 않는 한 귀신의 출입을 막을 수 없다.

## 3) 단전호흡

석가의 제자 가운데 박카리는 중병에 걸려있었다. 여러 제자들과 함께 행동하지 못하고 외진 곳 옹기 굽는 곳에서 앓고 있었다. 다행히 한 도반(道伴)의 간병을 받고 있었다.

부처는 박카리를 문병갔다. 그리고 병세에 대하여 여러 가지로 물었다.

"병은 좀 어떠한가, 견딜 수 있는가. 밥은 잘 먹는가, 고통은 더 함이 없이 좀 덜하는 편인가, 병은 차차 낫는 길로 나아가지 않는가?"

그러나 박카리는 비관적이었다. "아닙니다, 부처님이시여, 고통은 성하고 입맛은 나아지지 않습니다. 병은 더하는 길로만 나아갈 뿐입니다." 그러나 부처인들 속수무책이었다. 그의 병고(病苦)를 조금도 들어줄 수 없었다.

공자(孔子)도 마찬가지 일을 겪었다. 공자의 제자 염백우는 덕행(德行)으로 공자의 십대제자중의 한 사람이다. 그런데 백우가 병이 있었다. 악질(惡疾)이라고 하는데 문둥병이라 짐작된다. 그리하여 공자의 문하생들과 어울리지도 못하고 사람을 피하여 혼자 지냈다.

공자가 찾아가 문병을 하였다. 창문으로 그의 손을 잡고 병세를 걱정하였다. 문병을 마치고 다른 사람들에게 말하기를 "그가 죽게 되었다. 하늘의 명(命)인가 보다. 이 사람에게 이 같은 병이 있다니! 이 사람에게 이 같은 몹쓸 병이 있다니!"하면서 애석하게 생각하였다.    - 논어 옹야편 -

석가나 공자도 아끼는 제자들이 중병에 걸려 죽어가도 어쩔 수 없음을 한탄하며 눈물을 삼킨다. 그러나 현묘지도(玄妙之道)의 수행법은 불로불사(不老不死)를 제청하며 생활선도를 주장한다. 인체는 기혈(氣血)의 순환로(循環路)인 경락이 존재하며 이것을 유통시키면 모든 질병을 치유(治癒) 극복할 수 있음을 오늘 날 한의학이 증명하고 있다.

경혈(經穴)은 인체의 생명력을 관장하는 초자연계의 문이다. 비록 과학적으로 밝혀져 있지 않지만 북한의 김봉한 교

수가 과학적인 자료와 시험테이트를 설명하였고 서울대에
서도 동물실험에서 그 존재를 과학적으로 입증한 바 있다.
 그러한 과학적인 입증이 아니라도 한의학은 질병치료의
결과로 경혈의 의미를 생명과 직결한다. 경혈을 개혈하는
것으로 생명의 연장인 건강을 의미하고 경혈이 막히면 난치
병과 죽음으로 연결된다. 경혈과 경락은 생명의 원천으로
그 존재가 생명이며 사멸이 죽음이다. 이와같은 이론으로
생명의 기초는 우주에너지의 프라마, 기(氣)임을 부정할 수
없다.
 단전호흡은 생명의 에너지를 인위적으로 증폭시킬 수 있
는 선도수행법의 시작이며 근간(根幹)이 된다. 생로병사의
흐름도 단전(丹田)의 뜨거운 열감으로 지연시키며 질병으로
기능이 저하되어 냉(冷)해진 장기도 뜨거운 단(丹)의 생명력
앞에는 다시 활발한 본래 기능으로 돌아와 건강한 육체를
만들 수 있다.


## 소주천

 소주천은 인체의 전면부인 임맥과 후면부의 독맥을 유통
시키는 일생일대의 공부로써 임,독맥에 소속된 모든 경혈이
열려야 만이 비로소 가능하다. 반드시 단전에 축기가 되어
야하고 축기가 됨으로써 자연스럽게 기운이 인체의 회로(경
락)를 따라 움직인다.

축기를 완성하기 위해서는 단전의 위치가 정확해야 하고 자세가 또한 삐뚤어져서는 안 된다. 선도(仙道)가 타(他)종교의 수행법과 다른 점은 육체가 건강하지 못하면 최상의 도법(道法)을 성취할 수 없음이다. 건강한 육체에 건전한 정신이 깃들 듯 똑바른 자세와 맑은 정신의 바탕위에 불로불사의 신선(神仙)이 되는 길이 보인다.

단전호흡은 선도(仙道)수련의 이니셜로써 처음이자 전부이다. 흔히 단전호흡을 어떻게 하면 소주천, 대주천의 경지에 들 수 있느냐며 신중하게 물어오지만 특별한 비법이 따로 있는 것이 아니다.

단전(丹田)인 하복부 복식호흡이 기운을 만들고 그 기운을 관(觀)하는 것으로 굳이 비법이라면 쉼없는 정진이 있을 따름이다. 지속적인 운동과 집중의 기(氣)수련을 병행하여 건강한 몸을 우선하는 생활선도는 굳이 출가를 하지 않아도 깨달음을 얻을 수 있는 우리나라 고유의 심신수련법이다.

'거, 거, 거, 중지, 행, 행, 행 리각'으로 가고 가면 알아지고 행하고 행하면 저절로 깨달아진다. 흔히 시중에 알려진 중국기공식 호흡법으로 숨을 길게 쉬고 길게 내 뱉거나 혹은 손바닥 위에 뜨거운 물체가 있다고 가정하고 의념으로 기(氣)를 돌리는 행위는 선도의 수행법과는 전혀 다르다.

의념(意念)으로 명문혈로 기운이 들어온다고 생각하여 기를 단전에 모으고 또는 손바닥 위에 뜨거운 불덩어리가 있다고 생각하여 기운(氣運)을 일으켜 임,독맥을 유통시킬 수도 있다. 그러나 이는 최면상태의 트랜스일뿐 아무런 의미가 없다. 오히려 빙의령을 불러들여 역에너지가 경혈을 막고 있어 정법수련에 막대한 장애가 된다.

정법이란 '구하지 말며, 상(相)을 그리지 말며, 의지하지 않는 것'으로 오직 결과를 기대하지 않고, 구함이 없는 착(着)이 없는 자연스러운 집중이 기운을 만들고 육신의 건강과 기운의 밀도를 높인다.

인체의 전면부에 흐르는 임맥은 회음부의 회음혈에서 시작하여 아랫입술의 승장혈등 24혈로 분포되어 있으며 후면부사이의 독맥은 항문과 미골단사이의 장강혈에서부터 코밑 인중혈을 지나 윗입술의 태단혈, 윗입몸의 은교혈등 28혈로 이루어져 있다.

단전에 축기가 되면 아랫배의 뜨거운 열감과 함께 등뒤 명문혈에서 따뜻함이 전해진다. 이러한 열감이 수행의 진척에 따라 독맥을 타고 흐름을 나타내면서 주천(周天)이 시작된다. 편의상 감흥이 빠르게 나타나고 경혈의 위치를 쉽게 찾을 수 있는 몇 점을 아래의 그림으로 대신한다.

수행(修行)중 까닭없이 명문혈(穴)이 막히든지 혹은 빙의령에 시달리면 초기의 축기 수련으로 다시 돌아가야 한다. 이때에는 와공(臥功)을 중심으로 행공해야 하고 1회 1시간 1일 3회 이상의 강도 높은 수련과 매일 한,두시간의 등산으로 몸을 맑게 하는 공부만이 장애를 극복할 수 있다.

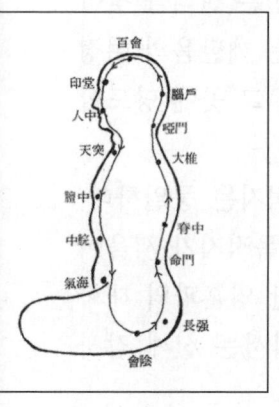

[소주천 단면도]

### 4) 명상

　신(神)은 우리에게 많은 축복을 준다. 무한의 태양 빛과 맑은 공기 그리고 시원한 물! 주위를 둘러보면 언제나 신의 가호와 보호(保護)속에서 우리는 안주하고 있다. 신은 항상 우리가 조화와 균형속에서 행복을 누릴 수 있도록 축복하시고 인간이 요구하지 않아도 우리가 필요하고 원하는 것은 무엇이나 제공한다.

　이러한 신(神)을 우리는 하느님이라 부르고 기독교에서는 절대자 하느님으로 초인간적인 인격체로 존경과 두려움을 표시하게 된다. 또 불교에서는 공(空)이라 하고 그 자리를 진여(眞如), 있는 그대로의 모습이라 설명한다.

　또 다른 이름으로 본래면목, 본성(本性), 부모미생전 혹은 진아(眞我)라 하여 수행의 목적지로 삼는다. 기독교의 교리가 절대자 하느님의 구원이라면 불교의 참선은 진리를 찾아가는 깨달음의 종교이다. 절대자의 구원이든 깨달음의 여정이든 그 길은 기도와 명상의 집중만이 오직 그 곳에 당도할 수 있다.

　모든 종교를 떠나 그 궁극적인 길과 목적지는 동일하다. 목적지로 가는 여러 가지의 방법이 있지만 목적지가 서울이듯이 그 해답은 집중의 몰입이다. 명상이란 영혼과의 대화이며 본성(本性)을 찾아가는 길이며 나아가서는 신께 감사드리는 묵상기도이다.

　교회에서는 기도보다 한 단계 위의 응답이 하느님의 말씀으로 이어진다. 오랜 기도와 묵상 속에서 하느님의 말씀이 두뇌를 통하여 전해진다. 이러한 응답은 성령과 함께 내려와 확연하게 인간세계의 좌표가 되며 실행에 옮겨지면 겨자씨가 한 그루의 거목이 되듯 나타난다.

"위로부터 온 이는 만물(萬物)위에 계시고 땅에서 난 이는 땅에 붙어 땅의 것을 말하느니라. 하늘로부터 온 이는 만물 위에 계시나니 그가 그 보고 들은 것을 밝히되 그 밝힘을 알아듣는 이가 없도다. 그의 밝힘을 알아듣는 이는 참이신 하느님을 아느니라. 하느님이 보내신 이는 하느님의 말씀을 하나니 이는 하느님이 성령을 한량없이 주심이니라. 아버지께서 아들을 사랑하사 모든 것을 다 그 손에 주셨으니 아들을 믿는 자는 영생이 있고 아들을 따르지 아니하는 자는 영생을 보지 못하고 도리어 하느님의 노여움이 그에게 있느니라."

(요한 3 ; 31 -35)

내 마음 속에 온 하느님이 성령이다. 성령이 그리스도며 하느님 아들이며 영원한 생명이다. 말씀의 성령이 공짜로 와 영원한 생명을 얻을 수 있다면 얼마나 좋을까! 교회는 믿음이 성령이 된다고 하지만 그것은 신학자의 견해일 따름이다. 신학과 철학이 다른 점은 신학은 조건 없이 믿어야하지만 철학은 무조건적으로 의심하고 두드려 봐야 한다.

종교의 근본은 믿음과 행(行)이다. 기독교 목회자의 오랜 진솔한 기도는 응답으로 이루어지는 것도 행(行)이요, 카톨릭 수녀님들의 진솔하고 복된 기도가 백회혈을 개혈하는 것도 행(行)으로 체험이지만 이들은 단편적이며 일시적이다.

불교의 참선은 '위없는 깨달음(무상정득정각)'으로 행(行)을 마감한다. 명상이 기도와 다른점은 지혜라는 이름으로 지속적이고 무한한 법력의 통찰력을 선사하며 개체의 자아에서 본래의 하나됨을 설명한다.

그들에 비교하여 선도(仙道)는 행하고 행하면 경전(經典) 속의 의구심이 확실한 체험으로 우리에게 다가온다.

"나의 힘은 넓고 커서 되지 않는 일이 없다. 또 나는 보지 못한 곳이 없다. 그러나 그 가운데서 오직 하나(니르바나)만을 잘 알고 기뻐하고 있다."                    - 열반경 -

묵상(默想)은 하느님에게 드리는 침묵의 기도이다. 이제까지는 내가 하느님을 찾고 하느님에게 무엇을 요구하며 드리는 기도였다면 참선이나 명상은 요구하는 대신 하느님의 말씀을 마냥 듣는 순종의 기도일 것이다. 단전호흡도 묵상기도로 승화시키면 하느님의 말씀이 에너지가 되어 수행의 길을 재촉한다.

아직 완전한 성령은 아니지만 초자연계의 느낌은 에너지를 객관화시키며 기(氣)의 감응으로 다가온다. 그리하여 성령의 존재와 하느님의 말씀이 구체적으로 드러나면서 점점 가까워진다.

두정(頭頂) 정중선 중앙에는 백회혈로 불리는 하늘의 문,

천문(天門)이 있다. 인간이 하느님에게 다가설 수 있는 문이며, 하느님의 응답을 수신할 수 있는 안테나가 바로 이곳이다. 현실과 초자연계의 길목으로 명상을 통하면 누구나 하늘의 기운을 직접 느낄 수 있다.


## 생활선도

 예수께서 말하기를 "사는 것은 영성(靈聖)이니 육신은 쓸데없다."(요한6; 63) 또 불전에 이르기를 '조견오온개공(照見五蘊皆空)' 사대(지수화풍)로 지어진 오온(五蘊;색수상행식)은 공(空)이라-
 성경과 불경에서 육신을 아무짝에도 쓸모없는 것에다 비유한 것은 영성과 공(空)의 가치를 설명한 것이지 다른 뜻은 없다. 그러나 자칫 그릇된 확대해석이 육체를 폄하시킨다.
 육신을 오욕칠정으로 가득찬 악마의 덩어리로 간주하여 오직 채근과 담근질로 개조한다며 고행(苦行)으로 그 가치를 소멸시키라는 말씀은 결코 아니다.
 부처께서도 "수행자들이여! 세속을 떠난 자가 마땅히 피해야 할 두 극단이 있으니, 하나는 삶을 향락과 욕정을 일삼는 것이고 또 다른 삶은 고행을 일삼는 것이니, 이 또한 고통스럽고 어리석으며 얼마나 무익한 것이드냐!"고 하셨다.

마음을 깨치기 위해서는 곡기(穀氣)를 끊고 수마(睡魔)를 조복하여 피골상접의 모습으로 도(道)를 얻겠다 함은 잘못된 생각임을 부처님은 확실히 밝히고 있다.

선도수행의 기본은 생활선도이다. 모든 깨달음의 경지는 일상에서 시작하는 보편성을 강조하고 있다. 오직 건강한 육체에서 건강한 정신이 나오듯 실온(室溫)에서의 수행을 강조함은 당연한 귀결이다.

생활선도란 정상적인 부부관계도 필수이다. 육체의 메커니즘이 요구하는 극단적인 금욕보다는 보편을 추구하며 삼학(계,정,혜)을 연마한다. 건강이란 내,외면을 포함한 것으로 건전한 정신을 바탕으로 한 수행정신과 올바른 자세를 갖춘 육신을 요구한다.

질병을 치료할 때 잘못된 자세를 교정하지 않으면 병마에서 헤어나기 어렵다. 병이 나면 자세가 틀어지고 또 척추가 바르지 못하면 그 마디에 연결되어있는 장기의 기능이 저하되어 병을 일으키게 된다. 추나요법은 임상적으로 괄목할만한 효과를 나타내지만 그것보다는 올바른 생활습관을 통하여 교정을 지속시키도록 유도해야 한다.

그러나 이것만으로는 부족하다. 기(氣)의 순환로인 임·독맥의 유통은 비뚤어진 척추를 처음의 바른 모습으로 회귀하도록 하는 자연의 힘이다. 자세뿐만 아니라 타격으로 삐뚤어진 저자의 코뼈가 십 수년이 지난 후 소주천이 되면서 곧게 고쳐지는 현상은 선도수련의 개가이다. 이처럼 선도수련은 모든 질병에서 자유로워지며 더구나 성형(成形)의 영역까지 놀라움을 선사한다.

진기(眞氣)가 독맥을 지나갈 때 척추(요추, 흉추, 경추)가 휘어져있으면 기운의 파장이 약해진다. 요가나 스트레칭이 수행(修行)을 돕는 것은 몸의 유연성을 길러 바른 자세를 만들기 때문이다. 올바른 자세가 축기를 강화시키고 진기(眞氣)유통으로 주천(周天)을 함으로써 그 다음 수련단계인 백회를 열 수 있다. 선도수련에서는 진기를 모으는 축기가 수행의 본체인 단전호흡이다.

초기수련은 손바닥의 노궁혈에서 제일 먼저 기운이 느껴진다. 전기와 같은 짜릿짜릿하거나 자석이 당기는 듯한 자력감으로 오는데 환자나 건강이 좋지 않은 이들은 느낌이 없거나 차가운 감이 올 수도 있다. 그러다가 수련이 진행되면서 뜨거운 열감으로 바뀌게 되는데 이것이 진기이다.

이때 몸 속의 병소(病巢)는 냉한 기운으로 밖으로 뿜어져 나간다. 즉 단전에 축기가 되면 뜨거운 기운이 인체의 회로인 경락을 따라 유주하면 병의 흔적이나 오래된 병마의 뿌리는 냉한 기운으로 변하여 몸밖으로 빠져나오게 된다.

신체의 어떤 부위가 갑자기 맺히는 듯 통증이 있다가 시원해지거나 냉한 느낌은 병소가 빠져나가는 현상이다. 회음부의 회음혈과 발바닥 용천혈은 수련이 한참 진행된 후에야 열리게 되는데 개혈시 그 부위가 냉함과 시원함을 연속해서 느끼게 된다.

집중이 강화되어 단전이 뜨거워지면 몸속의 병소는 냉기로 바뀌면서 회음으로 배출된다. 특히 회음혈은 인체의 탁기가 집중적으로 빠져나가는 경혈로써 그 기능이 탁월하다. 용천혈은 회음혈이 열린 후 개혈된다.

　용천혈이 시원하다는 것은 몸 속의 탁기가 결정적으로 빠져나가는 현상이다. 만성의 고질병이 해소완화되면 시원한 느낌이 자주 일어난다. 매일 마시는 술의 알콜 독소는 그때그때 용천이나 발의 정혈(井穴)로 끊임없이 빠져나간다. 현직 고급 공무원인 본회 회원은 발바닥으로 냉기가 빠져나갈 때 용천혈에 부스럼 같은 큰 종기가 생기는 현상을 자주 보이곤 하였다.

　수행이 진행되어 단전에 뜨거운 감이 느껴지면 벌써 등 뒤쪽의 중간쯤인 명문혈과 척중혈에서도 같은 느낌이 들게 된다. 수련자는 느낌이 있는 듯 없는 듯하지만 앞서가는 스승은 단번에 진기의 움직임을 간파할 수가 있다. 수련자가 느끼지 못하는 것은 몸 속에 있는 탁한 기운이 진기를 흩어 그 느낌을 흐릿하게 만들기 때문이다.

　탁기가 단전의 열감을 에워싸게 되면 곧 느낌은 없어지고 열감도 사라진다. 십 수년의 고행(苦行)에도 소주천을 이루지 못하게 방해하는 것이 본인의 카르마(업장)이다. 수련을 방해하는 모든 장애요소인 탁기는 전생업장인 빙의령의 변형이다. 수행의 단계마다 언제나 또다른 형태로 출몰하여 청정을 방해한다.

　구도자(求道者)들의 밀어붙이기 고행은 정진은 있어도 청정을 기대하기는 힘들다. 마음만 닦으면 성불한다고 하지만 길을 잘못 들면 몸만 망치는 우를 범한다. 카르마를 지울 수 있는 단전의 힘을 길러야 만이 몸을 지탱할 수가 있다. 건강한 몸이 있어야 만이 비로소 심신의 청정을 갖출 수 있어 마음법의 진수인 이근원통법문을 만날 수 있다. 그 힘은 선도수련을 통한 무심의 관심일법(觀心一法) 뿐이다.

## 5) 기운(氣運)

생명력의 에너지인 기운(氣運)은 음식물을 통해서만 얻을 수 있다. 이를 땅에서 나오는 지기(地氣)라 명하며 육신을 영위하는데 필수불가결한 요소이다. 그리고 충분한 수면과 여유있는 휴식은 지기(地氣)와 함께 인체의 에너지를 보충시킨다. 이처럼 음식이 아닌 가벼운 휴식이 인체를 활성화시키는 근원을 천기(天氣)라 명하고 호흡을 통하여 만들어진다고 고서(古書)에 기술되어 내려오고 있다.

기공이란 기(氣)공부의 줄인 말로서 불가(佛家)에서 참선수행을 공부(功夫)라 통칭한다. 무술배우 이 소룡이 연마한 쿵푸는 공부(功夫)의 중국식 발음이다. 기(氣)란 모든 사물이 변화하는 원동력의 에너지로서 광의(廣義)로는 우주창조의 에너지이며 작은 의미로는 우리의 생명력이며 자연치유력이며 면역체계이다. 기(氣)가 충만하면 건강하고 그렇지 못할 때는 질병으로 나타나 인체를 괴롭히는 장애요소가 된다. 흔히 기(氣)가 막힌다든지 기절(氣絕)이라는 어휘는 기

(氣)의 단절을 말한다.
 단전호흡은 가슴으로 쉬는 흉식호흡이 아닌 하복부의 복식호흡을 뜻하며 이것은 갓난 어린이들의 숨과 동일하다. 유아(乳兒)는 폐(肺)가 있는 가슴이 아닌 하복부 전체와 머리 중앙에 있는 숨구멍인 정수리까지 들썩들썩하며 새근새근 잠든다. 그 모습은 예쁘고 귀여워 세상의 그 무엇과도 바꿀 수 없는 보물(寶物)로써 기(氣)의 결정체이다. 갓난아이들이 아무리 큰소리로 오랫동안 울어도 목이 쉬지 않는 까닭은 정(精)이 충실해서이다. 이 또한 갓난아이들의 아랫배 호흡과 두정의 숨구멍으로 흡입되는 하늘의 기운(氣運)덕분이다.
 단전(丹田)은 배꼽아래 2치(寸)부근에 존재하는 생명력의 보고이다. 이곳은 기(氣)가 모이는 창고의 역할을 겸하고 있어 단전호흡은 어린이로 돌아가는 원시반본의 호흡법이다. 단전호흡과 정수리의 백회혈은 선도수련에서 수행의 단계를 높이는 포인트로서 단전호흡으로 소주천을 이루고, 백회혈의 개혈은 대주천의 시작을 의미한다.
 이러한 단전호흡은 현대인의 건강을 위해서 만들어진 것이 아니라 고대(古代)로부터 전해오는 우리나라 고유의 신선도(神仙道) 수행법의 핵심이다. 이것은 중국의 도가(道家)가 나타나기 이전의 것으로 해동공자 최치원께서 신선도에 대하여 언급한 구절이 삼국유사에 전해져 내려오고 있다
 "나라에서 본래부터 내려온 도(道)가 있으니 그 이름이 현묘지도(玄妙之道) 이니라."

현묘지도란 신선도의 다른 이름이다. 이처럼 선도(仙道)는 어제오늘의 단전 호흡법이 아니라 단군 이전의 상고사에 기록된 수련법이다.
　그러면 복식호흡과 단전호흡의 다른 점은 무엇일까? 다같이 아랫배로 숨을 쉬는 호흡인데 어떻게 구분이 되는가 의문이 생기게 된다.
　복식호흡은 무의식적으로 행하는 하복부 호흡이라면 단전호흡은 숨을 쉬면서 의식을 모아 집중을 해야한다. 마치 돋보기가 햇빛을 모아 불을 지필 수 있듯이 집중을 통해서만이 우주에 산재되어 있는 하늘의 에너지인 기(氣)를 모을 수 있다.
　이와는 반대로 집중이 없는 호흡은 성악가들이나 긴소리 명창들이 하는 복식호흡이며 요가의 복부 웨이브호흡등 일반적인 복식호흡과 동일하다. 집중이 없는 복식호흡도 건강을 지키는데 도움을 주고 있는 것은 사실이나 그 효과는 한시적이며 유한하다.
　그러나 단전호흡은 불로불사(不老不死)의 신선이 되는 수련법의 초석으로 우리 선조들로부터 대대로 전해오는 비술이다. 그러나 일상에서 집중하기란 그렇게 만만하지 않다. 오죽했으면 불가(佛家)에서도 삼매(三昧)라고 설명하는 집중의 집결처를 부처의 자리인 본성(本性), 본심(本心), 정각(正覺)으로 이름하였으랴 !

## 집중

부처님이 옛날 쿠루스의 서울 캄마싯 담마에 계실 때 수행자들이 마음을 어떻게 관찰해야 하는지를 다음과 같이 설법하셨다.

"마음으로 이 몸을 관(觀)하되 숨을 길게 들이쉬고 내쉴 때는 그 길다는 것을 알고, 짧게 들이쉬고 내쉴 때는 그 짧다는 것을 알아라.

이 몸이 어디 갈 때에는 가는 줄 알고 머물 때는 머무는 줄을 알며, 앉을 때는 앉았음을 알고 누웠을 때는 누웠다는 상태를 바로 보아 생각이 그 몸의 행동 밖으로 흩어지지 않도록 하라"

또 "즐거움을 누릴 때는 즐거운 줄을 알고 괴로움을 느낄 때는 괴로움을 알며, 괴롭지도 즐겁지도 않을 때는 또한 그런 줄을 알아야 한다."

불경의 '대안반수의경'에는 호흡을 통하여 삼매에 도달할 수 있는 수식관(數息觀)호흡을 자세히 설명하고 있다. 이것은 호흡과 동시에 숫자를 관(觀)하는 호흡법으로 부처님이 깨달음을 얻은 수행법이다.

이러한 수행법이 남방불교에서는 '위빠사나'의 독특한 관법(觀法)이 완성되어 전해져 현(現)불교의 화두법과 함께 참선의 맥을 유지하고 있다. 기독교에서도 묵상기도와 관상기도 등으로 수행자의 길을 안내하고있어 돌이켜보면 모두가 일심(一心)을 이루기 위한 방편이다. 기도나 염불 역시 정신을 집중하는 목표는 같으나 신(神)이나 부처에게 의지하는 요소가 많아 오늘의 종교가 기복(祈福)으로 치우치는 결과를 초래함을 부정할 수 없다.

두상공이 무주 화상(和尙)께 묻기를
"제자가 들으니 화상은 '기억하지도 말고 생각하지도 말고 망상하지도 말라'는 세 글귀의 법문을 말씀하셨다고 하는데 그것이 맞습니까?"
무주화상께서 "그렇다"하고 말씀하셨다.
또 두상공이 말하기를 "이 세 글귀가 하나입니까, 셋입니까?"
무주 화상이 말씀하시기를 "기억하지 않는 것은 계(戒)라 이름하고, 생각하지 않는 것은 정(定)이라고, 망상을 피우지 말라는 것을 혜(慧)라고 이름한다. 한마음이 나지 아니함에 계와 정과 혜를 갖춤이니 하나도 아니고 셋도 아니니라."
두상공이 말하기를 "그 말씀은 근거가 있습니까?"
무주화상이 말씀하시기를 "[법구경]에 이르기를 '만약에 정진할 마음을 일으킨다면 이것은 허망(虛妄)이고, 반대로 정진이 아니면서 능히 마음이 허망하지 아니면 그것이 바로 진짜 끝없는 정진이라'하셨느니라."
두상공이 그 말을 듣고서 의심의 생각이 단박에 풀렸다.

집중은 그냥 집중이어야 하지 그 이상은 아니며 집중을

집착하거나 집중을 위한 집중이 되면 그곳에 잡혀 정진이 아님을 경계하고 있다. 도대체 불경의 말씀은 무슨 말인지 분간하기가 어렵다. 있는 것도 아니며 있지 않는 것도 아닌 것이 그 자리이다. 있다고 해도 틀리고 있지 않다고 해도 틀린 답이다.

 종교가 대중을 위하여 필요하듯이 기초적이고 대중적인 것은 언어로써 설명이 가능하지만 그 다음단계의 수행지(修行地)는 그것이 오직 방편임을 제시하고 있다. 계(戒)를 지켜 선정(禪定)에 들기 위해서는 당연히 집중을 지켜야하고 집중으로 먹이를 삼아야 한다.

 그렇다고 집중만으로 수행의 목표점을 갈 수 있는 것은 아니다. 선한 마음과 이웃을 내 몸과 같이 사랑하는 마음공부는 집중을 더욱 살찌운다. 그리고 올바른 자세와 끊임없는 자기 성찰이 수행을 풍요롭게 한다. 특히 동서고금의 경전은 표현이나 나름대로의 수행방법은 조금씩 다르지만 진위(眞僞)에 앞서 그 무엇하나도 수행을 인도하는 스승이 아닌 것이 없다.

 그 중 불교의 수행법은 고행과 참선으로 가는 '백천간두의 진일보' 는 듣는 이들의 간담을 서늘케 한다.

  '백척이나 높은 작대기 끝에서 어떻게 하면 걸을 수 있겠는가(百尺竿頭 如何進步)
 옛 어른들이 말하기를 백척이나 높은 작대기 올라가서 능히 앉을 수 있는 사람의 경지에 이르렀다고 하더라도 아직 진리에 이르지 못하였다. 참진(眞)에 이르기 위해서는 백척 간두에서 다시 한 발자국 더 나아가 걸어보라. 그렇게 하면 시방세계의 모든 진리를 보게 되리라!'

문) 외공과 내공은 어떤 차이가 있습니까?

답) 외공은 스트레칭이나 기마세(騎馬勢)등으로 단전에 기(氣)를 모으는 운동요법을 총칭한다. 요가나 태극권의 스트레칭과 느린동작은 경혈과 경락을 개혈하는 효과가 뛰어나다. 그리고 손과 발을 흔드는 진동요법은 평소 신진대사를 원활하게 하는데 탁월하다.

명상이나 단전호흡으로 기(氣)를 모으는 수행이 내공수련이다. 단전의 수식관호흡은 집중의 밀도를 강하게 하여 기운(氣運)을 확장시키는 가장 핵심적인 요법이다. 그렇지만 좌선(坐禪)을 할 수 없는 경우에도 내공 수련이 가능하다.

업무중이거나 길을 걸을 때 굳이 단전호흡을 하지 않고 단전의 집중이나 '깨어있는 자세' 만으로도 기(氣)를 모을 수 있다. 그 이유는 생각이 가는 곳에 집중이 되고 '깨어 있는 자세'가 곧 집중이기 때문이다.

문) 집중과 단전호흡은 어떠한 상관관계가 있나요?

답) 집중과 단전호흡은 닭이 먼저야 달걀이 먼저야 하는 것처럼 전후(前後)가 없다. 이러한 집중은 마침내 관법이란 어마어마한 힘을 소지하게 된다. 관(觀)의 완성은 태산을 움직일 수 있고 천지조화의 원동력인 에너지를 만들 수 있는 무심삼매의 초석이 된다.

결론적으로 어떤 초능력이나 수행의 높은 경지도 처음에는 수식관호흡으로 시작된다. 석가께서 8선정에서 뛰쳐나와 보리수아래에 가부좌를 하고 얻은 깨달음의 경지가 바로 이 수식관호흡의 결정체이다. 화두이든 위빠사나이든 간에 육신을 가진 이상에는 호흡을 무시하고는 수행을 논할 수 없다. '대안반수의경'은 깨달음을 얻을 수 있는 유일한 방법으로 수식관호흡을 기록하고 있다.

문) 무식(武式)호흡과 문식(文式)호흡이란?

답) 의식이 따르는 수식관의 단전호흡이 무식호흡이라면 이보다 한 단계 발전한 자연스러운 호흡이 문식호흡이다. 숫자와 호흡을 관하는 수식관호흡이 수행의 고삐를 잡아 초발심을 만족하게 하지만 수행이 깊어지면 어느 날 수식관호흡에서도 나와야 된다. 그 시기를 불가(佛家)에서도 언급하고 있다. 화두를 잡고 의심, 또 의심하는 의증을 잡고 있다가 은산철벽을 만나면 그 화두조차도 놓아야한다. 그러나 아무도 그 시기를 아는 이 없어 학설만 분분하다.

수행초기 삼매(三昧)는 잠과 함께 온다. 수식관호흡으로 선정에 들면 살며시 수마(睡魔)가 밀어닥친다. 이때는 잠을 쫓지 말고 수식관에서 해방되어야한다. 수식관에서 숫자를 하나에서 열까지만 세고 열하나, 열둘을 세지 않는 이유는 종국에는 숫자까지 방하착(放下着)하기 위해서 이다.

이 시점이 문식호흡의 시기이다. 수행이 깊어져 백회가 열리고 대주천수행이 시작되면 기의 파장이 갈수록 세밀해져 묘촉(妙觸)이 나타나면서 관법이 완성된다. 이것은 마치 갈증이 나면 저절로 물을 찾게 되듯이 자연과 동화되어 호흡이 자연스럽게 바뀐다. 자연호흡(문식호흡)의 전환시기는 굳이 호흡에 매달리지 않아도 묘촉이 나타날 때이다. 이러한 일도 경험해보지 못하면 언제 어느 때 자연호흡(문식)으로 바꿔야 할지 전혀 알 수 없다.

단전호흡이 없는 선도수련은 수행이라고 말할 수 없다. 언제나 시작은 단전호흡으로 문을 열어야 한다. 단전을 강화시켜야 만이 집중의 파장도 그에 비례하여 밀도를 높일 수 있어 수행 중에 닥쳐올 수 있는 마장의 손길을 방어할 수 있다.

문) 관(觀)이란 무엇인가요?

답) 육신의 눈으로 보는 것을 견(見)이라고 하고 마음의 눈으로 보는 것을 관(觀)이라 한다. 육안(肉眼)으로 보는 것은 모두가 두뇌에 입력되어 지식이 된다. 그러나 지식과 지혜는 다른 것으로 지식은 현상계에 국한되지만 지혜는 우주만물의 생성원리를 있는 그대로 이해하고 또 그것을 빌려 사용할 수 있다. 불경의 6신통은 청정한 법력으로, 기독교 치유의 은사는 성령으로 이루어진 것으로 두뇌의 지식으로는 이해할 수가 없다.

　이러한 지혜를 일깨우는 심안(心眼)은 굳이 기독교의 이론을 빌리지 않아도 집중을 통한 관법만으로 개발할 수 있다. 집중은 에너지를 만들고 관(觀)은 그들을 하늘의 기운으로 탈바꿈하여 내 몸 안에 내려와 초능력을 선사한다.

　선도수행의 관법(觀法)이 간단하고 쉬운 탓에 실감이 나지 않을 수도 있지만 그 효과는 타의 추종을 불허한다. 현재 움직이는 행동을 마음의 눈으로 보면서- 밥을 먹고 있다며, 걷는 걸음을 보고 있다며, 혹은 샤워를 할 때 손에 닿이는 부위만 씻고 있음을 본다며- 일심으로 집중한다. 이렇게 하여 마음의 눈이 열리면 모습이 감춰진 영(靈)의 모습도 꿰뚫어 볼 수 있으며 또 타인의 생각이나 선계(仙界)의 소식들을 접할 수 있어 초자연계를 경험하게 된다.

　관법으로 수행이 깊어지면 온 몸의 경혈이 열리고 드디어 두뇌의 상단전 고급혈들이 개혈된다. 백회혈은 하늘의 문이다. 초기에는 천기(天氣)의 출입을 주로 맡고 관(觀)이 완성되어 법력이 나타나면 업장소멸의 문으로 거듭난다. 이마 중앙부의 인당혈은 지혜의 눈으로 부처님의 제3의 눈이다. 인당혈은 뒷머리 뇌호혈로 연결되어 터널로 연결되면서 아즈나챠크라가 개발된다. 옆머리 태양혈은 사통팔달의 마지막 혈로써 최고의 가치를 가지는 경혈로 그 법력이 쉽게 삼매를 유도한다. 이때쯤이면 하늘의 변화와 천지조화를 알 수 있어 몸은 인간계에 있지만 영계와 선계를 두루 섭렵하는 고도의 수행자로 거듭날 수 있다.

이처럼 관(觀)은 위대한 실체를 만날 수 있는 최고의 법력을 생산하지만 그 길은 오직 결과를 기대하지 않는 무심임을 잊지 말아야 할 것이다.

문) 와공(臥功)과 좌공(坐功)의 차이는?

답) 기도와 참선은 모두 엄숙한 마음과 경건한 자세를 요구한다. 무릎을 꿇고 두 손을 모아 기도하는 모습은 정말 평화롭고 경건하다. 또 허리를 곧게 세우고 앉은 가부좌 참선 모습은 선승(禪僧)의 경건함과 뼈를 깎는 인내심에 저절로 숙연해진다. 그러나 선도수련은 경건과 인욕의 형식보다는 초발심의 집중을 더 중시하고 있다.

의자에 기대거나 누운자세는 불량스럽기까지 하지만 집중을 위한 하복근의 단전호흡은 선택이 아닌 필수이다. 누운 자세가 계속되어 불편해지면 무릎을 세우거나 한 발을 들어 세워진 무릎에 올려도 무방하다. 오직 단전을 강화하는 집중의 수식관호흡이 수행의 첫발을 장식한다. 학생들은 보름, 일반인은 대략 1개월 전후로 하복근의 발달이 이루어진다. 그 때 좌공으로 전환하며 1-2개월 와공과 좌공의 비율을 7;3으로 실시한다.

반가부좌는 책상다리보다 허리를 곧게 세울 수 있어 앞으로 일어날 기(氣)의 유주에 도움이 된다. 한쪽 발의 하중으로 장시간 지탱하기가 힘들면 30분마다 발을 바꿔 실시한다. 선방(禪房)에서는 왼쪽발을 누르고 오른발을 위에 올리는 관습이 있지만 그것은 무시해도 무관하다. 오히려 인체의 양쪽을 골고루 사용하는 것이 합리적이다.

 결가부좌는 수행초기에는 오히려 방해가 될 수 있어 삼가는 것이 좋다. 비뚤어진 골반과 척추를 바로 세우지 않고 결가부좌를 감행하면 자세가 더욱 비뚤어진다. 골반과 척추가 비뚤어지면 당연히 질병이 발생하고 빙의령의 침해를 받게 된다.

 와공에서 단전이 강화되면 당연히 좌공으로 수행자세를 변화시켜야 한다. 와공수행은 기(氣)의 밀도가 거칠고 치밀하지 못하여 좌공수행의 기운과 비교가 되지만 그것만으로도 태산을 움직이는데 모자람이 없다. 반가부좌로 한시간 지속하면 그 이후는 결가부좌로 수행의 강도를 높인다. 대략 한번 수행시 한시간 반 내지 두시간을 목표로 하지만 수행시간과 삼매는 결코 비례하지 않지만 전혀 무관하지도 않다.

 그렇지만 너무 욕심을 낼 필요는 아직 없다. 초기에는 하루 2시간 정도의 수행으로 소기의 성과를 올릴 수 있다. 초기에는 와공 한시간 좌공 한시간을 목표로 하되 굳이 연속해서 하지 않아도 좋으나 시간목표를 준수하고 가능 한 몸공부는 매일 빠뜨리지 않고 꾸준히 시행하다. 건강을 위한 운동이 아니라 수행을 위한 운동으로 올바른 자세와 마음가짐을 항상 유지한다.

 문) 불경의 안반수의경과 선도의 단전호흡과는 어떠한 차이가 있습니까?

답) 시작은 다르지만 그 목적지와 결과는 동일하다. 참선 수행에도 단전호흡을 강조하지만 기(氣)의 감각을 무시한다. 단전호흡은 하되 기운을 따라가는 것을 금물로 한다. 어쩌면 기(氣)를 배척한다는 표현이 맞다. 오직 마음을 얻으면 본성을 보는 것으로 마음법외는 어떤 형태의 수행법을 인정하지 않는다.

그렇다고 기공(氣功)수련이 모두 옳다는 것은 아니다. 기공수련가들은 기(氣)를 신주 모시듯 하여 마음법도 기운을 얻으면 저절로 깨쳐진다는 기공(氣功)지상주의(至上主義)에 빠진다. 기(氣)를 부정해도 아니요, 기(氣)를 수행의 전부라 해도 틀린다. 오직 자연의 위불위(爲不爲), '함이 없는 함'으로 불전(佛典)의 무주상보시의 귀감을 살펴야한다.

"수보리야, 구도자는 물건에 집착을 가지고 보시를 해서는 안된다. 물건뿐 아니라 무엇에도 집착을 가지고 보시를 해서는 안된다. 소리나 냄새나 맛이나 느낌이나 생각의 대상에 집착을 해서는 안된다.

이와같이 수보리야, 구도자들은 발자취를 남기고 싶다는 생각에 집착하지 않도록 하여 보시를 하지 않으면 안된다. 왜냐하면 수보리야, 만약에 구도자가 집착함이 없이 보시하는 공덕이 쌓이면 쉽게 헤아릴 수 없는 무한의 정도(正道)가 되기 때문이다."

기운(氣運)은 자연의 흐름으로 이것을 배척해서도 안되고 그렇다고 침소봉대하여 초능력자가 되어서도 안된다. 오직 집착하지 않는 마음과 결과를 기대하지 않는 보시, 자연의 흐름을 그대로 지켜보는 것으로 수행의 길잡이로 삼아야한다.

선도수련은 이러한 과정을 자세하게 설명하고 있다. 수식관호흡을 기초로 단전호흡을 하면 집중의 결정체인 관(觀)이 만들어진다. 어떤 것에도 끌리지 않는 관(觀)은 결과에 대하여 언제나 초연하며 그냥 마음의 눈으로 보는 것으로 청정을 이끈다. 청정은 전생의 업장소멸을 주도하며 깊은 삼매를 위한 더 맑은 청정으로 발돋움한다.

문) 집중하면 초능력자가 될 수 있는지요?

답) '정신일도(精神一到) 하사불성(何事不成)' 정신을 하나로 모으면 이루지 못하는 일이 없다는 말은 초능력을 떠올려 신비감을 가져온다. 수행의 목적이 초능력이 아니지만 집중할 수 있으면 누구나 초능력을 얻을 수 있다. 무술인의 격파술등 육신의 한계를 뛰어넘는 외공술(外功術), 무당의 산(山)기도로 얻는 영(靈)능력이 초능력이다. 그러나 이들의 능력은 언제나 한계가 있어 눈요기감으로 전락한다.

수행의 목표는 해탈로 이들의 초능력과는 구분이 된다. 해탈은 심령의 자유와 함께 본성(本性)의 법력이 자유자재하다. 집중의 힘은 그 자체가 무심(無心)일 때 초능력뿐 아니라 모든 것을 더 할 수 있고 나아가서는 만물을 창조할 수 있는 위대한 실체의 일부분이 된다.

무심(無心)의 시작은 집중이다. 수식관호흡의 집중뿐 아니라 생활 속의 모든 것에 해당된다. 곧 집중하면 기(氣)가 모이고 생각이 많으면 손기(損氣)가 되어 건강을 헤치게 된다. 이런 이유로 항시 생각을 단순하게 지킬 필요가 있다.

[안반수의경]의 수식관은 너무 난해하고 시행하기가 복잡하다. 선도(仙道)의 관법은 생활 속에서 시행하기가 간단하고 명료하다. 아침에 일어나서 양치질을 할 때도 양치를 하고 있다고만 집중하고 세수를 할 때도 세수한다는 것에 집중하면 된다. 또 걸음을 걸을 때도 왼발에 집중, 오른발에 집중하는 생활태도가 '마음의 눈으로 본다'는 관법(觀法)의 실체다. '항시 깨어있는 자세'가 우리의 건강을 지키고 기(氣)수련을 더욱 더 증폭시킨다.

## 6) 신선도와 한방의 경혈이론

동양의 의서 중 가장 오래된 황제내경은 대략 5,000년전 문헌으로 추정하고 있다. 전설적 인물인 황제헌원이 6명의 명의(名醫) 소문, 영추등과 함께 인체의 구조와 질병에 대하여 토론한 문답형식으로 이루어져 있으며 현재 한의과(韓醫科) 대학에서 연구 계승하고 있다.

이 고전의 의서(醫書)에 경혈과 경락설이 등장하는 바 그 당시에 이미 이론이 완벽하게 정리되어 전해오고 있다. 오늘날의 한의학(韓醫學)이 그때 그 시대의 학설에 바탕을 두고 사용하고 있음에 옛사람의 지혜에 놀라지 않을 수 없다.

'인삼은 생(生)으로 쓰면 량(凉)하고 익혀 쓰면 온(溫)하다. 수태음폐경으로 들어가며 기중가(氣中加)약이다'

'감초는 모든 약을 고르게 하며 생(生)을 쓰면 사하(瀉火)하며 구(灸)하면 온중(溫中)한다. 족태음 비경과 족궐음 간경을 비롯하여 수족(手足)12경에 모두 들어간다'

약초의 성분이 각 경락에 상응하여 질병을 치료하고 있음을 후대의 의자(醫者)들이 증명하였고 침술은 경혈의 부위에 직접 시술함으로써 모든 질환을 속효로 다스리고 있다. 이처럼 경혈과 경락은 기(氣)가 유주하는 인체의 생명회로(生命回路)로써 그 바탕 위에 한의학이 모습을 드러낸다.

동양의학은 동양철학에 근간을 두어 만물을 음양(陰陽)과 오행(五行)으로 분류하며 인체 역시도 소우주로 대비하여 경혈과 경락이론이 만들어져 있다. 1년이 12개월로 손과 발에 각6개씩 12개가 흐르고 1년이 음력으로 360일이므로 인체의 경혈 역시 360개로 모든 질병치료에 응용하고 있다.

중국이 자랑하는 마취침법 역시 경혈과 경락을 전기요법을 겸하여 취혈(取穴)한다. 이것을 이용하여 뇌수술을 무마취와 무통(無痛)으로 시술하여 미국의 첨단의학자들을 놀라게 하였다. 과학이란 합리성이 우선하며 그 다음이 결과이다. 어떠한 방법으로도 증명할 수 없는 경혈과 그것들을 잇는 경락을 과학으로 인정하게 된 것은 침술의 증험인 치료효과임에 틀림없다.

한방의학은 인체를 상초, 중초, 하초등 삼단계로 구분하며 수승화강(水昇火降)의 원칙을 고수한다. 하초의 중심부의 단전(丹田)은 기(氣)를 모으는 보고(寶庫)이다. 단전호흡으로 축기가 완성되면 뜨거운 욕탕의 물이 가득 차 넘치듯이 단전에 모인 기운(氣運)이 인체의 회로인 경락을 따라 자연스럽게 유주(流住)하게 된다.

회음부의 회음혈로 시작하여 독맥의 기시혈인 장강혈을 지나 인체의 후면부를 한 바퀴 돌아 다시 단전으로 되돌아오는 회로가 소주천이다. 이 회로가 열리면 수행자는 고수(高手)의 반열에 오르며 기공치료는 물론 상승의 무공을 얻을 수 있다.

황제의 방중술로 알려진 '소녀경(少女經)'은 의서(醫書)인 황제내경의 일부분이다. 인체의 전면부의 임맥과 후면부의 독맥의 유주인 소주천은 불로불사(不老不死)의 신선도인술의 비기이며 그것은 곧 접이불루로 이어진다. 교접은 하되 사정을 하지 않는 것으로 뭇 여인들의 가슴을 설레게 하는 남성들의 희망봉이다. 궁궐의 수많은 여인들로부터 옥체를 지킬 수 있는 프로젝트가 바로 단전호흡이다.

단전이 따뜻해지면 어느 사이 등뒤에 뜨거운 물줄기가 지나가듯 느낌이 나타나는데 이때가 소주천의 절호의 기회이다. 처음에는 기운이 올라가듯 멈추고 또 느낌이 사라지기도 하지만 계속해서 수행에 용맹정진하면 어느 듯 온 몸에 기감(氣感)이 뚜렷하게 나타난다.

특히 스트레칭과 느린 동작의 태극권은 기감(氣感)을 확장시키는 중요한 요소가 된다. 매일 반복하여 일상의 습관으로 자리 매김한다. 또 한,두시간의 걸음걸이는 집중을 높이는 최대의 변수가 된다. 속보나 조깅도 좋지만 등산을 할 수 있다면 묘촉을 빨리 체험할 수 있다.

운기가 활발할수록 인체에 맺힌 특정부위가 답답함을 가져오는데 이러한 현상은 단전호흡을 하여 생기는 이상증후가 아니라 심신의 청정에서 오는 감지능력이다. 마치 거울에 때가 끼여있어 아무것도 비추지 못하다가 깨끗해진 거울 속에 대상이 비춰지는 모습과 같다.

심장에 이상이 있으면 가슴이 답답하여 막힌 감이 생기고 또 간장(肝腸)이 장애를 받고 있으면 우측 갈비뼈 밑에 통증이 나타나기도 한다. 이러한 느낌이 나타나면 기운이 흘러가다 막힌 그곳에서 멈추게된다. 이때 의식이 멈춘 혈(穴)에 집중이 되면 기운이 저절로 모이게 되는데 무심의 관(觀)이란 바로 이러한 현상이다. 의식이 가는 데로 그냥 지켜보기만 해도 막힌 혈(穴)이 저절로 열리게 되는데 이것이 관법이다. 그러면 다음의 경혈로 기운이 연결되어 자연스럽게 소주천이 이루어진다.

기운의 순환은 최상의 건강상태이다. 이와 반대로 기운의 단절은 혈(穴)의 막힘을 가져와 질병을 유발하고 불운(不運)과 장애를 가져온다. 이러한 혈(穴)의 막힘도 백회가 열려 관(觀)이 완성되면 자가치료가 가능하며 타인의 병도 기공치료가 가능하다.

  수식관호흡은 선도수련의 시작인 동시에 수행을 인도하는 전령사이다. 집중의 일심(一心)은 초능력을 가져와 완성을 의미하는 것 같다. 그러나 그것은 의미가 없는 말변지사로 그 능력 또한 유한하며 자칫 사도(邪道)의 유혹에 빠지는 계기가 된다. 오직 무심의 정법뿐이다.

**문) 단전호흡은 만병통치인가?**

  답) 생로병사의 흐름은 인간의 숙명이지만 노화(老化)는 세월의 무게보다는 질병과 근육의 유연성 부재에 있다. 삶은 언제나 질병을 동반하게 되고 병(病)이 발생하면 그 해당 부위가 냉(冷)해진다. '따뜻하게 하면 살고 냉(冷)하면 죽는다'는 옛말은 질병치료의 시작점이다. 예를 들면 복통이 나면 배가 싸늘해지는데 이때 배를 따뜻하게 하면 금방 통증이 완화된다. 기침이 날 때 목을 따뜻하게 타월로 감는다든지 혹은 50견 어깨 통증에도 항시 어깨를 따뜻하게 하면 통증이 사라진다.

  단전호흡은 물리적 요법이 아닌 자연법으로 하복부를 따뜻하게 하는 유일(唯一)한 생명 호흡법이다. 이것은 곧 아랫배에 발전소를 가동하는 효과와 같아 항시 몸의 냉(冷)함과 근육의 노화(老化)를 방지한다. 노(老), 병(病), 사(死) 역시도 냉(冷)으로 오는 자연현상일 따름이다. 장년층의 정력감퇴, 피부노화, 갱년기 장애등은 단전호흡으로 회춘(回春)이 가능하며 특히 노인성 치매방지에 탁월한 효과가 있다.
 또 만성질환자나 난치병, 병명이 나오지 않으면서 고통을 호소하는 환자들은 수식관의 단전호흡으로 병세를 완화시킬 뿐 아니라 앞서가는 스승을 만나면 근치(根治)도 가능하다.
 단전호흡은 수행의 한 방편이지 치료가 목적은 아니지만 선도수련은 질병이 없는 건강한 몸을 가져야 소기의 성과를 올릴 수 있다. 선도수련은 건강의 몸공부, 집중의 기(氣)공부, 종교의 마음공부가 조화를 이룰 때 성통공완을 기대할 수 있다.

**문) 단전호흡을 잘못하면 주화입마를 당하는 것이 사실인가요?**

답) 불교나 기독교에서는 단전호흡을 경계의 대상으로 본다. 그 이유는 단전호흡을 잘못하여 정신병을 일으킨 사례가 비일비재하기 때문이다. 분명히 단전호흡은 만병통치에 가까운 수준이지만 엉터리 선생이나 사이비 종교단체에서 지도하는 기공수련법은 빙의령을 부른다.

'급하게 하면 핏주머니가 움직인다(動血囊)'
- 선가귀감 -

불가(佛家)에서도 참선을 잘못하면 핏주머니가 움직여 상기병(上氣病)에 걸림을 경고하고 있다. 졸저[카르마]를 읽고 내방하는 스님들 중에 상기병(上氣病)을 호소하거나 상기병의 병력(病歷)으로 자살을 기도한 경험들을 가지고 있다.
 요 근자에 출판된 성철스님의 시봉 스님 저서에도 스님들의 상기병을 적나나하게 실토한다. 상기병은 한 마디로 주화입마이며 빙의령의 장난이다. 영(靈)이란 귀신이며 마왕의 하수인으로 육신에 빙의되면 종래에는 정신병을 일으킨다.
 명상이나 단전호흡은 초자연계의 영계(靈界)와 선계(仙界)와 통하게 되어있다. 그들은 초에너지의 세계로 영계(靈界)는 마왕이 지배하는 영역으로 집착에 빠지거나 기복(祈福)에 연연하면 언제나 접신(接神)된다. 이와 반대로 선계(仙界)는 결과를 기대하지 않는 무주상보시의 보살세계로 무념무상만이 이곳을 안내한다.
 불경에서 무심(無心)만이 귀신의 침해를 받지 않는다고 누누이 강조하고 있다. 집중을 통하여 일심에 들어가면 누구나 영적인 에너지를 만나고 또 이것을 사용할 수 있다. 그러나 이러한 초능력은 자신의 힘이 아니라 영계(靈界)의 힘으로 탐닉하면 빙의가 되어 귀신의 부림을 받는다.
 무당이나 초능력자들 대부분 귀신을 받아들이는 내림굿으로 마왕의 하수인이 된 접신자(接神者)이다. 주화입마는 본성(本性)의 힘이 남아있어 귀신을 거부하여 생기는 질환으로 참스승을 만나면 씻은 듯이 치료된다.
 아무리 오래된 칠흙의 어둠이라도 한 줄기 광명이 비추면 일순간 어둠이 사라지듯 악령(惡靈)의 존재가 비록 막대한 힘을 가지고 시술자를 괴롭히고 고통을 줄 수 있다해도 진사(眞師)의 3-4개월 독대치료로 얼마든지 가능하다.

문) 자타일여, 우아일체, 신인일치는 신선도수행에만 해당 되는 것인가요?

답) '공자(公子)가 어느 날 제자들을 불러놓고 "나의 도(道)는 하나로 꿰뚫렸다(一以貫之)"고 말하자 제자 증삼(曾參)은 "예, 옳습니다."라고 대답하였다. 공자가 나가고 난 다음에 다른 제자들이 무슨 말이야 고 물었다. 증자가 말하기를 "스승님의 도(道)는 충서(忠恕)일 뿐이다."라고 말했다.'
 - 논어 -

충(忠)이란 하느님과 하나로 연결된 현상이며 서(恕)란 이웃의 사람들과 하나로 꿰뚫린 모습을 말한다. 하느님과 하나로 되었다는 것은 우아일체, 신인일치를 말하고 이웃의 사람들과 하나로 된 것은 자타일여(自他一如)의 다른 설명인 것이다. 형이상학에는 별스런 언급이 없는 유교도 그 뜻이 포함한 의미는 수행의 선험(先驗) 그 자체이다. 불교의 이근원통(耳根圓通) 역시도 그 말이 뜻하는 것은 상징적으로 설명하지만 상징에 앞서 수행의 과정을 같이 이해해야한다.

문) 견성(見性)이란 무엇이며 그것은 가능한 일인가요?

답) 본성을 본다는 뜻으로 깨달음을 의미한다. 깨달음의 본성(本性)은 청정의 힘으로만 만날 수 있다. 청정은 시간과 공간을 초월할 뿐 아니라 지혜의 기반이 된다. 지혜란 깨달음을 인도하는 법력으로 인간의 마음속에 간직되어있는 영지(靈知)이며 하느님의 모습이다. 청정과 지혜는 둘이며 동시에 하나이다.

성경에도 이르기를 '우리 몸 안에 성전(聖殿)이 있고 하느님은 그곳에 거하신다'고 말씀하신다. 본성은 하느님의 다른 이름이며 위대한 실체이다.

"나를 본 자는 아버지를 보았거늘 어찌하여 아버지를 보이라 하느냐, 나는 아버지 안에 있고 아버지는 내 안에 계신 것을 네가 믿지 아니하느냐. 내가 너희에게 이르는 말이 스스로 하는 말이 아니라 아버지께서 내 안에 계셔 그의 일을 하시는 것이다. 내가 아버지 안에 있고 아버지께서 내 안에 계심을 믿으라."

(요한 14 ; 9 - 11)

'우리에게는 누구나 부처가 될 수 있는 불성(佛性)을 가지고 있다'는 불전(佛典)의 견해나 '나는 아버지 안에 있고 아버지는 내안에 계신다'는 성경의 말씀이 다같이 본성(本性)의 존재를 의미하고 있어 견성(見性)역시도 가능함을 제시하고 있다.

## 7) 대천문(大天門)

 갓난 어린이의 잠자는 모습은 마치 하늘의 천사가 내려와 잠이 든 것과 같다. 뽀얀 살결이며 예쁜 미소, 새근거리고 자는 표정은 보는 이로 하여금 빙그레 미소를 띠우게 한다. 헌데 숨을 쉬는 모습이 예사롭지 않다. 숨을 쉴 때마다 아랫배 전체가 조용히 움직이며 그것도 부족하여 두정의 백회혈이 소록소록 연체동물처럼 움직인다.

 단전호흡이란 가슴으로 쉬는 흉식호흡에서 유아(乳兒)의 숨쉬는 모습 그대로 하복(下腹)호흡과 두정(頭頂)호흡으로 다시 되돌아가는 원시반본의 호흡법이다. 서양의학의 견해로 호흡은 폐(肺)의 역할로 가슴부위로 숨을 들이쉬지만 선도(仙道)에서는 하복부의 단전호흡이 생명력을 증가시켜 질병의 예방과 치료를 주관한다. 또 단전의 집중은 소주천의 기틀이 되는 하늘의 기운을 축기하여 인체의 생명회로인 경혈과 경락을 가동한다.

 그리하여 육신의 한계를 벗어나 초인적인 에너지를 사용할 수 있게된다. 그리고 드디어 하늘의 문인 백회가 개혈되어 두정호흡이 시작되면 신선(神仙)의 도(道)를 얻을 수 있는 대주천 수행의 초석이 된다.

 축기가 완성되어 임,독맥의 회로가 열리면 온 몸에 기운이 충만하여 에너지의 장막이 확장됨을 느끼고 때로는 가끔씩 두정(頭頂)에 압박감이나 무엇이 꾹꾹 누르는 감이 일어난다. 줄탁지기다. 병아리가 껍질을 벗고 세상에 나올 때 어미 닭이 부리로 쪼아 도와주는 것으로 소주천의 완성은 곧 이이어 백회의 개혈을 의미한다.

  그러나 하늘의 도움이 없으면 십년의 세월도 모자라 평생을 허비할 수도 있다. 저자 역시 이십여년의 수행 끝에 비로소 이 자리에 올 수 있었지만 앞서가는 스승을 만나면 불과 3~4개월의 짧은 수행의 과정으로도 완성할 수 있다.

  소주천은 의식적으로 기(氣)를 모으는 단전호흡이 주(主)가 되지만 백회가 개혈되면 생활속에서 언제든지 하늘의 기운을 받아들여 생활행공이 가능해진다. 마치 스스로 조절되는 자동장치처럼 '행주좌와어묵동정'의 어떤 자세에서도 하늘의 기운을 운행할 수 있다. 돌부처 마냥 앉아 깨달음을 찾는 제자에게 '기와를 갈아서 거울을 만들겠다'는 비유는 '좌선(坐禪)으로는 결코 도를 얻을 수 없다'는 것을 의미한다. 이 스승의 법문(法問)은 백회가 열려야 만이 그때 비로소 이해할 수 있다.

  선가(仙家)에 이르기를 천문이 개혈되면 이때 수행자는 선계(仙界)에 등록되어 선인으로서 거듭나고 수호령이 항시 육신을 보호한다고 전해져 오고있다. 이러한 일은 한치 앞을 내다 볼 수 없는 불확실성으로 가득찬 현대인에게 정말 희소식이 아닐 수 없다. 그 무엇보다도 육신을 온전하게 보존할 수 있게된다면 그 이상 더할 나위가 있을까!

  졸저에 소개된 등반사고 중 일어나 기적같은 사례외에도 구사일생으로 위기를 모면한 수행자들의 후일담은 신비를 더 하고 있다.

## 연정화기(練精花氣)

집중을 통하여 육신의 정(精)이 기(氣)로 바뀌는 연정화기(練精化氣)가 이루어지면 나와 남이 다르지 않는 자타일여(自他一如)가 된다. 남의 고통이 나의 통증으로 느껴지면서 타인의 병증이 내 몸에 전이되어 단번에 질병을 진단할 수 있을 뿐 아니라 기공치료가 가능하다.

모든 현상계의 물체가 기운으로 정의되며 눈에 보이는 현상보다는 보이지 않는 기운의 파장에 가치를 부여하게된다. 수행이 진전되어 백회혈의 가동이 활발하면 나와 우주가 하나가 되는 '우아일체'가 이루어져 시간과 공간을 초월한 무의식의 영역이 넓혀진다. 전화통화로 병을 진단할 수 있고 상대의 프로필만으로 기운과 건강을 가름할 수 있어 도인의 풍모를 갖출 수 있다.

그러나 홀로 가는 수행자는 웬일인지 가슴이 답답해지는 까닭에 영문을 몰라 불쾌감을 호소하기도 한다. 어떤 날은 잘 되는 것 같다가 또 다음날은 기감(氣感)이 없어지며 수행이 어디쯤 왔는지 알송달송하다. 이러한 현상은 심신의 맑음에서 오는 카르마의 출현으로써 한 눈 팔지 말고 무소의 뿔처럼 용맹정진이 있을 뿐이다.

그러나 애석하게도 수많은 수행의 삿된 정보에 탐닉하여 이 방법 저 기법으로 애써보지만 결과는 참담할 뿐이다. 중국기공의 의념수련은 의식을 동원한 자기최면으로 무당의 산(山)기도와 다름없다. 초자연계는 영(靈)이 지배하는 세계로 자연계와 달리 신비와 신통이 난무하다. 신통을 좇아가면 초능력은 얻을 수 있으나 그것은 무당의 능력과 같아 접신의 지배를 받는다.

불전(佛典)에도 신통에 대하여 많은 부분을 할애하고 있다. 부처님은 신통제일의 목련존자에게 "신통은 말변지사니라."며 한사코 금한다. 그러면 깨달음이 신통과 무관하다면 자기만이 느끼는 영광일까?하고 의문이 생긴다. 그러나 전혀 그렇지 않다. 깨달음이란 법력이 함께 하는 신통(神通)중의 신통인 육신통의 힘이다.

육신통이란 우주창조의 힘이며 부처님의 법력이다. 구(求)하는 것이 있어 신통을 따라가면 접신이 되고 마음의 집착이 없는 무념무상(無念無想)은 통을 굴리는 전체가 된다. 통 밖으로 나와야 만이 통을 굴릴 수 있지 그 안에서는 통을 굴릴 수 없는 것처럼 집착이 영(靈)을 부르고 접신(接神)에 안착한다.

## 무념무상(無念無想)

초자연계란 성령의 선계(仙界)와 악령의 영계(靈界)가 양분하는 곳으로 취사선택의 유무에 따라 길이 달라진다. 소가 물을 마시면 우유가 되고 뱀이 마시면 독이 되듯이 무심(無心)을 종지로 삼으면 부처가 되고 생각을 일으키면 마구니가 된다.

"한 물건도 생각하지 않는 것이 곧 자기의 본 마음이니(不思一物이 卽是自心이니) 그것은 두뇌로 알 바가 아니다. 다시 다른 수행이 없다. 여기에 깨달아 들어가는 자가 진짜 삼마제이다. 법은 거래도 없고 과거와 미래가 끊어진 것이니 그러므로 알라, 무념이 최상승이 되느니라. 모든 배우는 무리들에게 말하노니 밖으로 달려 구하는 것이 없어야 하느니라. 만일 최상승 선(禪)일진대 응당 짓는 것이 없느니라."

부처님의 경지가 최상승(最上乘)이다. 보살은 상승이고 연각은 중승, 성문은 하승이다. 연각은 스스로 깨친 이를 말하고 성문(聲聞)은 듣고 배워서 깨달음을 얻은 이를 말한다. 계속해서 조사(祖師)의 말씀이 다시 이어진다.

"무념(無念)으로 종(宗)을 삼고 무작(無作)으로 근본을 삼는다. 대저 진여(眞如)는 생각이 없음이라, 생각으로 능히 알 바가 아니요, 실상은 나는 것이 없음이라, 어찌 몸과 마음으로 능히 볼 수 있겠느냐? 무념(無念)으로 생각하는 것은 곧 진여(眞如)를 생각함이요, 무생(無生)으로 내는 것은 바로 실상(實相)을 내는 것으로 머무는 것은 항상 열반에 머물고 행하는 것은 곧 저 언덕에 뛰어남이라, 생각 생각이 구함이 없으며 구하는 것은 본래가 무념(無念)이니라."

불경의 말씀이 어렵게 들리지만 선도수련은 경혈이 열리면서 무념무상이 체험으로 나타난다. 인체의 생명회로인 경혈은 육체의 신경과 같아 초능력이나 신통을 따라가면 경혈의 문이 막힌다. 그 까닭은 경혈은 천기(天氣)의 출입문으로 무념은 성령을 내리게 하여 수행자의 지혜를 일깨우지만 집착은 마구니의 힘을 불러 작은 신통력을 가질 수 있지만 그 여세로 경혈을 당차게 막는다. 경혈을 차단해야 만이 맹신의 족쇄를 채울 수 있고 그래야만이 인체를 장악하여 마왕의 임의대로 부릴 수 있기 때문이다.

불가(佛家)에서도 도(道)가 높은 선승들이 머리끝 두정(頭頂)이 발달한 것을 육괴라 칭하며 존경의 대상으로 삼는다. 수행으로 한 평생 바친 선승의 모습에서 맑음과 함께 육안으로 나타난 두정의 불룩한 모습은 경외(敬畏)롭기까지 하다.

이러한 백회혈은 성령(聖靈)과 불보살이 왕래하는 출입문이기에 자칫 생각을 잘못 일으키면 가동을 멈추고 막히게 된다. 탐하거나 성을 내거나 어리석은 삿된 마음을 일으키면 끊임없이 내려오던 하늘의 기운이 끊기게된다.

이와는 반대로 남을 배려하는 이타행(利他行)이 자리 잡을 때 성령(불성)과 교감이 확장되어 하늘의 에너지인 기운을 지속적으로 만날 수 있다. 이와같이 기운(氣運)을 체험하면서 가는 선도수련은 몸과 마음인 성명쌍수(性命雙修)를 동시에 얻을 수 있는 인류최고의 수행법이다.

문) 두정(頭頂)에 기운이 들어오는 것을 느낄 수 있는데 백회가 열린 것인가요?

답) 임,독맥이 유주하여 소주천이 되면 백회에 저절로 반응이 온다. 머리끝이 스물스물 아지랑이가 피어나는 감이 오기도 하고 가끔씩 청량한 기운이 들어오는 것 같다. 그러나 이것은 개혈의 시작이지 완전한 개혈과는 거리가 있다. 백회는 6층의 카르마가 존재하니 이것은 수행의 계제를 의미하는 것으로 한, 두층의 개혈은 별스러운 의미가 없어 열리는 듯 하다가 곧 막혀버린다.

모든 경혈의 구조가 이와 같아 대천문 역시 한 번의 개혈로 백회가 열리는 것이 아니라 모두 6층의 카르마가 모두 해소되어야 만이 천문(天門)의 역할을 확실히 할 수 있다. 그리고 백회의 완성은 기경팔맥의 하나인 충맥으로 연결되고 드디어 대주천의 시작이 된다.

문) '수레가 가지 않을 때는 소를 때려야 수레가 가지 수레를 때려본들 아무 소용이 없다'는 조사(祖師)의 말씀은 몸이 아닌 마음을 깨우쳐야 된다는 메시지가 아닌가요?

답) '견성성불 즉심시불'의 마음법은 깨달음의 심요(心要)를 말하는 것으로 초심자가 이해하기가 무척 힘들다. 마음법이란 마음의 격을 높이는 것으로 시작해야 한다. 건강을 위한 달리기를 수행을 위한 몸공부로 승화시키고 자연의 정취를 느끼기 위한 등산보다는 수행을 위한 산행이어야 한다. 생활의 모든 것이 수행에 의한, 수행을 위한, 수행을 위하여 재조명되어야 한다.

육신의 건강은 유연함과 똑바른 자세는 인체의 생명력을 높이고 회심(回心)은 영혼의 격을 높이는 스승이 된다. 육체의 건강과 회심은 높은 영격(靈格)으로 승화하여 드디어 심신의 청정을 가져온다. 청정은 마침내 전생의 빚인 업장을 소멸시키는 법력이 된다.

마음법이 중요하다하나 본성(本性)을 둘러싸고 있는 업장(業障)의 껍질을 벗겨내지 못하면 결코 견성(見性)을 기대하지 못한다. 육체가 아닌 마음이기보다 심신의 맑음이다. 구도(求道)란 '우리가 사는 이유'가 아니라 절대계의 위대한 실체를 만나기 위한 과정이다. '마음이 곧 부처'란 심신의 청정을 갖춘 마음만이 부처를 만날 수 있다.

## 8) 관음(觀音)법문

어린이의 순수함은 천사의 손길과 같다. 심지어 혐오감을 주는 동물의 새끼조차도 어릴 때의 모습은 귀엽기가 그지없다. 수행인의 맑음도 이에 못지 않아 만나는 이들을 감동하게 한다.

티벳 불교가 세계인으로 관심과 존경을 일으키는 것은 그분들의 무소유와 때묻지 않은 맑음일 것이다. 부분적으로 이해하지 못하는 미신적인 행위가 있음에도 불구하고(예를 들어 기도할 때 쓰는 깃발이나 마니차 바퀴들, 환생에 대한 믿음등은 종교라기보다는 샤마니즘의 형태이다) 그래도 현대인을 감동시킨다. 티벳 불교의 장식들은 마치 마을 동구 밖에 서 있는 장승이나 솟대를 보는 것 같아 실소를 금할 수 없으나 피골이 상접한 모습에서 풍겨오는 맑음의 향기는 이 방인의 발길을 멈추기에 충분하다.

그리고 보면 수행의 목적지는 청정이다. 기름진 음식을 멀리하고 오로지 채식과 선(禪)으로 계(戒)를 지켜 육신과 영혼의 맑음을 얻을 때 수행자의 삶은 가치가 돋보인다.

고려 말의 각우(覺牛)스님은 자경문(自警文)을 지어 수행자에게 생활규범을 이른다.

"좋은 옷과 맛있는 음식을 받아쓰지 말라.
내 것을 아끼지 말고 남의 것을 탐내지 말라.
말을 적게 하고 행동을 가벼이 말라.
좋은 벗은 친하고 나쁜 이웃을 멀리하라.
삼경(三更)이 아니면 잠자지 말라.
잘난 듯이 빼기거나 남을 업신여기지 말라.
재물이나 여색은 바른 생각으로 대하라.
남의 허물을 말하지 말라.
대중(大衆)과 함께 살 때 마음을 평등하게 가져라."

수행자라면 모름지기 맑음을 지녀야하지만 육신의 맑음은 밖으로 나타나지만 영혼의 순수함은 가름하기 힘들다. 청정이 곧 법력으로 수행의 가치를 승화시킨다. 그러나 그 누구도 내면의 맑음을 설명하지 못하면서 오직 계(戒)를 지키기를 권하고 선정(禪定)에 들면 지혜가 저절로 올 것을 기대한다.

그러나 청정하면 법력과 함께 나투는 것이 있으니 그것이 곧 관음(觀音)이다. 오래 전 신비의 법문(法問)으로 전해오는 소리(音)법문은 깨달음으로 가는 최고의 비기(秘技)로 우주가 맨 처음 만들어질 때 나타나는 하늘의 소리인 옴($\Omega$)이 바로 이것이다.

힌두교의 옴사상이 오늘의 불교를 만들고 지탱해오고 있다면 지나친 비약일까! 옴의 진동은 범종의 맥놀이파(波)를 통하여 과학적으로 분석되고 있다. 한때 옴 진동수가 TV에 소개되어 공해시대를 이겨내는 기적의 물로 각광 받았던 시절이 있었다. 탁자 위에 물컵을 놓고 옴-하고 몇 분만의 암송으로 누구나 면역성이 강한 진동수를 만들 수 있다며 대단한 반응을 일으켰다. 그러다가 이러한 현상은 맥놀이파의 특수한 파장의 결과일 뿐이라는 추측으로 차츰 관심이 식어갔다.

불교의 진언(만트라)은 불타(佛陀)의 말, 법신(法身)의 말로서 일명 기도문이거나 주문이다. 이들 대부분이 옴으로 시작되는데 그 중 가장 대표적인 6자대진언(眞言)이 '옴마니 반메훔'이다. 이 만트라를 평소 염송(念誦)하면 영생의 극락으로 갈 수 있다는 믿음은 소리법문을 잘못 해석한 일례가 될 것이다.

[능엄경]에는 "모든 부처는 이 '음류(音流)'에 의지하여 내려와 중생을 제도하고, 보살과 중생은 이 '음류'에 의지하여 근원으로 되돌아간다.(如來逆流 如是菩薩 順行而至 覺際入交 名爲等覺)"고 했으며 관음(觀音)의 종류를 '범음, 해조음, 승피세간음' 으로 설명하고 있다. [법화경]에도 내면의 소리인 관음(觀音)에 대하여 종류를 언급하며 음류의 존재를 확실히 한다. 이 소리를 만나면 수행인은 업장의 사슬로부터 해방되어 자유를 찾아 윤회의 굴레를 벗어날 수 있음을 의심하지 말라고 전해진다.

성경의 첫머리에도 우주가 시작되자마자 소리(말씀)가 있음을 기록하고 있다. 이 말씀(word)은 천상의 노래(音)로 빛과 함께 천사들의 출현이 언제나 같이한다.

"태초에 말씀이 있었고 말씀은 하느님과 함께 있었으며 말씀이 곧 하느님이다. 우주만물은 모두 그 소리로부터 창조되었으며 소리로부터 나오지 않은 것은 아무 것도 없었다.

In the beginning was the 'word{sound}'. and the word was with God. and word was God. everything was made by this, and nothing was not made by this."

선도수련에서도 원기(原氣) 원음(原音) 원광(原光)으로 기(氣)의 형태가 소리와 빛으로 변함을 애써 설명하고 있다.

중국기공의 원조격인 원극공은 파륜공 이전 중국내에 확고한 기반을 가지고 활동한 단체로 지금도 그 활약상은 대단하다. 유일하게 원극공에서도 이와 같은 소리법문을 앞세우고 있으나 현재에도 과연 그렇게 수행을 하고 있는가는 미지수다.

베트남출신 비구니스님 '청해무상사'는 세계 각국에 명상단체를 이끌고 있다. 국내에서도 7-8개의 지부가 활동을 하면서 영역을 넓히고 있는 것으로 알려져 있다. 그는 구도(求道)의 오랜 방황 끝에 대스승을 만나 드디어 법(法)을 전해 받는다. 그것이 바로 관음(觀音)법문이다. 달라이 라마와의 친분을 얘기하는 것을 미루어 봐 히말라야의 깊은 골짜기에서 수행의 터전을 이루고 있었던 것 같다.

## 범음상(梵音相)

마조의 제자로 백장스님과 호형호제하신 남전스님께서 관음(觀音)을 말씀하셨다.

"부처님이 60일 동안 도리천에 계시어 돌아가신 어머님을 위하여 지장경을 설법하셨다. 그때 우천왕이 부처님을 사모해서 신통제일 목련존자를 초청하여 장인(匠人)들로 하여금 부처님의 형상을 조각하였는데 다만 31상만 조각하였고 오직 범음상(梵音相)만은 조각하지 못했느니라." 모 스님이 남전스님께 물었다. "어떤 것이 범음상입니까?"

　부처님의 32상은 우리가 익혀 아는 바로 그중 31상은 육신의 특이한 모습이지만 나머지 하나인 범음(梵音)은 하늘의 소리로 아무리 뛰어난 장인(匠人)이라도 결코 조각할 수 없었다. 그러나 청정한 수행자는 관음법문을 익혀 머무는 곳에 언제나 범음이 공간을 장식한다.
　관음수행자는 본인은 물론 그가 머무는 수행 장소에서도 언제나 관음(觀音)이 파장으로 존재한다. 기운의 맑음 정도가 아니라 그와 동행한 수행자는 잠깐동안의 시간일지라도 관음의 보살핌으로 탁기를 씻어내고 시간이 지남에 따라 업장소멸까지 그 범위를 넓힌다.
　오래된 난치병이나 불치병으로 선고를 받은 환자일지라도 수행에 뜻을 두고 용맹정진하여 관음을 득하면 어느 한 순간 질병에서 완전히 탈출한다. 이처럼 관음은 멀리는 업장소멸에서 가까이는 집안의 모든 우환과 질병의 질곡에서 벗어날 수 있는 관세음보살의 자비의 손길이다.

　또 마조의 십대제자중 한 분인 귀종선사께 어떤 스님이 물었다.
"초심자가 어떻게 깨달아 들어가는 곳을 얻게 됩니까?"
　이에 귀종선사께서 부젓가락으로 솥뚜껑을 세 번 두드리고 묻기를 "듣느냐?" 하시기에
　질문한 스님이 말하기를 "듣습니다."

귀종선사가 말씀하시기를 "나는 어째서 듣지 못하느냐?"
또 솥뚜껑을 세 번 두드리고 묻기를 "듣느냐?"
질문한 스님이 말하기를 "듣지 못합니다."
귀종선사가 말하기를 "나는 어째서 듣느냐?"
질문한 스님이 말이 없거늘 귀종선사가 말씀하시기를 "관음(觀音)의 묘한 지혜의 힘으로 세간의 고통을 능히 구하느니라."

참선에 들면 관음(觀音)의 파도가 선정을 유도하여 무심(無心)의 저편으로 삼매를 맞이한다. 그뿐 아니라 평소의 행주좌와에도 관음을 찾으면 그 지혜가 선정과 다름없거늘, 수행인은 솥뚜껑 두드리는 소리는 듣지 못해도 관음(觀音) 법문은 언제나 들린다는 선(禪)문답이다.
 [법화경] 보문품에도 "관음의 묘한 지혜의 힘으로 능히 세간의 고통을 구원한다."며 관음의 신묘함을 강조하지만 선(禪)이 아닌 교(敎)에 머무는 법사들은 관음(觀音)을 상징으로만 생각하며 '솥뚜껑을 치는 소리와 관음(觀音)'의 관계를 엉뚱하게 해석하고 있다.
 관음은 모든 생명의 내면에 진동하고 있으며 온 우주를 떠 바치고 있다. 이 소리는 하느님의 내적인 힘으로 모든 업장을 소멸시킬 수 있을 뿐 아니라 모든 상처를 치료할 수 있으며 모든 세속의 갈망과 갈증을 충족(充足)시킬 수 있다.
 업장(業障)이란 과거에 행했던 좋지 않은 일이나 사건이다. 전생이나 전,전생에 일으켰던 나쁜 행위를 말하는 것으로 지금은 아무도 모르지만 영혼의 기억속에는 분명히 입력되어 전해오고 있다. 이것은 누구도 대신할 수 없으며 인과의 법칙에 의하여 반드시 준 것만큼 되돌려 받아야 하는 빚으로 카르마로 명명된다.

이렇게 무시무시한 카르마(업장)도 우주의 첫소리인 관음(觀音)을 만나면 화롯불 위에 잔설 녹듯이 사라진다. 어째서일까? 그것은 그 어떤 것도 이 소리가 창조한 것이기 때문이다. 이 소리는 일종의 진동이며 법력(法力)이다. 또 이 소리가 나타날 때는 관세음보살의 화신이 화현하여 모든 것을 원래의 모습으로 되돌리고 부족을 채우는 것을 관음수행자는 목격할 수 있다.

졸저[아즈나 챠크라]를 보고 내방하는 수행자중 선승(禪僧)들의 출입이 가끔 있다. 그 분들의 한결 같은 물음이 관음(觀音)의 존재를 확인하는 것으로 승납4-50년의 기개를 감춘다. "관음(觀音)은 [법화경]과 [능엄경]에 '하늘의 소리' '바다의 소리' '세간의 음이 아닌 소리'로 설명하고 있지만 그것은 상징적인 것으로만 내려오는데 과연 그 소리법문을 본인도 전등(傳燈)할 수 있는지?"를 되물어 온다.

관음(觀音)은 누구나 청정하면 나타나는 것으로 이 소리는 어린시절 언제인가 들어 보았던 진동의 파장이다. 마침내 관음법문을 전수 받으면 신기함과 묘함에 반신반의 하게된다. 그러나 이 소리법문이 곧 신통을 나투지는 않는다. 어린 새가 날개가 있어도 창공을 훨훨 날지 못하듯 시간과 정진이 같이 할 때 드디어 관세음보살의 화신(化神)을 만날 수 있다.

경청스님이 현사선사께 엎드려 물으신다.

"학인이 잠깐 총림에 들어왔으니 선사(禪師)께서 들어가는 길을 지시해 주심을 비나이다."

현사선사께서 말씀하시기를 "계곡의 물소리를 들었느냐?"

경청스님이 말하기를 "예, 듣습니다."

현사스님이 말씀하시기를 "이 소리로부터 속으로 들어갈 것이니라."

경청이 그 말에 들어가는 곳을 얻었었다.

현사선사께서 법당에 올라가서 법문하시기를 "내가 석가부처와 더불어 같이 동참했노라. 또한 말해보라. 동참하여 누구를 보았느냐?"

그때 어떤 스님이 나와서 예배하여 말하려고 하거늘 현사스님이 말씀하시기를 "벌써 어긋났다."고 하시고 문득 자리에서 내려오셨다.


문) 관음(觀音)의 높은 법문은 이렇게 확실한데 어째서 불경(佛經)은 이것을 강조하지 않습니까?

답) 모든 법문은 교리적으로는 자세하게 설명하지만 선(禪)을 말할 때는 조사(祖師)들은 자세하게 설명하지 않는다. 자세하게 설명하면 잘못 변질되어 사귀(死句)에 떨어진다. 그래서 조사들은 자세하게 설명하는 것을 피한다.

'공성사귀(恐成死句)' 사귀가 되는것을 염려해서 '어기십성(語忌十成)' 말이 십성(十成)이 되는 것을 피한다. 설명을 100% 구체적으로 하는 것을 십성(十成)이라고 한다. 십(十)은 완전한 것으로 이를 채우면 사귀(死句)가 될까 두려워 조사들은 그것을 기피한다.

베트남 출신 '청해무상사' 비구니 스님은 유일하게 관음법문을 전 세계에 전파하고 있다. 그러나 '신(神)을 체험하라'는 슬로건을 내건 그의 추종자들은 관음법문을 변질, 왜곡하고 있는 듯 하다. 관음(觀音) 역시도 집착하고 신봉하다 보면 십성(十成)이 되어 관음신통에 빠지게 된다.

아무리 훌륭한 고급법문도 '응무소주 이생기심'이 되지 않으면 신통에 빠지게 된다. 오로지 집착이 없는 무주(無住)와 무작(無作)만이 주인공인 불성(佛性)을 만날 수 있다. 또 주인공은 주인공일 따름이다. 그곳에 방하착(着) 한다거나 그곳에 매달리면 또 다른 집착이 생길 수 있음을 수행자들은 명심해야한다.

## 9) 영가(靈駕) 천도 능력

'따뜻하면 살고 차면 죽는다'는 한방의 평범한 이론이 빙의를 해결한다. 빙의령은 습기차고 눅눅한 곳을 즐겨하지만 그들이 머무는 곳은 항시 냉(冷)하다. 인체의 통증은 언제나 만져보면 차고 냉하다. 급성(急性)으로 나타나는 타박상이나 염좌(捻挫)는 얼음 냉찜질이 최고의 치료법이지만 만성으로 진행되면 그 역시 뜨거운 습포찜질이 치료의 효과를 높인다.

복식호흡은 폐활량을 증가시키고 건강을 지켜주는 예방의학의 선구자이다. 성악가나 긴노래 가수들이 복식호흡으로 음악의 질을 높이고 예술의 꽃을 피울 수 있는 것은 복식호흡으로 따뜻한 아랫배를 유지하기 때문이다.

단전호흡은 집중의 하복(下腹)호흡으로 복식호흡과는 차원이 다른 열감을 가져와 기능이 저하된 장기를 원상회복할 수 있는 자연치유력을 높인다. 영(靈)이 인체를 장악하면 해당장기의 경혈을 막아 육신을 자기들의 세력권 안으로 몰아간다. 즉 빙의가 되면 경혈이 막히면서 그 해당장기가 냉해져 질병과 노화(老化)를 동시에 일으킨다.

영가 천도란 집중의 단전호흡으로 따뜻해진 열감이 해당 장기의 냉(冷)을 해결할 때 처음으로 그 능력이 생긴다. 기운(氣運)의 흐름이란 자연과 같아 계절이 자연스럽게 바뀌듯 인체의 경락을 유주(流周)해야 만이 법력이 나타난다. 그렇지 않고 의식의 각성을 부추기면 법력은 커녕 빙의를 가져온다.

　기공수련은 의식의 각성만이 시간을 단축하여 기(氣)의 흐름을 증폭시킨다고 알려져 있지만 절대로 그렇지 않다. 단전호흡을 평생해도 소주천을 이루지 못한다고 불평하지만 그것은 수행자 본인의 책임이다. 수행의 길을 잘못 들어 자연의 흐름인 무심보다는 두뇌의식의 각성을 조장하여 빙의령을 불러들인 결과이다.

　한해의 사계절이 3개월 단위로 바뀌듯이 선도(仙道)의 수식관호흡은 한 계절이 바뀌는 백일정도의 수련에 대주천의 입문인 천문혈을 개혈할 수 있다. 백회가 개혈되면 자가치료의 능력이 생기며 나아가 대주천의 완성은 시중의 이름난 큰무당 이상의 천도능력과 법력을 구사할 수 있다. 대주천 수행자는 무당과는 전혀 다르게 마왕의 힘이 아닌 '함이 없는 함'의 정법의 법력으로 세상을 밝힌다.

## 업장은 영혼의 빚

　우리에게 전생이 있다면 한두 번의 전생뿐이었으랴! 무기물에서 유기물로 변하고 단세포에서 복합세포로 발전하고 또다시 바다생물에서 육지생물, 조류에서 동물로 그리고 원시인에서 현재의 나로 윤회해오면서 수천 수만 번의 전생이 있지 않았을까?

인연은 어느 순간 시작되고 업장은 나도 모르게 쌓이게 된다. 처음의 시작은 우연에 의한 것일지 모르지만 나중은 서로 돌고 돌며 업장의 굴레에서 헤어나지 못한다. 오비이락(烏飛梨落)처럼 어느 날 까마귀가 배나무가지에서 날아 오르는 순간 그 가지의 배가 땅에 떨어지게 된다.

우연히 그 밑을 지나가든 구렁이가 머리에 배(梨)를 맞고 죽게 된다. 시간이 흘러 다시 태어난 다음 생의 구렁이는 원수의 까마귀를 죽이고, 다시 죽음을 당한 까마귀는 그 다음 생에 구렁이를 죽이는 삶을 반복하는 것이 우리가 사는 윤회의 삶과 같다.

그래서 우리에게 일어나는 일들 중 좀처럼 이해가 되지 않는 일도 많고 당장 생각하기에 억울한 일도 많지만 이것은 모두 그 전생들에 있었던 삶의 결과물이다.

하늘의 그물이 성근 것 같아도 한치의 오차도 없다. 남에게 빚을 졌다면 언젠가는 꼭 갚아야한다. 그래서 현재의 고달픈 삶은 전생의 삶의 결과라고 하지 않는가! 오늘의 삶은 전생의 삶만큼 받는 것으로 선근(善根)을 쌓았으면 복이 있을 것이고 악(惡)을 지었으면 화(禍)를 당할 것이다.

현재 우리가 살아가는데도 채무자는 그 채무를 다할 때까지 채권자에게 시달리듯이 영적인 것도 마찬가지이다. 혹 집안에 말못할 우환이 있거나 자신에게 발생한 질병 역시 알고보면 모두 빙의령에 의한 전생의 빚이다. 그래서 업장이란 지금 괴로움을 당하고 있는 것만큼 전생 또는 전,전생에 있었던 영혼의 빚을 갚는 행위이다.

몸에 일어나는 모든 병들도 그 이면에는 전생들에 진 빚이 원인이 되어 영적인 에너지가 작용한다. 혹자는 자신에게 발병하는 질병 중 80%정도는 영적인 병이 원인이라고 말하지만 실제로는 모든 병에 영적인 것이 작용한다. 이는 인체가 겉으로 음식이나 체질, 환경에 지배를 받는 것처럼 그 이면에는 기운에 의해서 관리되고 움직이기 때문이다.

기운(氣運)은 우리가 눈으로 보는 현상계뿐만 아니라 우리가 눈으로 볼 수 없는 영적인 세계에도 공통으로 작용한다. 마치 기운은 이 나라에서도 사용할 수 있고 저쪽 나라에서도 통용되는 화폐와 같은 에너지의 역할을 하며 이 언덕(차안)과 저 언덕(피안)을 연결해주는 교량의 역할도 한다.

빙의령도 이러한 에너지를 통하여 우리의 삶에 영향을 주는 것이다. 빙의령의 모습이 눈에 보이지 않는다 하여 그 존재를 무시하고 비과학적이라고 외면할 수는 없다. 무형의 눈(지혜안)이 열리면 보이는 세계보다 보이지 않는 세계가 더 많이 존재함을 알 수 있다. 초자연계나 영혼의 세계도 이들 중 일부이다.

종교의 일반적인 개념은 사람이 죽으면 육신은 땅에 묻히나 그 영혼은 살아 생전의 삶의 행적에 따라 각자 갈 길로 간다고 한다. 천도제는 영가(靈駕)를 편안히 자기 갈 곳으로 인도해주는 영혼의 예식이다. 그래서 불가(佛家)나 무속(巫俗)에서는 천도제를 극진히 차린다.

그러나 이곳도 저곳도 가지 못하거나 현생에 끊지 못할 강한 미련이 남아 구천을 떠도는 영혼들이 있다. 이를 통틀어 중음신 혹은 연옥영혼이라고 한다. 불교의 49제는 이러한 중음신들을 49일간의 천도송과 예불의식으로 영혼을 달래어 천도하는 제이다.

선도 수련을 시작하면 자신도 모르게 몸에서 영적인 빛을 발하게 되는데 이것을 보고 영가(靈駕)들이 몰려들게 된다. 어떤 영혼이나 찾아오는 것은 아니고 인연이 있는 영(靈)들만 오게 된다. 인연이란 악연도 포함되어 원한의 빚이 있거나 아니면 부모형제나 친지등 친분이 있는 경우이다. 빙의령들은 이러한 인연을 빌미로 에너지를 얻으려고 몰려들어 수행자의 기운을 가져간다.

기운을 빼앗아 가는 정도도 본인이 진 빚의 양만큼 빼앗기게 된다. 전생에 많은 빚을 졌다면 많게, 적은 빚을 졌다면 적게 기운으로 갚게 되는 것이다. 이러한 업장들도 모여드는 등급이 있어 수련을 한다고 하여 한번에 모여들지 않고 수행자가 이겨낼 만한 정도만 모여든다.

이는 마치 현 세상에 빚을 갚는 행사와 비슷하다. 어느 사람이 수많은 사람에게 빚을 지고 사업에 실패하여 노숙자가 되었다. 노숙자로 생활하다가 어느 날 다시 재기를 하게 되어 돈을 벌기 시작한다.

예를 들어 한달에 십만원정도 갚을 능력이 생기면 그 등급의 채권자들은 귀신같이 알고 몰려온다. 그러나 백만원이나 천만원등급의 채권자들은 당장 나타나지 않고 이 사람이 더 벌 수 있을 때까지 기다린다. 그러다가 채무자가 백만원정도를 갚을 능력이 되면 이때 비로소 백만원등급의 채권자들이 몰려와 빚을 받으려고 한다. 이때도 천만원등급의 채권자들은 아직도 행동을 옮기지 않는다.

이것이 수련시에도 적용이 되는바 빙의령의 출몰이다. 얼마나 빨리 빙의령을 천도시킬 수 있느냐가 수련의 최대의 관건이며 숨겨진 비밀이다. 수행이 높아져 백회가 열리고 충맥의 활동이 시작되는 대주천 수행자는 영가천도를 아주 짧은 시간에도 가능케 한다. 그 이유는 몸 주위에 펼쳐진 기(氣)의 자태가 어느 듯 빛으로 변형되어져 있어 인연의 영혼이나 악연(惡緣)의 빙의령들도 이 빛을 통하여 무명에서 깨어나 천도가 되는 까닭이다.

## 법력(法力)

수행자들이 쓴 글이나 그림은 수맥을 차단하고 영적(靈的) 장애를 없앨 정도의 힘을 가진다. 이것이 발전하여 하나의 체계적인 형태를 가진 것이 부적의 시초이다. 부적도 그 모양과 형태가 중요한 것이 아니고 어떤 이가 그렸느냐가 중요하다. 아무런 능력이 없는 사람이 그렸다면 그것은 그냥 주사(朱砂)로 그린 낙서에 지나지 않는다. 박수(남자무당)나 퇴마사가 그렸다면 약간의 힘을 발휘할 수는 있겠지만 그들이 가지는 힘은 모두 마왕(魔王)의 힘을 원천으로 하는 까닭에 오히려 빙의령을 불러들이는 결과를 가져온다.

반대로 수행이 깊은 스승이 그렸다면 부적이라 이름 붙여진 것만이 아니고 그 모양과 형식에 상관없이 파사(破邪)의 힘을 발휘한다. 이것은 그림이나 글 자체에 무한한 법력의 기운이 발광하여 주위를 청정하게 하기 때문이다. 보편적으로 달마도는 영험이 있는 것으로 생각하지만 이것 또한 무슨 그림인 것이 중요한 것이 아니고 누가 그렸는가가 핵심이다.

전화 통화를 하는 것만으로도 환자의 병을 진단하고 치료할 수 있는 능력이라든지 혹은 환자의 사진만으로 빙의령을 천도할 수 있는 법력은 높은 수행자의 빛이 차지하는 영향권 때문이다. 이런 연유로 수행자가 머무는 마을 어귀에만 도착해도 맑은 기운이 펼쳐짐을 알 수 있다. 높은 수행자가 머무는 곳이 바로 극락이요, 천국이다.

수행의 정도에 따라서 각기 다르겠지만 정법의 수행자는 그가 머무는 공간을 모두 정화하는 까닭에 같이 있는 이들은 저절로 이완이 되고 기분이 상쾌해진다. 수맥이 흘러 집안의 우환이나 장애가 있는 가정이나 소문난 흉가(凶家)라도 천도능력이 있는 수행자가 머물면 점차 장애에서 벗어나 자유로워진다.

업장(業障)이란 전생의 빚이다. 카르마(업장)의 끊을 수 없는 사슬에도 등급이 있어 원한에 찬 영혼일수록 모질게 다가온다. 백만원 가치의 빚이 있는가 하면 또 천만원의 가치의 등급이 있고 엄청난 영혼의 빚인 억대(億代)가 존재한다.

불우한 이웃을 도와 복덕을 쌓아 업장을 대신하는 것도

중요하지만 가장 큰 공덕은 초발심으로 무장한 수행이다. 복덕은 하늘로 쏘아 올린 화살처럼 언젠가 땅으로 떨어지지만 수행의 공덕은 업장소멸은 물론 영원한 생명을 얻는 길이다.

　수행의 계제가 높아질수록 빛의 강도는 점차 강해져 백만 원대의 카르마를 녹일 수 있게 되면 또다시 천만원대의 카르마를 맞이하게 된다. 이들을 소멸시키고 나면 억대(億代)로 불리는 짙은 원한의 업장이 수행의 끝에 기다리고 있다.

　그래서 옛 성현들은 도고마장(道高魔長)이라 도(道)가 높을수록 마장도 그만큼 크다고 했다. 그러나 아무리 강한 수십 억대의 카르마일지라도 이근원통(耳根圓通)법문에 들어서면 마치 큰 화로 위에 한 점 남은 눈과 같이 소멸되고 말 것이다.

　빙의령 천도능력은 수행자가 지녀야 할 최고의 법력이며 수행의 계제를 올릴 수 있는 수단이 된다. 이러한 능력은 기(氣)수련만으로 되는 것은 아니고 반드시 관음(觀音)의 고급 법문을 만날 수 있어야한다. 그래야 만이 무한의 법력을 구사할 수 있어 빙의령 천도능력에 걸림이 없다.

문) 참선과 단전호흡은 어떠한 차이가 있습니까?

답) 선도(仙道)는 단전호흡으로 시작하여 단전호흡으로 끝난다. 수식관의 단전호흡은 기(氣)를 느끼면서 집중의 대상이 수식관과 함께 기감(氣感)을 동시에 관(觀)하게 되는 관법이 자리를 잡는다. 관(觀)은 결과를 기대하지 않는 무주상보시와 같아야 만이 자연의 흐름인 묘촉을 만날 수 있다.

결과적으로 무심은 기감(氣感)을 묘촉(妙觸)으로 변화하여 관(觀)을 더욱 발전시킨다. 묘촉은 의식과 관계없이 일상(日常)에서나 선정(禪定)에서나 구분없이 언제나 수행을 이끌어 육신과 영혼의 청정을 가져온다. 영혼의 청정은 업장소멸로 이어져 전생과 전,전생의 업장을 해소하면서 드디어 관음(觀音)의 법력을 얻는다.

불경은 결과만 무성하고 과정이 대개 생략이 된다. '--그래서 깨달았다' 등의 서술은 근기(根器)가 낮은 수행자들은 꿈속의 그림과 같다. 과정이 없는 결과는 자칫 결과를 위한 수행으로 전락되어 객관성이 결여되어 본말(本末)이 전도되는 우(愚)를 범하기 쉽다. 이에 비하여 선도(仙道)는 불경의 틈새에서 나오는 수행의 과정을 적나라하게 표출하고 있다.

수식관으로 집중의 에너지를 얻으면 묘촉과 함께 대세지보살이 나타나 청정을 가속화시킨다. 무심의 관법으로 드디어 관음(觀音)을 득하면 관세음보살의 화신이 출현하여 업장을 소멸시킨다. 관음(觀音)은 업장소멸을 주도하면서 그 밀도를 높여 아미타불의 광명을 유도한다. 큰 힘과 높은 지혜의 상징인 대세지보살 그리고 대자대비한 관세음보살은 수행자를 아미타불이 머무는 서방정토로 인도할 것임을 확신한다.

문) 수행으로 업장소멸은 가능한가요?

답) 떠오르는 잡념을 한 곳으로 모으는 일심(一心)은 초자연계의 에너지를 만들 수 있지만 그것은 유한한 에너지일 따름이다. 이는 인간 세상에 작은 도움이 되어 위세를 부릴 수 있지만 전생의 업장인 카르마를 소멸시키기에는 역부족이다. 업장의 빚을 그렇게 간단한 방법으로 갚을 수 있다면 얼마나 편하고 무엇이 두렵겠는가!

불가(佛家)에도 업장소멸에 대하여 자신있게 말하지 않는다. 선덕으로 복을 짓고 기도와 염불로 공덕을 쌓으면 세세생생 조금씩 갚을 수 있다며 정진을 요구한다.

업장은 초자연계의 파장으로 기록되어 남겨져 윤회(輪回)를 독려한다. 초자연계의 파장은 초자연계로써 만이 지울 수 있다. 관음(觀音)은 이러한 우리의 불안감을 전격적으로 해소하는 복음(福音)이다. 관음법문은 관음을 만나고 듣기만 해도 전생의 파장은 소멸된다. 마치 음악이 담긴 카세트를 다시 녹음할 때 기록된 음악을 굳이 지우지 않아도 다른 음악을 녹음 할 수 있는 이치와 같다.

## 5. 깨달음

'우리에게는 누구나 부처가 될 수 있는 불성(佛性)을 가지고 있다'는 불성(佛性)은 깨달음의 씨앗이다. 이것을 얻기 위해서는 육신의 삼독(탐,진,치)을 정복하고 삼학(계,정,혜)을 깨쳐야 한다.

깨달음의 첫째 조건은 지계(持戒)다. 구약과 신약성서는 모세의 십계명(十誡命)과 '부자 청년과 낙타와 바늘귀'로 인간이면 누구나 지켜야 할 지계(持戒)를 설명하고 있다. "살인하지 말라, 간음하지 말라, 도둑질하지 말라, 거짓 증언하지 말라, 부모를 공경하라, 그리고 네 이웃을 내 몸처럼 사랑하라"며 성령으로 거듭나 영생(永生)을 얻는 길을 가르친다.

그러나 진정한 깨달음은 지계만으로는 부족하다. 지계(持戒)는 마음을 평정하는데 불과하여 성령으로 거듭나기에는 무언가 부족하다. 반드시 기도와 선정이 따라야 만이 그때 비로소 정법의 지혜를 만날 수 있다. 기도와 선정(禪定)은 같은 수순이지만 기도는 지향(목적)이 있고 선정은 지향이 있다면 무심이 목표이다.

기도는 응답으로 나타나며 무심의 선정은 지혜로 그 모습을 들어낸다. 지혜는 깨달음을 향한 길잡이가 된다.

실로 어떤 진리가 있지 않는 경계에서 아뇩다라삼막삼보

리를 얻었기에 연등 부처님께서 나에게 수기를 주시며 말씀하시기를, "내가 이 다음에 세상에 마땅히 부처를 이루나니 그 호를 석가모니라 하리라" 하셨느니라.

왜냐하면 여래(如來)라 함은 모든 법이 여여(如如)하여 같다는 뜻이기 때문이니, 그러므로 어떤 사람이 '여래가 아뇩다라삼먁삼보리를 얻었다'고 말하더라도, 수보리야, 부처님은 실로 어떤 진리가 있지 않은 경계에서 아뇩다라삼먁삼보리를 얻은 것이니라.

수보리야, 여래가 얻은 아뇩다라삼먁삼보리 가운데는 실(實)도 없고 허(虛)도 없느니라. 그러므로 여래가 말하기를 '일체법이 다 이 불법이니라' 하느니라.

수보리야, 이른 바 일체법이라 함은 곧 일체법이 아니니, 그러므로 그 이름이 일체법일 뿐이니라.

'수보리야, 비유컨대 사람의 몸이 아주 큰 것과 같으니라.'

수보리가 사뢰었다. '세존이시여, 여래께서 말씀하신 사람의 몸이 아주 크다는 것도 실은 큰 몸이 아니오니 그 이름이 큰 몸일 따름이옵니다.'

수보리야, 보살은 또한 이와 같으니 만일 '내가 한량없이 많은 중생을 제도했다'고 말하는 이가 있다면 이는 곧 보살이라 이름 할 수 없느니라. 왜 그러냐 하면, 수보리야, 실로 어떤 진리도 마음에 두지 않는 이를 보살이라 이름하기 때문이다.

그러므로 여래가 말하기를 '온갖 법인 나도 없고, 남도 없고, 중생도 없고, 오래 사는 것도 없다(無我, 無人, 無衆生, 無壽者)'고 하느니라                 - 금강경 구경무아분17 -

## 1) 본성(本性)

 인류의 스승이신 석가 부처님이 출가(出家)를 결행한 계기가 불전(佛典)에 나온다. 어느 날 그가 살던 카비라 성문 밖으로 나들이 나왔다가 병든 늙은이, 몹시 앓는 환자, 죽은 송장을 보고 사람의 삶이 생로병사(生老病死)의 굴레를 벗어나지 못하고 결국 죽어야함을 충격으로 받아들인다.
 이 세상의 대부분 사람들은 늙는 사람, 앓는 사람, 죽는 사람은 따로 있는 줄로 생각하여 자기와는 관계가 전혀 없는 일인 듯 여긴다. 그러나 실달타 태자는 그렇게 생각하지 않고 그들이 곧 나이며, 누구나 겪어야만 하는 결과적인 사실임을 뼈저리게 실감한다.
 도둑은 저희들끼리 같이 있으면 자기가 도둑인줄 모른다. 그러다가 경찰이 나타나면 그 때 비로소 도둑임을 새삼 깨닫고 도망갈 궁리를 갖춘다. 이처럼 육신의 안락(安樂)에 빠져 있을 때는 우리는 나에 대해서는 의심을 하지 않는다. 그러다가 큰 고통이 찾아오거나 어려움이 닥쳤을 때 비로소 이 몸을 의심하게된다. 그 뿐 아니라 큰일을 이룬 뒤나 최고의 권력을 손에 지고 영화(榮華)를 누릴 때 영원하지 못한 육신을 새삼 인식하며 유한한 삶을 한탄하게된다.
 사람의 삶이 생로병사의 고통인 것을 우리는 부정하지 못할 것이다. 그리하여 석가는 6년 동안의 결사(決死)적인 고난의 수행 끝에 드디어 깨달음을 얻게된다. 그것은 생로병사의 길을 헤매는 육신은 진정한 나가 아니고 오직 참나(眞

我)를 끌고 가는 수레에 불과하며 생로병사를 초월한 영원한 생명, 본성(本性)이 있음을 발견한다. 나지 않고 죽지 않는 영원한 생명인 본성(本性)은 우주창조의 근원이며 대법력(大法力)으로 존재하며 이것이 참나(眞我)임을 깨달은 것이다.

당나라 말기에서 송(宋)나라 초기에 걸쳐 중국 불교계에 선풍(禪風)을 크게 떨친 선사 법안(法眼) 아래 현칙(玄則)이 수행을 하였다. 그러나 현칙은 법당에 들어와 예불도 참선도 아니하였다.

법안이 현칙을 불러서 꾸짖었다. "어찌하여 그대는 예불도 참선도 아니하는가?"

현칙이 대답하기를 "제가 이 곳으로 오기 앞서 청봉스님에게 부처가 무엇이냐고 물었더니 '불(火)장사가 불씨를 구하려 왔구먼(丙丁童子來求火)!' 이라고 하였습니다. 그 말로 내가 곧 부처임을 알고 더 이상 부처를 찾지 않기로 하였습니다."

그 말을 듣고 어이없는 법안선사가 현칙을 크게 꾸짖었다. "내 그럴 줄 알았다. 너 같은 놈은 부처는 커녕 강아지만도 못할 놈이다."

현칙은 자신있게 말하고서 칭찬을 받을 것으로 생각하다가 날벼락같은 욕설을 듣고는 분함을 참지 못하여 자리를 박차고 절문 밖으로 쏜살같이 달려나갔다. 한참을 달리다보니 차차 걸음이 느려졌다. 자기가 경망스럽게 뛰쳐나온 일이 스승의 말대로 강아지의 짓이지 사람의 짓이 아니었다.

현칙은 용기를 내어 다시 절로 돌아왔다. 법안선사는 아직도 그 자리에 그대로 있었다.

현칙은 그 앞에 가서 무릎을 꿇고 "부처란 무엇입니까?"라고 물었다.

법안선사는 청봉스님처럼 "병정동자래구화(丙丁童子來求火)"라고 하였다.

그때 현칙은 참나(眞我)가 본성이며 부처인 것을 비로소 깨닫게 되었다. 청봉스님에게 들을 때는 육신의 귀로 들어 관념적이지만 방금 '내 안에서 나'를 즉 '불(火)장사가 불씨를 구함'의 깨달음을 가져왔다.

그러나 깨달음은 이렇게 간단히 절대로 오지 않는다. 이것이 나타나기까지 투철한 집중과 본성의 믿음에 의지하여 닦고 또 닦아야 만이 그때 비로소 견성(見性)을 하게된다.

여기에 도달하기까지 탐진치 삼독(三毒)의 정복은 물론 계정혜 삼학(三學)을 토대로 갈고 또 닦아야한다. 그리하여 청정(淸淨)을 얻게되면 그때 비로소 진리를 만날 수 있게된다.

진리의 형상은 있다고 해도 틀리고 없다고 해도 틀린다. 오직 무심의 계율이외는 그 어느 것도 설명할 수 없으며 또한 지름길이 없다.

"여래께서 말씀하신 진리는 취할 수도 없고 말할 수도 없으며 진리도 아니고 진리 아닌 것도 아니기 때문입니다. 모든 깨달은 현인(賢人)과 성인(聖人)은 상대의 세계를 뛰어넘은 무위(無爲)의 절대계에 있기 때문입니다."

- [금강경] 무득무설분 제7 -

## 절대진리

인생에 무슨 할 일이 많아 날마다 바쁘다지만 사실 따지고 보면 쓸데없는 일이 대부분이다. 먹고 마시며 내일을 위해 축적한답시고 뛰어다니지만 그 내일은 결코 영원한 내일은 아니다.

진리의 생명은 영원하지만 육신의 생명은 언젠가 사라지는 경각의 목숨이다. 꼭 해야 할 일은 경각의 생명에서 영원한 진리의 생명으로 올라서는 일이 급선무다. 생명이 죽는다는 것을 이미 알았으면 영원한 생명을 위해 해야 할 일을 우리는 찾아야 한다.

"이 목숨이 한량없는 원수에게 둘러싸여서 잠깐잠깐 줄어들고 늘어나지 못함이 마치 산에 있는 홍수가 머물러 있지 못함과 같고, 아침이슬이 오래 가지 못함과 같고, 사형수가 저자로 나아감이 걸음마다 죽음에 가까워지듯 하며, 소나 양이 도살장으로 끌려가는 듯하다.

지혜(知慧)있는 이는 내가 지금 출가하여 목숨이 칠일칠야가 된다하여도 나는 그 동안 부지런히 도(道)를 닦고 계율을 지키고 법을 배우고 교화하여 중생을 이익케 하리라고 한다면 이것을 일컬어 지혜있는 이가 죽는다는 생각을 닦는다 하느니라. 다시 칠일칠야도 많다하여 설사 엿새, 닷새, 나흘, 사흘, 이틀, 하루, 한 시간 내지 숨을 내쉬고 들이쉬는 동안만이라 하여도 나는 그 동안에 부지런히 도(道)를 닦고 계율을 지키고 법을 배우고 교화하여 중생을 이익되게 하리라 한다면 이것을 일컬어 지혜있는 이가 죽는다는 생각을 잘 닦는다 하느니라."

— 대반열반경 —

그러나 초발심만으로 본성의 가치를 발견할 수는 없다. 구체적인 행동으로 옮겨야 만이 수행의 참맛을 알 수 있다. 진리의 샘물을 마셔보지 못한 육신의 나는 번뇌에 쌓여 하느님 나라가 무엇이며 본성(本性)이 무엇이며 의심하고 그런 것이 어디에 있느냐며 미망(迷妄)이 내 마음에 뿌리를 내린다.

예수께서도 "나를 본 자는 아버지를 본 것이니라. 육적(肉的)인 것은 아무 쓸모가 없지만 영적(靈的)인 것은 생명을 준다. 너희에게 한 말은 영적인 것이며 생명이다. 그러나 너희 가운데는 믿지 않는 사람들이 있다(요한 6: 60-65)."며 제자들 중에서도 말씀을 의심하고 믿지 않았음을 지적한다.

세존께서는 광명편조 고귀덕왕 보살 마하살에게 다음과 같이 말씀하셨다.

"본성(本性)이란 자체는 본래 없다가 지금 있는 것이 아니다. 만일 본성 자체가 없다가 지금 있다면 무루(無漏)의 항상 머무는 법이 아니리라. 부처님이 있거나 없거나 성품과 모양이 항상 있건마는 중생들은 번뇌가 가리웠으므로 본성을 보지 못하고 없다고 한다.

보살 마하살은 계율과 선정과 지혜로써(戒定慧) 마음을 닦아 번뇌를 끊었으므로 문득 보는 것이니 본성은 항상(恒常)하다 하느니라. 선남자여. 마치 어두운 우물 속에 가지가지 칠보가 있는 것을 사람들도 알지마는 어두워서 보지 못하거늘 지혜 있는 사람이 방편을 알고서 등불을 켜 가지고 가서 비치면 모두 보는 것이며 이 사람들이 여기서 생각하기를 물과 칠보(七寶)가 본래 없던 것이 지금 있다고 하지 않느니라.

본성은 그와 같아서 본래부터 있는 것이요, 지금에 비로소 있는 것이 아니며 번뇌가 어두워서 보지 못하거든 큰 지혜인 여래가 좋은 방편으로 지혜의 등(燈)을 켜서 보살들로 하여금 본성의 항상(恒常)하고 기쁘고(樂) 참나(眞我)이고 깨끗함(淨)을 보게 하나니 그러므로 지혜있는 이는 본래 없던 것이 지금 있다고 말하지 않아야 한다.

선남자야, 마치 땅 밑에 여덟가지 맛을 가진 물이 있는 것을 모든 중생들이 얻지 못하거늘 지혜있는 사람이 공력을 들여서 파면 얻게 되나니 본성도 그와 같으니라. 마치 눈 먼 사람이 해와 달을 보지 못하다가 용한 의원이 눈을 치료하여 고치면 보게 되거니와 해와 달은 본래 없다가 지금 있는 것이 아니니 본성도 그와 같아서 원래 있었던 것이요 지금에야 있는 것이 아니라.

선남자야, 어떤 사람이 죄가 있어 옥에 갇히었다가 오랜 뒤에 놓여 나와 집에 돌아가면 부모, 형제, 처자, 권속들을 보게 되나니 본성(本性)도 이와 같느니라"

- 열반경 -

　본성을 찾는 일은 그렇게 어려운 일은 아니다. 왜냐하면 그것은 갈고 닦아 만들어지는 것이 아니라 원래부터 우리 몸 안에 있던 것으로 그냥 찾기만 하면 된다. 본성은 위대한 실체의 하나이다. 견성(見性)이란 자아(自我)의 개체에서 본래의 하나로 회귀하는 몸짓으로 무한한 법력을 만날 수 있고 또한 사용할 수 도 있다.


## 지 혜

　선승 향엄은 위산(771-853)의 제자이다. 어릴 때부터 신동이라는 소리를 들을 만큼 총명하였다. 경전에 깊고 수학에 밝고 구변이 능했다. 그러나 아직 구경지에 이르지 못하여 본성을 깨닫지 못하였다. 스승 위산은 안타까워 향엄을 불러서 공안(公案)을 주었다. "네가 어머니뱃속에서 나기 앞서의 너에 대하여 말해 보아라."
　그러나 향엄은 전혀 알 수가 없었다. 그야말로 캄캄한 무명(無明)이었다. 향엄은 이제까지 배우고 익힌 지식으로는 알 수 없다는 것을 분(憤)해하며 읽던 서적들을 모두 불태워

버렸다. 그리고 울면서 스승과 하직하고 두타행을 나섰다.
 수많은 시간을 구름같이 떠돌다 남경에 있는 혜충국사 유적지에 이르렀다. 거기서 오고가는 나그네를 보살펴 주며 지냈다. 하루는 향엄이 혜충국사의 무덤가에서 풀을 깍다가 깨진 기왓장이 있어 그것을 주워 멀리 던져버렸다. 기왓장 조각이 무덤 둘레에 난 대나무를 부딪혀 딱! 소리를 내며 떨어졌다.
 그 '딱' 소리에 향엄이 본성인 도(道)를 깨치게 된다. 그리하여 향엄격죽이라는 선어(仙語)가 생겼다. 향엄이 이제까지 알던 것을 다 잊어버렸다. 본성을 찾는 것은 육신의 나가 아닌 지혜임을 새삼 깨달았다.

 깨달음은 절대진리를 얻는 것으로 그것이 반야바라밀(지혜)이다. 깨달음의 법이 따로 있는 것으로 생각하여 출가(出家)를 결행한 석가도 결국 깨달음의 이치를 바깥이 아닌 내면에서 찾는다. 마음을 깨치면 견성(見性)을 한다니 그 이치는 알 것 같기도 하고 모를 것 같기도 하다.
 마음법이란 문자로서 전해오는 것이 아니며 그렇다고 특별한 용처가 있어 존재하는 것이 아니다. 염화시중의 미소인 이심전심(以心傳心)으로만 전해온다하지만 무슨 말인지 이해가 가지 않는다.
 번뇌망상의 미망에서 일어나 초발심으로 집중을 경주하면 어느 날 분명히 본성(本性)을 만날 수 있으니 그 열쇠가 용맹정진이다. 집중은 망상투성이 범부(凡夫)의 무명을 먼저 일심(一心)을 만들어 깨달음의 기초로 삼고 나아가 무심(無心)으로 진행할 수 있는 길잡이가 된다.

본성(本性)의 자리는 원만하고 청정하며 원래부터 비어있던 공(空)으로 부모미생전 이전에 있던 소소영영한 자리로 언제나 같은 자리라 진여(眞如)이다. 대우주와 하나가 되는 마음법은 도(道)를 닦아서 얻어지는 것이 아니다. 육근(六根)과 육진(六塵), 육식(六識)의 에고(ego)를 쉬게하기 위해서는 먼저 일상에서 벗어나 집중함으로써 인위(人爲)를 잠재울 수 있다. 인위가 사라지고 없는 그곳이 바로 자연의 흐름인 무위(無爲)이다.

'진여는 이언설상(離言設相)하며 이명자상(離名字相)하며 이심연상(離心緣相)이라' 본성의 자리 진여(眞如)는 언설상을 떠났고 명자상을 떠났고 마음으로 반연하는 상을 떠났다'고 했다. "진여(眞如)의 자성은 상(相)이 있는 것도 아니며 상이 없는 것도 아니며 상이 있는 것도 아닌 것이 아니며 상이 없는 것도 아닌 것이 아니며 있고 없는 두 가지 상(相)도 아니며 동일한 모양도 아니며 한 모양 아닌 것도 아니며 ---"라고 했다. 말과 생각이 다 떠난 그 자리가 진여(眞如)이다.

[기신론에서]

진여를 말과 생각으로 알 수 없다는 것은 혼돈스럽지만 수행의 비법은 오히려 간단하다. 집중은 번뇌를 녹일 수 있으며 번뇌가 사라진 그 곳이 진여(眞如)의 초입이다. 그러나 진여를 쉽게 볼수 없는 것은 그들을 둘러싸고 있는 업장(業障)의 막이 있기 때문이다. 이 티끌의 막인 업장을 제거하지 못하면 본성의 자리인 진여를 결코 만날 수 없다.

이 업장의 막인 티끌을 제거하는 작업이 수행의 첫 번째 목표이다. 그러나 이들은 육신이 가진 집중의 힘만으로는 역부족이다. 왜냐하면 시공(時空)의 저편에 있는 초자연적 장애는 초자연적인 힘으로만 제거할 수 있기 때문이다.

그리하여 무심(無心)은 자연의 리듬인 관음(觀音)을 득(得)하게 되고 마침내 관세음보살의 화신을 만날 수 있다. 바꾸어 말하면 관음을 만나지 못하는 무심은 업장소멸을 기대하기 어렵다.

[금강경]의 '응무소주이생기심'은 무념(無念)으로 생각하고 무생(無生)으로 내고 무주(無主)로 주하고 무행(無行)으로 행하는 것이야말로 피안(彼岸)에 도달할 수 있음을 말한다. 번뇌를 끊어도 끊는 상(相)이 없이 끊고, 닦아도 닦는 것이 없이 닦는 도리(道理)이다.

무념의 도리는 묘촉에서 관음을 만나고 관음보살의 화신을 접견하면서 지혜를 얻게 되고 다시 아미타불을 친견하면서 본성(本性)을 막고있는 마지막 티끌, 미세유주를 녹일 수 있다. 청정은 깨달음의 길이며 관음(觀音)과의 조우(遭遇)이다. 관음이 나타날 때 관세음보살을 만날 수 있다. 바꾸어 말하면 관세음보살의 출현은 관음이 스스로 알리고 있다.

## 보왕삼매

공자(孔子)는 천명(天命)을 가장 두려워 한다고 말하였다. 그리하여 '사십(四十)은 불혹(不惑)이요, 오십(五十)은 지천명이라' 50살에 가서야 비로소 천명(天命)을 알고 얻었다고 하였다. 천명(天命)은 하늘의 말씀으로 영원한 생명임을 재삼 강조하고 있다.

"나는 내 마음대로 말하지 않고 나를 보내신 아버지께서 무엇을 어떻게 말하라고 친히 명령하시는 대로 듣고 말하였다. 나는 그 명령이 영원한 생명을 준다는 것을 안다. 그래서 나는 무엇이나 아버지께서 나에게 일러주시는 대로 듣고 말하는 것뿐이다. 나를 보내신 아버지께서 나의 말한 것과 이를 것을 친히 명령하여 주셨으니 나는 그의 명령이 영생인 줄 아노라" (요한 12: 49)

예수께서 시키는 하느님의 천명과 주시는 성령의 천명이 하나임을 '듣고 말하였다'며 말씀하신다. 하느님이 내 몸안에 내리면 감히 받들지 못하므로 '성령의 말씀'으로 말을 바꾼다. 이는 곧 '함이 없는 함'의 무위(無爲)를 설명하고 있다.

무위란 하느님 말씀의 명령이다. 지상의 명령과는 전혀 다르게 '성령의 약속'은 하느님 아버지를 찾아가 '없는 듯 있게' 그와 함께 살 것임을 약속하고 있다. 육신이 생명의 전부가 아니라는 육(肉)의 부정과 함께 진리의 말씀을 따르기만 하면 영원한 생명을 얻을 수 있다는 믿음이 인류를 지켜줄 것이다.

### 성령의 약속 (요한 14; 16 - 26)

"나를 사랑하면 내 계명을 지키게 될 것이다. 내가 아버지께 구하면 다른 협조자(보혜사)를 보내 주셔서 너희와 함께 영원히 계시도록 하실 것이다. 그 분은 곧 진리의 성령이시다. 세상은 그분을 보지도 못하고 알지도 못하기 때문에 그분을 받아들일 수 없지만 너희는 그 분을 알고 있다. 그 분이 너희와 함께 사시며 너희 안에 계시기 때문이다."

"그 날이 오면 너희는 내가 아버지 안에 있다는 것과 너희가 내 안에 있고 내가 너희 안에 있다는 것을 깨닫게 될 것이다."

"나를 사랑하는 사람은 내 말을 잘 지킬 것이다. 그러면 나의 아버지께서도 그를 사랑하시고 아버지와 나는 그를 찾아가 그와 함께 살 것이다. 그러나 나를 사랑하지 않는 사람은 내 말을 지키지 않는다. 내가 너희에게 들려주는 것은 내 말이 아니라 나를 보내신 아버지의 말씀이다."

"나는 너희와 함께 있는 동안에 여러 가지 이야기를 들려주었거니와 이제 아버지께서 내 이름으로 보내 주실 성령(聖靈), 곧 협조자(보혜사)는 모든 것을 너희에게 가르쳐 주실 뿐 아니라 내가 너희에게 한 말을 모두 되새기게 하여 주실 것이다."

쉼없는 명상은 일상의 번뇌를 무너뜨린다. 그리고 무심의 선정(禪定)은 청정(淸淨)을 가져와 마침내 나고 죽음이 없는 절대계인 본성을 만나게 된다. 이것이 견성(見性)이다.

그러나 본성을 가로막는 장벽은 '말씀의 믿음'만으로 해결되는 것이 아니다. 믿음뒤에 언제나 버티기 힘든 시련이 항시 따라온다. 시련과 업장이라는 이름으로 나타난 그 장벽을 넘지 못하면 절대자 하느님을 만날 수 없고 절대계의 진입은 불가능하다.

이것은 어제오늘의 일이 아니라 수많은 윤회의 삶을 살아오면서 알게 모르게 남에게 피해를 끼친 갚아야 할 빚이다. 개인의 사사로운 원한도 있고 공적(公的)으로 수행한 업무의 시행착오도 공업(公業)으로 남아 업장이 된다.

육신에 발생하는 질병이나 집안의 우환도 우연이 생긴 것이 아니다. 원인 없는 결과가 없듯이 이 모든 것이 업장(카르마)의 한 부분으로 티끌의 뭉치가 되면서 단단한 껍질로 변하여 본성의 힘을 가로막고 있다.

업장(카르마)이란 전생의 기록이다. 이것은 에너지의 군(群)으로 전생의 사연이나 사건이 에너지의 다른 모습인 빙의령으로 그 자태를 드러낸다. 빙의령은 역에너지의 형태로 무리 지어 우리에게 환난과 고통을 선사하는 기록의 압축 프로그램으로 사고(事故) 비행기의 블랙박스와 같다.

이들은 우리에게 견디기 힘든 수 없는 장애와 고통을 선사하지만 대승(大乘)의 경지에서는 영혼의 격을 높이는 스승이나 다름없다. 피하고 도망가야 할 것이 아니라 오히려 긍정적으로 받아들여 공부의 기틀을 삼아야 한다.

## 보왕삼매론

1. 몸에 병(病)없기를 바라지 말라. 몸에 병이 없으면 탐욕이 생기기 쉽나니, 그래서 성인(聖人)이 말씀하시기를 "병으로써 양약(良藥)을 삼으라" 하셨느니라.
2. 세상살이에 곤란(困難)없기를 바라지 말라. 세상살이에 곤란이 없으면 남을 업신여기는 마음과 사치하는 마음이 생기나니 그래서 성인이 말씀하시길 "근심과 곤란으로서 세상을 살아가라" 하셨느니라.
3. 공부하는데 마음에 장애(障碍)가 없기를 바라지 말라. 마음에 장애가 없으면 배우는 것이 넘치게 되나니 그래서 성인(聖人)이 말씀하시되 "장애(障碍)속에서 해탈을 얻으라" 하셨느니라.
4. 수행하는데 마(魔)가 없기를 바라지 말라. 수행하는데 마(魔)가 없으면 서원(誓願)이 굳게 되지 못하나니, 그래서 성인(聖人)이 말씀하시길 "모든 마군(魔軍)으로서 수행을 도와주는 벗으로 삼으라" 하셨느니라.
5. 일을 꾀하되 쉽게 되기를 바라지 말라. 일이 쉽게 되면 뜻을 경솔한데 두게 되나니, 그래서 성인(聖人)이 말씀하시되 "여러 겁(劫)을 겪어 일을 성취하라" 하셨느니라.

6. 친구를 사귀되 내가 이롭기를 바라지 말라. 내가 이롭고자 하면 의리를 상하게 되나니, 그래서 성인(聖人)이 말씀하시길 "순결로써 사귐을 길게 하라" 하셨느니라.
7. 남이 내 뜻대로 순종(順從)해 주기를 바라지 말라. 남이 내 뜻대로 순종(順從)해주면 마음이 스스로 교만해 지나니, 그래서 성인(聖人)이 말씀하시되 "내 뜻에 맞지 않는 사람들로 원림(園林)을 삼으라" 하셨느니라.
8. 공덕을 배풀려면 과보(果寶)를 바라지 말라. 과보를 바라면 도모하는 뜻을 가지게 되나니, 그래서 성인(聖人)이 말씀하시되 "덕(德) 베푼 것을 헌신처럼 버리라" 하셨느니라.

## 2) 상대계와 절대계

옛날 석가가 설산선인(雪山仙人)으로서 설산에서 구도(求道)의 삶을 살 때의 일이다. 제석천이 선인(仙人)의 구도심(求道心)을 시험하기 위해 나찰의 모습으로 변하여 '제행무상(諸行無常) 시생멸법(是生滅法)'이라는 옛 부처의 게송(偈頌) 반쪽만을 노래하였다.

설산선인은 이 반쪽의 게송을 듣자마자 마치 목말랐던 사람이 물을 얻고 옥에 갇혔던 사람이 석방된 것처럼 기쁨을 이기지 못하여 소리쳤다.

"이제 그 훌륭한 반게(半偈)를 노래한 이는 누군가요? 누구신데 이 훌륭하고 거룩한 해탈의 문을 열 수 있는 게송을 설하시어 모든 부처님의 도(道)를 보여 주시어 주린 자에게 무상한 도(道)를 맛보게 하고 어두운 마음을 밝게 하여 연꽃이 피듯 환하게 하여주십니까?" 하고 감탄하여 주위를 둘러보나, 아무도 나타나지 않고 오직 무서운 형상의 한 나찰이 보일 뿐이었다.

어쩔수 없이 그 나찰에게 나아가 "당신은 어디서 이 존귀한 반게를 들었나이까" 남은 반게(半偈)를 들려주면 여생이 다 하도록 당신의 제자가 되겠다"고 하였다. 그러나 나찰은 아무것도 싫고 지금 시장하니 그대의 몸을 내게 보시하라는 것이었다.

"그렇다면 뒤의 반게를 들려주시오. 이 몸은 언젠가 죽어야 할 몸이오니 죽어서 호랑이나 소리개나 올빼미한데 파

먹히는 것보다는 차라리 이제 당신에게 공양을 올리고 존귀한 법문과 바꾸는 것이 소원입니다. 나는 지금 썩어질 육체를 버리고 영구히 변하지 않는 법신(法身)을 얻고자 합니다."라고 말하였다.

이윽고 나찰은 뒤의 게송을 이었다.
'제행무상(諸行無常)
  모든 행위는 덧 없어라,
시생멸법(是生滅法)
  이는 태어나는 것은 필시 죽는 것이니라.
생멸멸기(生滅滅己)
  나고 죽는 나를 없애면
적멸위락(寂滅爲樂)
  열반(니르바나)의 참나로 기쁨이어라'

그리고 나찰은 설산선인에게 빨리 몸을 보시하기를 독촉한다. 설산선인은 나찰에게 들은 사구게의 법문을 바위 위에나 돌벽에다, 길바닥에나 나무등걸에다가 써놓았다. 그리고 높은 석벽 언덕에 있는 나무위에 올라가 몸을 솟구쳐 몇 십길이나 되는 낭떠러지 밑으로 떨어졌다. 설산선인이 땅바닥에 떨어지기 앞서 나찰은 본 모습인 제석천인으로 돌아와 설산선인을 공중에서 받아 땅위에 앉혀주었다.

그리고 그 앞에 엎드려서 찬탄하기를 "거룩하고 훌륭합니다. 당신이야말로 참다운 보살입니다. 능히 무량할 이 중생을 건지실 어른입니다. 저희 죄를 용서해 주십시오. 그리하여 만일 무상정진의 도(道)를 성취하는 때에는 저희도 구제하여 주십시오." 하고 물러갔다.

　석가는 깨닫기 전인 설산선인일 때 이미 사구게의 법문을 받는다. '태어난 것은 필히 사라져야 하는 생자필멸(生者必滅)이니 죽음과 자아(自我; ego)를 벗어나야 만이 깨달음의 세계를 맞이한다' 는 것이다.
　그런 연유로 싯달타태자로 다시 몸을 바꿔 보리수아래서 깨달음을 얻게 된다. 부처의 깨달음은 위없는 깨달음이라 하여 아뇩다라삼먁삼보리(無上正等正覺)라 한다. 이는 절대진리를 깨달았다는 뜻이다.
　절대진리란 시생멸법(是生滅法)의 상대계가 아닌 나고 죽음이 없는 절대계를 말한다. 삶도 죽음도 없고, 늘어남도 줄어듬도 없고, 맑음과 더러움이 없는 현상계를 초월한 절대계가 있음을 알았다는 것이다.
　그 곳은 언젠가는 사라져야 하는 허상(虛像)이 아닌 위대한 실체의 본 모습으로 우주창조의 근원지이다. 그러나 이곳은 집을 떠나 멀리 떨어진 곳에 따로 깨달음의 세계가 있는 것이 아니라 오직 내 마음의 내면에 존재함을 알았다. 이 곳은 창조주의 위대성이 넘치는 절대자 하느님의 공간이다.

## 성령으로 거듭나다

니고데모와의 대화(요한3 ; 16)

바리사이파 사람 가운데 니고데모라는 사람이 있었다. 그는 유다인들의 지도자 중 한 사람이었는데 어느 날 밤에 예수를 찾아와서 "선생님, 우리는 선생님을 하느님께서 보내신 분으로 알고 있습니다. 하느님께서 계시지 않고서야 누가 선생님처럼 그런 기적들을 행할 수 있겠습니까?" 하고 말하였다.

그러자 예수께서는 "정말 잘 들어 두어라. 누구든지 새로 나지 않으면 아무도 하느님의 나라로 들 수 없다."라고 말씀하셨다. 니고데모는 "다 자란 사람이 어떻게 다시 태어날 수 있겠습니까. 다시 어머니 뱃속에 들어갔다가 나올 수야 없지 않겠습니까?" 하고 물었다.

예수께서 말씀하시기를 "성령(聖靈)으로 새로 나지 않으면 아무도 하느님나라에 들어갈 수 없다. 육(肉)에서 나온 것은 육(肉)이요, 영(靈)에서 나온 것은 영(靈)이다. 새로 나야 된다는 내 말을 이상하게 생각하지 말라. 바람은 제가 불고 싶은 데로 분다. 너는 그 소리를 듣고도 어디서 불어와 어디로 가는지 모른다. 성령으로 난 사람은 누구든지 이와 마찬가지다."

성령으로 거듭남은 육(肉)의 상대계와 형이상학의 절대계를 설명하고 있다. 믿음의 신앙과 참회의 고백으로만 성령으로 거듭난다고 말함은 근기가 낮은 이들을 위한 대중적인 차원의 해석이다. 실제로는 오직 깊은 침묵의 집중만이 초자연계를 경험하고 형이상학의 하늘 나라를 만날 수 있다. 믿음과 참회가 계(戒)이며 실천과 행(行)이 정(定)이며 하늘 나라가 곧 혜(慧)이다.

성경(聖經)은 절대계의 존재를 창세기편에 쉽게 설명하고 있다. 에덴동산은 남녀(男女)가 구분이 없고 생로병사가 없는 절대계의 공간이다. 아담과 이브가 에덴동산에서 선악과를 따먹는 순간 벌거벗고 있는 자신의 모습인 자아와 죽음을 발견한다.

실낙원은 생(生)과 사(死)가 없는 절대계의 낙원에서 죽음과 자아(自我)를 인식하는 상대계의 추락을 의미하고 있다. 깨달음이란 내가 없는 몰아(沒我)일 때 그 모습을 드러낸다. 육신의 육근(안이비설신의)과 육진(색성향미촉법)을 쉬게하여 의식의 육식(六識)을 잠재울 때 나고 죽는 생사(生死)를 초월하여 우리에게 나타나는 것이다.

성령의 거듭남이란 지혜를 말함이다. 계(戒)를 지켜 선정(禪定)에 들면 지식이 아닌 하느님의 말씀인 지혜가 드러난다. 자연의 속삭임이 지혜요, 결과를 기대하지 않는 관법이 지혜이다. 이는 깨달음의 시작으로 절대계의 인식이다.

부처님이 열반회상에서 손으로 가슴을 만지시고 대중에게 일러 말씀하시기를
"너희들은 나의 자미금색의 몸을 잘 관찰하여 우러러 보

아서 만족을 취하고 후회하지 말라.
 만약에 내가 멸도(滅道)했다고 말한다면 나의 제자가 아니고
 만약에 내가 멸도를 하지 않았다고 말하더라도 또한 나의
제자가 아니다."
 부처님의 법문을 들은 백만의 대중이 그 때에 모두 다 깨달아 알았다.

 부처님 법(法)은 항상 이 세상에 머물러 있는 상주불멸(常住不滅)로 형이상학의 입장에서 보면 멸도하지 않은 것이다. 진리의 세계인 절대계는 나는 것도 없고 죽는 것도 없는, 나고 죽음을 초월한 불생불멸(不生不滅)이다. 그러나 세상법으로 보면 멸도하지 않았다고 말할 수가 없다. 만약에 부처님이 열반에 들지 않았다고 말을 해도 참다운 부처의 제자는 아니라는 말씀이다.
 이렇게 해도 허물이고 저렇게 해도 허물이다. 말을 할 수도 없고 말을 하지 않을 수도 없다. 침묵을 해도 안되고 입을 열어도 안된다고 하니 알 것도 같고 알지 못할 것도 같다. 진실한 마음법을 깨달아야 되는 것이지 알음알이로 목소리만 높인다고 정법이 될 수 없다며 사자후를 토한다.
 본래의 마음자리는 허망하지도 않고 진실하다고 해서 진여(眞如)라 한다. 하나도 달라지지 않고 어느 장소나 어느 때나, 동서고금(東西古今) 수만년 전이나 수만년 후나 항상 변함없이 똑 같다. 절대진리는 공(空)의 모습이라 그것은 나고 죽는 것도 없고(不生不滅), 더럽고 깨끗함이 없고(不垢不

淨), 더하고 모자람이 없다(不增不減). 이것이 절대계의 모습이다.

이에 비하여 상대존재의 법칙은 생자필멸(生者必滅)이다. 눈에 보이는 만물은 언젠가는 사라지게 마련이다. 육신의 삶도 생멸(生滅)이 분명하게 있어 나고 죽는 생로병사가 우리의 인생이다. 그런데 절대계는 생멸이 없다는 것이 우리의 두뇌로는 잘 이해가 되지 않는다. 영원히 죽지 않는 불로불사(不老不死)의 경지가 아니라 아예 처음부터 시작도 없고 끝도 없는(無是無終) 절대계는 기독교의 영생(永生)과 뜻이 통한다.

"아버지, 나의 아버지! 아버지께서는 무엇이든지 다 하실 수 있으시니 이 잔을 나에게 거두어 주소서.(마르코 14:36) 그러나 제 뜻대로 마시고 아비지 뜻대로 하소서"

예수께서는 절대자 하느님을 아버지로 칭송하고 모신다. 육신의 아버지는 요셉(마리아)이지만 성령의 아버지는 오직 절대계의 하느님임을 말씀하고 계신다. 이는 교회에서 주장하는 인격체의 하느님이 아닌 성령의 하느님으로 창세기 전부터 스스로 있었고 온 누리에 존재하고 있으며 오직 성령으로 거듭난 이들만 알 수 있음을 말하고 있다.

상대의 세계는 작은 것이 있기에 큰 것이 있고 추한 것이 있기에 아름다운 것이 있다. 그리하여 생(生)이 있기에 죽음은 반드시 함께 한다. 유무(有無) 고금(古今) 자타(自他) 상하(上下) 내외(內外) 선악(善惡)이 상대적이다.

그러나 절대계는 삶이 다하여 가는 천국이 아니며, 인격체의 하느님 나라가 아닌 절대자 하느님의 나라이며 극락세계요, 서방정토이다.

부처님의 생각할 수도 없고 말할 수 없는 불가사의한 법력과 위신력과 신통력이 존재하는 극락이며 하느님의 말씀인 성령으로 거듭나야 들어갈 수 있는 천국(天國)의 나라이다.

## 6조대사와 설간

설간이 6조 대사에게 청하기를
"서울의 고승들이 모두 말하기를 '도(道)를 알고자 하면 반드시 모름지기 좌선(坐禪)해서 정(定)을 익혀야 될 것이니 만약에 선정(禪定)을 인하지 않고는 해탈을 얻는 것은 있을 수 없다'고 합니다. 스님께서 말씀하신 바 정법은 진정 어떠한 것입니까?"

6조 대사가 말씀하시기를
"도(道)는 마음으로 말미암아 깨달음이니 어찌 앉는 것에 있으리요! [금강경]에 이르기를 '만약에 여래를 앉거나 눕는 것으로 본다면 이 사람은 사도(邪道)를 행하는 것이다.'
이것이 무슨 까닭이야 하면 어디서부터 오는 바가 없고

또한 가는 바가 없음이라, 만약 생멸(生滅)이 없으면 그것이 곧 여래의 청정선이며 모든 법(法)이 비고 고요한 것이 바로 여래께서 청정하게 앉는 것이라, 구경(究竟)에 증득함이 없거니 어찌 하물며 앉는 것이랴!"

6조 스님은 좌선(坐禪)을 그렇게 높이 평가하지 않았다. 앉는 데 도(道)가 있는 것이 아니라 마음이 무엇에도 집착하지 않는 '응무소주 이생기심(應無所住 而生其心)' 배부른 사자가 얼룩말 쳐다보듯 세상을 보는 것으로 사물이 눈에 띄니 보기만 볼 따름이지 관심이 없다. 즉 모든 거래가 끊어져 생멸이 없는 삼매(三昧)를 최고의 선법(禪法)으로 제시한다.

불전(佛典)에서는 종종 수행의 과정이 생략되고 결과만 나타나는 일이 흔하다. 6조께서 좌선의 허망함을 말하기보다는 집중의 일심에서 나오는 에너지차원의 초능력은 결코 도(道)가 아님을 설명한 것이다. 결론적으로 도(道)라는 것은 생멸이 없는 절대계를 지칭하며 그들은 본성(本性)의 무한한 법력이며 오직 무심에서 얻을 수 있음을 설명하고 있다.

그러나 얻는 것도 없고 더함도 없는 데 앉는 것이 따로 있을 수 없다는 것은 '보살이라 하면 보살이 아니듯' 말과 문자를 떠난 것임을 뜻한다. 좌선을 강조하든지 수행의 왕도를 들먹이는 행위는 본말(本末)을 전도할 수 있다. 수행의 목적과 그 목적을 위한 방편을 따로 구분하여 설명하고 있음을 이해해야 한다.

따라서 좌선을 위주로 하는 방법은 초심자에게 필요할 수 있을지언정 이를 강조하는 것은 유치원생의 지도방법처럼 어리석은 짓으로 밝혔다. 그러나 와공보다는 좌공이 한 수 위이고 반가부좌보다는 결과부좌가 기운의 밀도를 높인다. 개구즉착(開口卽着)이라 입을 열면 이미 틀린 것이지만 굳이 길이 있다면 심무가애 무가애고(마음에 걸림이 없는, 걸림이 없는 것도 없는)의 경지이다.

설간이 또 말하기를 "어떤 것이 대승의 견해입니까?"
6조께서 대답하였다.
"명(明)과 무명(無明)이 그 성품이 둘이 없으니 둘이 없는 성품이 곧 바로 실상이다. 실상 그것은 범부의 어리석은데 있어도 줄어들지 않고 성현(聖賢)이 된다고 해서 늘어난 것도 아니다. 또 번뇌에 머물러 있어도 산란하지 않고 선정에 있어도 고요하지 않음이라, 죽으면 아무것도 없다는 단멸(斷滅)도 아니고 윤회의 세계에서 영혼의 존재가 언제나 존재하는 항상(恒常)한 것도 아니며, 오는 것도 아니며 가는 것도 아니며, 중간과 그 내외에 있지를 아니하며 나지도 않고 없어지지도 않으며, 성(性)과 상(相)이 여여하여 항상 머물러서 변천하지 않는 것을 이름하여 도(道)라고 말하니라"

설간이 묻기를 "스님이 말씀하신 바 불생불멸이 어찌 외도(外道)라 말할 수 있습니까?"
6조께서 말씀하시기를 "외도(外道)가 말한 바 '불생불멸'이라고 하는 것은 멸(滅)을 가지고 생(生)을 그치고 생(生)을 가지고 멸(滅)을 나타내는 것이다. '없어지는 것이 없어지지 않는 것과 같고 생기는 것이 생기는 것이 없다.'고 말하는 바 내가 말하는 '불생불멸'은 본래 스스로 생김이 없으며 지금도 또한 없어짐도 없나니 외도(外道)와는 전혀 같지 아니하니라.
 네가 만약에 심요(心要)를 알고자 한다면 다만 온갖 선과 악을 모두 생각하지 아니하면 저절로 맑은 심체(心體)에 들어가서 청정하고 항상 고요하며 묘한 작용이 항하 모래수와 같을 것이니라."
 설간이 6조 스님의 가르침을 받고 활연히 크게 깨달았다.

 외도(外道)가 말한 '불생불멸'은 상대적인 개념이고 6조께서 언급한 '불생불멸'은 상대적인 생(生)과 멸(滅)이 아니라 나지 않고 죽지 않는 본래 무생(無生)이며 무멸(無滅)인 절대계의 세계이다. 기독교의 '에덴동산의 아담과 이브 신화' 역시 절대계의 묘사이다. 뱀의 유혹이 없었던 맨 처음의 에덴동산은 선(善)도 없고 악(惡)도 없는 절대계의 낙원으로 옷을 벗고 있어도 부끄럽지 않은 자아(自我)를 초월한 세계, 시작도 없고 끝도 없는 무시무종(無始無終), 삶과 죽음을 초월한 세계이다.
 선(善)이 좋고 악(惡)이 나쁘다는 세상법은 당연하게 들리지만 마음의 묘법, 묘한 심요(心要)를 알고자 한다면 온갖 선(善)과 악(惡)의 생각을 모두 거둬야 한다. 특히 악은 물리치기가 그런데로 용이하지만 선(善)은 물리기가 더욱 어렵다. 구(求)하지 말며, 상(相)을 짓지 말며, 누구에게도 의지하지 않는 오직 깊은 침묵의 명상만이 수행자를 그 곳으로 안내할 것이다.

　상대계는 이분법으로 나누어져 선악이 존재하여 이것이 육신을 이끌어 본성을 흐리게 하지만 오직 수행의 참 목적지는 절대자 하느님만이 존재하는 절대계이다. 이곳은 부처님의 깨달음의 세계로 알려진 삶과 죽음이 없는 열반(니르바나)의 세계이다. 수행자들이 일생을 바쳐 추구하는 곳으로 무한한 법력과 위대한 실체의 본 모습 그대로 진리의 자리이다.

## 3) 마음법

　종교는 생존이 목적이다. 고해(苦海)의 소용돌이에서 삶을 더욱 여유롭게 누릴 수 있도록 마음을 닦는 자기성찰의 산실이다. 나아가 '이웃을 내 몸처럼 사랑' 하는 실천사상으로 육신의 안위와 영혼의 영생을 얻기 위한 구함이기도 하다.

　이 세상의 고통은 모든 것이 마음에 의해서 일어나고 작용하는 것으로 가난한 자는 재물(財物)이 없어서 고통스럽고, 부자(富者)는 재물의 양만큼 번뇌가 따르고 고통이 있다.

　대 재벌의 총수도 자살로써 삶을 마감하고 비리에 연루되어 조사를 받던 정치인도 그 순간의 모멸을 이기지 못해 스스로 삶을 포기하게 된다. 소시민의 입장에서 보면 그깟 자존심이 자신의 목숨과도 바꿀 수 있음에 마음의 힘을 가늠

하기가 힘들다. 도대체 마음이란 무엇일까? 마음공부란 어떻게 하는 것일까하고 의문이 생긴다.

도는 닦는 것이 아니라 오염시키지 않는 것으로 먼저 탐욕의 불길을 제거해야 한다. 불경(佛經)에서는 탐,진,치를 삼독(三毒)으로 규정하고 있다. 이것을 쉬게할 수 있다면 청정(淸淨)은 그냥 그대로 자연스럽게 나타난다.

삼독(三毒)중 최고의 우두머리인 욕심은 생명의 에너지원이다. 이것이 전혀 없다면 생명의 지속은 장담할 수 없다. 허나 탐욕은 악의 뿌리이며 마왕의 손짓임을 재빠르게 간파해야 한다.

성냄은 이기심의 근원으로 오염의 주원인이다. 일상에서 예사롭게 표출하는 화풀이는 남에게 물론 본인에게도 영육(靈肉)간에 심각한 후유증을 유발시킨다. 성내는 마음을 잡을 수 있다면 마음공부의 반은 정복할 수가 있다. 성경은 일곱 번의 일흔번 용서를 당부하고 있다. 화를 내는 행위는 욕심과 어리석음보다 더욱 인성을 황폐화시킬 수 있는 것임을 언제나 잊지 말아야 한다. 무심코 뱉은 한마디의 성냄은 주먹보다 더 큰 상처를 줄 수 있다.

어리석음은 낮은 지능의 언행보다는 이성(異性)의 유혹으로 설명하는 것이 적절하다. 본능의 하나인 종족보존은 결코 죄가 될 수 없지만 수행자는 진리파지(眞理把持)가 목적인 이상 혼인의 유무와 관계없이 이성(異性)에 대한 동경심은 금물이다.

마음공부란 이타심(利他心)을 기르는 것으로 시작한다.

나의 이익은 남을 돕는 것으로 시작하며 곧 남에게 이익이 되는 행위는 지금 당장은 내게 손해가 될 수 있다. 그러나 큰 시각으로 볼 때는 영혼의 격(格)을 높이는 행위이며 언젠가 현실적으로도 나를 이익케 한다. 역지사지(易地思之)란 항시 남의 입장에서 생각하며 행동하는 것으로 이타심의 핵(核)이다.

달마대사를 찾아온 신광 스님이 말하기를 "여러 부처님의 법인(法印)을 가히 얻어들을 수 있겠나이까?"

달마대사가 말씀하시기를 "여러 부처님의 법인은 사람으로부터 얻는 것이 아니니라."

신광이 "저의 마음이 편안치를 못하오니 스님께서 편안하게 해 주실 것을 비나이다."

달마께서 말씀하시기를 "마음을 가지고 오너라. 너의 마음을 편안하게 해주겠노라."

신광이 말하기를 "마음을 찾아봐도 마침내 가히 찾을 수 없나이다."

달마대사가 말씀하시기를 "너에게 마음을 편안케 해주는 것을 마쳤느니라."

마음이 있어서 괴롭든지 편안하든지 하지만 마음이 본래 없는데 어디에 편안하지 못하거나 편안할 것이 있느냐의 반문에 깨달음을 얻어 신광은 마침내 중국의 2대 조사(祖師) 혜가로 거듭난다.

본래의 마음자리(본성)는 고요하고 공적(空寂)하며 순수하여 그 작용은 신령스러운 지혜가 있다. 생각을 일으키지 말고 한번 마음을 보라! 마음은 텅 비어 있고 지극히 고요하다. 깊은 산(山)속보다 더 고요하여 '마음의 본체가 본래 비고 고요한' 그것을 안다면 근심, 걱정, 괴로움을 다 떠나게 되어 마음속에 있는 불안(不安)과 공포(恐怖)를 모두 벗어나게 된다.

마음을 찾으면 그 자체는 찾을 수 없지만 펼치면 무한광대(無限廣大)요, 움추리면 바늘 끝과 같은 한 점으로 그 용처(用處)는 시작도 없고 끝도 없는(無始無終) 광대무변의 공간이요 시간이다. 이것을 일컬어 불성(佛性)이라 명하고, 본성(本性)이라 이름한다.

'인간은 누구에게나 부처가 될 수 있는 불성을 가지고 있다'는 불전(佛典)의 말씀은 본성의 의미를 더한다. 그러나 이 믿음을 의심하게 되어 다시 되물어 올 때 마음이란 단어로 재조명된다. 마음이라 표기하니 혼돈되고 이해가 어렵지 이것을 본성(本性)이라 믿으면 간단하다. 이 위대한 실체인 본성(本性)은 생각이라는 업장의 티끌에 둘러싸여 육신의 굴레를 벗어나지 못하고 윤회의 수레바퀴를 돌리고 있다.

### 생각은 마음이 아니다

[수능엄경]은 부처와 아난다 간에 이루어진 대화를 기록한

경전이다. 이 법문의 핵심은 사물을 눈으로 본다는 아난다에게 눈은 다만 대상을 비출 뿐 보는 것은 마음(본성)이라는 진리를 깨닫게 하려는 부처의 의지로 가득 차 있다.

　부처는 팔을 들어 다섯 손가락을 구부리고 아난다에게 말씀하셨다.
　"네가 이것을 보느냐."
　아난다가 대답하였다.
　"봅니다."
　"무엇으로 보느냐."
　"부처님께서 팔을 들고 손가락을 구부려 주먹을 쥐고 있는 모습이 제 마음과 눈에 비쳤습니다"
　부처가 다시 물으셨다.
　"네가 무엇으로 보았느냐."
　"저와 대중들은 모두 눈으로 보았습니다."
　부처께서 말씀하기를 "네가 지금 대답하기를 '손가락을 구부려 쥔 주먹이 마음과 눈에 비친다' 하니 네 눈은 알겠지만 무엇을 마음이라 하여 내 주먹이 비침을 받느냐."
　"부처님께서 지금 마음 있는 곳을 물으시니 제가 지금 마음으로 헤아리고 찾아봅니다. 이렇게 헤아리고 찾아보는 것을 마음이라 합니다"
　"아니다, 아난다야. 그것은 네 마음이 아니다."
　"이것이 저의 마음이 아니라면 그럼 무엇이겠습니까"
　"그것은 너의 참마음(본성)을 미혹케 하는 것으로 대상의 허망한 모양을 그냥 생각하는 것이니라. 마음은 네가 시작 없는 옛적부터 금생에 이르도록 6개의 도둑(6근)을 네 분신으로 잘못 알아 자식처럼 여기고 네가 본래 항상 가지고 있는 마음(본성)을 잃어버린 탓으로 윤회를 받고 있는 것이다."
 아난다가 말하였다.
 "부처님, 저는 마음으로 부처님을 공경하여 출가하였으니 만약 제 마음이 진실한 마음이 아니면 어찌 부처님 한 분만 공경하겠습니까, 많은 국토를 다니면서 하는 것도 이 마음으로 할 것이며, 또 만약에 법을 비방하고 선근(善根)에서 물러나 악업(惡業)을 짓는 것도 역시 이 마음이 할 것입니다.
 만일 이것이 마음이 아니라면 저는 마음이 없는 흙이나 나무토막과 같을 것이며 이렇게 깨닫고, 알고 하는 것은 마음을 떠나서는 결코 이룰 수가 없습니다. 그런데 어찌하여 부처님께서는 마음이 아니라 생각이라 말씀하십니까?"
 이때 부처는 아난다의 머리를 다정히 쓰다듬으면서 말씀하셨다.
 "내가 항상 말하기를 모든 법은 마음에서 나타나는 것이며 인과(因果)와 사계의 티끌까지도 마음으로 인해 그 자체가 된다고 하였다.
 모든 세계의 온갖 것중에 풀과 나뭇잎과 실오라기까지도 그 근원을 따지면 모두 그 자체의 성질이 있고, 형상까지도 이름과 모양이 있는데 어째서 청정하고 미묘하고 밝은 참마음이 자체가 없겠느냐!
 만일 네가 분별하고 생각하여 분명하게 아는 것을 고집하여 마음이라 한다면 이 마음이 물질, 냄새, 맛, 감촉의 모든 객관적인 감각을 떠나 따로 완전한 성품이 있어야 할 것이다.
 네가 지금 내 법문을 듣는 것은 소리로 인해 분별하는 것이다. 보고, 듣고, 깨닫고, 아는 것을 없애고 속으로 무엇을 느끼다 하더라도 그것은 이미 경험했던 사실을 분별하는 것인 생각에 지나지 않는 것이다.
 아난다야, 네가 속으로 잘 생각해보아라. 만일 대상의 세계를 떠나 분별하는 성품이 있다면 그것은 참으로 내 마음이다. 분별하는 성품이 대상을 떠나 그 자체의 성질이 없다면 이는 대상을 분별하는 그림자인 생각일 뿐이다.
 대상은 항상 있는 것이 아니다. 변하고 없어질 때에는 거북이의 털이나 토끼의 뿔처럼 마음도 없어지고 멸할 것이다. 그렇다면 네 법신(法身)이 없어지는 것과 같으니 무엇이 생멸(生滅)없는 깨달음을 증득(證得)하겠느냐?
 수행하는 사람들이 도(道)를 이루지 못하는 것은 모두 이 생사의 망상인 생각에 집착하여 진실인 것인 줄로 잘못 알기 때문이다.
 우리들 인간에게는 두 가지의 마음이 있다. 하나는 시작 없는 옛적부터 인간의 마음속에 들어있는 미묘하고 밝은 참마음(본성)이다. 그런데 부모가 태어나기 전부터 천지가 창조되기 전부터 있어왔던 이 참마음을 인간들은 어리석어 깨닫지 못하고 보고, 듣고, 깨닫고, 느끼고, 경험하고 분별하는 망상인 생각만을 마음으로 느끼며 이에 집착함으로써 윤회에서 벗어나지 못하고 생사의 수레바퀴에서 헤매고 있는 것이다."

 부처는 아난다에게 다섯 손가락을 구부려 이 주먹을 무엇으로 보느냐고 물었으며 아난다는 이것을 눈으로 본다고 대답하였다, 이에 부처는 눈은 다만 대상을 비추는 감각기관일 뿐 눈으로 보는 것이 아니라 마음으로 본다고 설명해주고 있다.
 아난다가 알고 있는 마음은 다만 생각에 지나지 않는다. 아난다는 생각을 참마음으로 착각하고 있는 것이다. 생각이란 그때그때 대상과의 인연에 따라 떠오르는 인식에 지나지 않는다. 밖에서 일어나는 대상이 여러 가지 작용을 할 때는 마음이 어디에나 두루 있다. 볼 때도 마음이 분명히 있고, 들을 때도 마음이 분명히 있고, 냄새 맡을 때도 마음이 분명히 있다.
 마음이 작용할 때는 혼연히 크게 있지만 안이나 밖이나 중간에 찾아봐도 그 자리가 텅 비었다. 내외중간에 있는 것 같지만 아무리 찾아봐도 없다. 마음이란 머무름이 없는 자리(應無所住)이며, 무릇 있는 바 모든 현상은 허망한 모습(凡所有相 皆是虛妄)으로 언젠가는 사라지는 생자필멸의 본래 없는 자리이다. 그리하여 진리의 참 모습은 공(空)이라 한다. 모든 사물인 오온(五蘊)은 공(空)으로 이것이 진리이다.
 우리가 마음으로 여기고 나라고 생각하는 것은 오로지 가짜의 나인 육신(肉身)의 생각으로 전생 또는 전,전생의 윤회의 부산물이다. 이들은 수많은 생의 여정에서 이루어진 티끌이며 그것들이 뭉쳐진 딱지에 불과한 것이다. 도(道)를 닦는다는 것은 이 마음에 붙어있는 양파껍질처럼 생긴 티끌의 딱지인 업장(業障)을 하나씩 하나씩 걷어내는 과정(過程)일 것이다.

## 마음의 위대한 힘

석가는 집을 나온 제자들과 함께 집단생활을 하였기 때문에 생활규범이 자제하고 엄격하였다. 그래서 생활규범만도 하나의 경전이 되었으니 이른바 [율장(律藏)]이다. 석가의 제자 가운데 뛰어난 제자를 열거하면

1)사리불(사리푸트라, 지혜 으뜸) 2)목건련(목갈라나, 신통 으뜸) 3)수보리(수부티, 공(空)알기 으뜸) 4)마하가섭(마하카사파, 두타 으뜸) 5)부루나(푸루나, 설법 으뜸) 6)가전연(카타나, 논의 으뜸) 7)아나율(아니룻타, 천안(天眼)으뜸) 8)우바리(우팔리, 계율으뜸) 9)아난다(아니룻다, 다문(多聞)으뜸)

이들 중 법문(法門)제일 부루나가 부처님께 물어온다.
"자성(自性)은 원래 청정본연하여 오염이 전혀 없는 자리인데 어째서 산하(山河)대지(大地)가 생겼습니까?"
부처님께서 친절하게 설명하셨다.
"생사심(生死心)과 생멸심(生滅心)을 가지고 스스로 조작

하고 취향하기 때문이다"

 [주역]에 이르기를 오행(五行)은 음양(陰陽)에서 나오고 음양의 근본은 태극(太極)이다. 태극이 천지만물, 우주의 본체이다. 태극에서 음양이 나왔고 음양에서 오행(목화토금수)과 팔괘(八卦)와 우주만유가 나왔다. 그러면 태극은 어디서 나왔느냐? 태극은 무극(無極)에서 나왔는데 바로 마음, 여래장(如來藏)이다. 마음이 일체만법, 우주만법의 근본이다. 조물주나 하느님이나 부처나 천지만물, 중생이 다 마음(본성)에서 나온 것이다.

 **석가모니** 이후 28대의 조사인 달마대사가 중국으로 건너가 초조(初祖)가 되니 6조 혜능 대사는 기실 33대 조사가 된다. 조사(祖師)들의 법문은 경(經)이라 이름 붙이지 않는 것이 불문율이나 유일하게 6조의 법문만 [6조단경]으로 경(經)으로 이름하니 그 비중이 막강하다. 6조 혜능 대사는 본래 남방 출신의 나무꾼이었다.

 매일 시장에서 나무를 팔아 편모(偏母)를 모셨는데, 하루는 나무를 짊어지고 객점 가운데 가다가 어떤 나그네가 [금강경]의 '응무소주이생기심(응당 머무는 바 없이 그 마음을 내라)'는 문장을 외우는 것을 들으시고 마음이 곧 송연하여 그 나그네에게 물어 말씀하시기를 "이것은 어떤 법이며 어떤 사람에게 얻었습니까?"

나그네가 말하기를 "이것은 [금강경]이라고 이름하나니 황메산의 홍인대사에게 얻었노라"

 그 말을 듣고 바로 황메산 동선사에 가서 홍인대사를 뵈었다. 대사가 한번 보고 법기(法器)임을 묵묵히 알아보시더라.

 나무꾼 혜능이 돌을 짊어지고 방아를 찧으시고 세월을 보내던 중 "거울에 찌든 먼지를 닦듯이 한시도 정진을 놓지 말아야 한다"는 신수스님의 문장에 "본래 한 물건도 없으니 어느 곳에 먼지가 끼겠느냐?"로 변재(辯才)를 날린다.

 나무꾼출신의 혜능이 견성했음을 알고 5조 홍인대사는 그의 오도송을 신발로 밟아 문질러 지우면서 '이것은 견성도 못한 글이다' 하고 행여 대중들의 질투로 해침을 당할까봐 염려하였다.

 이윽고 방앗간으로 찾아간 "쌀이 얼마나 익었느냐?"는 홍인대사의 선문(禪門)에 "익은지 오래 되었으나 키질은 아직 못하였습니다"로 혜능은 자신을 조용히 드러낸다.

 이 말에 5조 홍인 대사는 아무런 말도 하지 않고 들고있던 지팡이로 방아확을 세 번치고 돌아갔다. 혜능은 그 뜻을 알아차리고 삼경에 스승의 방을 찾아가 드디어 가사와 법을 받으시어 남쪽으로 가셔서 15년을 숨어 계시더니 조계산에 이르러서 대 법우(法雨)를 퍼부으시니 배우는 이들이 천명 이상이었다.

 6조 혜능도 처음에는 '본래 한 물건도 없으니 어느 곳에 먼지가 끼겠느냐?' 정도였었는데 5조 대사의 법문으로 '마음이 본래 비고 청정한 것만 아니라 우주 만법이 마음에서 나오는 도리'까지 다 알고 크게 깨우쳤다.

　이것은 마음(본성)이 가지는 우주 만법의 큰 의미와 함께 일체사물도 이와 다르지 않게 생멸심과 생사심으로 스스로 조작하고 분별한 탓으로 나온다. 문자로 얼룩진 소견(所見)을 일으키기만 하면 허물투성이로 실수연발이 된다. 한 마음이 일어나면 천지만물이 생기고 한 생각을 굴리면 산하대지가 만들어진다. 몸은 한 곳에 앉아 있지만 마음은 수천 수만가지 상념에 들떠 이리 뛰고 저리 달린다. 이리하여 욕계(欲界)도 생기고 물질계인 색계(色界)도 생기고 정신계인 무색계(無色界)도 만들어진다.

　마음이 일어나서 형상을 만들고 또 마음이 움직여 선(善)을 취하고 악(惡)을 버린다. 혹은 마음이 달아올라 이성(理性)을 버리고 애욕에 빠지는 범부의 일상은 여름밤의 불나비의 모습과 다름없다. 불나비들은 불을 켜 놓으면 그곳이 죽음의 문턱인줄 모르고 불을 향하여 취향에 빠져 돌진하여 투신자살한다.

　불나비만 그런 것이 아니라 모든 중생들이 욕심과 물질에 현혹되고 지식의 포로가 되면 목적을 향해 앞만 보고 달린다. 심장의 고동소리가 무덤으로 가는 장송곡인줄은 전혀 안중에도 없다. 마치 불나비들이 불을 향해 뛰어 들듯 기(氣)를 쓰고 물욕(物慾)과 애증(愛憎)을 향해 튀어나온다. 이처럼 우리 인간은 생(生)과 사(死)의 불기둥에 미혹되어 그것이 당연한 것처럼 빠져 들어간다.

누군가 요구한 것이 아니지만 불나비가 불 속으로 몸을 던지듯 사람들의 마음이 어리석어 취사 선택을 일으킨다. 이것이 곧 어리석음의 무명(無明)으로 육신을 윤회의 굴레에서 헤어 나오지 못하게 하는 첫 번째 까닭이다.
 수행의 욕구는 물욕과는 다르게 본질적인 강렬한 탐구가 있다. 이 탐구의 과정에 있어서는 이 세상 일체의 것이 방해며 유혹이다. 모든 관계를 끊는 것으로 시작되는 구도의 마음은 인간의 많은 욕망 가운데 하나가 아니라 그 욕망의 근원을 꿰뚫는 욕망 그 이상의 어떤 것이다.
 종교는 항시 인간의 유약함과 원죄를 말하며 절대적 하느님의 힘을 빌어야 만이 그 죄를 속죄 받고 고통과 불안에서 해방됨을 설득한다. 그렇다, 인간의 육신은 유약하고 초라하고 더럽기만 하지만 우리 인간 개개인의 마음은 모두 신(神)과 부처의 본질을 항시 가지고 있음도 잊지 말아야한다. 그러한 탓에 우리의 본 마음이 신(神)과 부처의 씨앗임을 뼈를 깎는 수행으로 증명함은 당연한 일이 아니겠는가!

### 4) 공(空)

그대여! 가는 곳마다 주인이 되고 사는 곳마다 진리의 땅이 되라

오늘의 문명은 물질의 풍요로움이 삶을 안락하게 하며 또 획기적인 의학발전은 질병없는 장수(長壽)를 향하여 순풍에 돛단듯이 달려가고 있다. 러시아워의 복잡함은 생활의 활력소가 될 수 있으나 이와는 달리 군중(群衆)속의 고독을 느껴보지 않은 이는 드물 것이다.

과거보다 편리하고 안락한 여건이지만 일상의 생활은 바쁘긴 왜 또 그렇게 바쁜가? 아침에 일어나 눈을 뜨면 다시 어제의 일이 연속해서 기다리고 있어 오늘의 일정을 빠뜨리지 않기 위해서는 달력의 메모를 꼭 기억해야 된다.

과학의 발달로 지구상의 모든 정보를 인터넷으로 교환하고 향유하지만 일상을 마감한 어느 날 오후 누구나 한번쯤 이러한 정보의 사치스러움에서 회한을 가진다. 우리는 지금 인간의 위대함보다는 혹시 다른 어떤 큰 힘에 의하여 조종되고 있지 않는가?----를 생각하면 부르르 몸서리가 쳐진다.

일본의 어느 방송국 아나운서의 자살소식에 또 한번 충격에 빠진다. 최고의 인기를 자랑하던 프로그램의 진행자가 과로로 인하여 졸도하였다가 병상에서 의식을 회복한다. 의식이 깨어나자 떠오르는 것은 자신의 건강보다도 진행을 맡고 있던 그 시간의 프로그램이었다. 자기가 없는 그 프로가

너무나 염려스러워 죄송한 마음으로 채널을 돌렸다. 그러나 웬걸! 아무런 문제없이 흘려 나오는 다른 진행자의 밝은 목소리에 멍-하며 정신을 놓는다.

이제까지 자기가 심혈을 기울여 기획하고 진행한 프로그램을, 그리고 자기가 아니면 누구도 할 수 없다고 여겼던 자신의 역할이 결코 필요불가결한 존재가 아님을 깨달은 순간 그는 망연자실에 빠진다. 대학을 우수한 성적으로 졸업하고 촉망받는 언론인으로 활동한 지 십여 년! 모든 것이 자기가 중심이 되어 주위를 이끌어 왔건만 막상 내가 없어도 흔들림 없는 무관심한 사회구성! 굳이 내가 아니라도 잘 짜여진 톱니바퀴처럼 사회는 모든 것이 정상으로 잘 운용되고 있었다.

불경(佛經)의 [무량수경]은 허무나 악습에 젖어있는 세상사람들에 대한 안타까움으로 가득 차 있는 유명한 구절로 이루어져 있다.

"나는 그대들을 기쁘게 해주고 싶다. 세상사람들은 하잘 것없는 일들을 다투어 구하고 있다. 악(惡)과 괴로움으로 뒤끓고 있는 세상에서 사람들은 자신의 생활 때문에 겨우 생계를 꾸려가고 있다. 신분이 높거나 낮거나, 가난한 자나 부자나, 남녀노소를 가릴 것 없이 모두 돈과 물질에 눈이 어두워 있다. 그러나 사실은 그것이 있거나 없거나 간에 근심걱정은 떠날 날이 없다. 부자나 권력가가 행복해 보일 수 있지만 그들은 그것을 지키느라 불안 끝에 방황하고 번민으로 괴로워하며 무엇에 쫓기느라 조금도 마음이 편할 날이 없는 것이다."

"그들은 일찍이 선(善)한 일을 행하지 않고 도(道)를 닦거나 덕(德)을 쌓지 않았으므로 죽은 뒤에는 혼자 외롭게 어두운 세상으로 가게된다. 그가 가는 세상은 선업이나 악업으로의 결과에 따라 받는 과보이다. 그럼에도 이 선악에 대한 인과(因果)의 도리마저 사람들은 모르고 있다."

"사람들은 어째서 세상의 지저분한 일을 버리지 못하며 몸이 건강할 때 부지런히 착한 일을 닦아 생사가 없는 깨달음의 경지에 이르러고 하지 않는단 말인가.

무엇 때문에 사람들은 길을 찾지 않는가. 도대체 이 세상에서 무엇을 바라고 있단 말인가. 도대체 어떠한 즐거움을 꿈꾸고 있단 말인가."

"이와같이 세상사람들은 선(善)한 일을 하면 선한 과보(果保)가 오고 도(道)를 닦으면 깨달아 생사를 초월한 경지에 이른다는 사실을 믿지 않는다. 사람이 죽으면 다음다음 세상에 다시 태어나고, 은혜(恩惠)를 베풀면 복(福)이 된다는 것을 믿지 않는다. 그들은 선악(善惡)에 대한 인과(因果)의 도리를 믿지 않고 그런 것이 도대체 어디에 있느냐고 믿으려 하지도 않고 있다."

"깊이 헤아리고 생각하며 온갖 나쁜 일을 멀리해야 할 것이다. 그리고 착한 일을 찾아 노력을 아끼지 말아야 한다. 애욕과 영화는 결코 오래 갈 수 없다. 언젠가는 내게서 떠나가고 말 것들이기 때문이다. 참으로 이 세상에서 즐길 만한 것은 아무것도 없다."

사람은 고통과 시련을 맞아야 정신적(精神的)생명이 된다. 하루 하루의 일상은 정신의 생각능력을 마비시키고 애욕의 사슬로 꽁꽁 묶어 마치 비육되는 가축처럼 도살의 그 시간까지도 육신이 이끄는 데로 먹고 마시는 쾌락에 빠져있다. 못할 말이지만 가까운 친지나 사랑하는 사람이라도 죽는 것을 보아야 생각을 하고 정신(精神)을 찾는다.

팽이는 채찍을 맞아야 살아서 돌 듯 사람도 시련을 맞아야 정신이 살아서 생각을 한다. 불경과 성경의 말씀은 영생(永生)의 길을 안내하는 인도자로 우리에게 육체의 일이 아닌 영혼을 생각하는 능력을 길러 주고자 애쓴다.

뉴질란드의 국조(國鳥) 키위는 날개가 있으면서도 날지 못한다. 천적(天敵)이 없고 먹는 것이 걱정이 없는 지상 낙원이 능력을 사장(死藏)한 탓이다. 이것은 오히려 복(福)이 화(禍)가 된 경우이다. 우리에게 사람이 주는 인재(人災)와 자연이 주는 천재(天災)가 끊이지 않는다. 그러나 이것은 우리에게 하늘을 날아 오르는 정신적인 비상력을 잃지 않게 할 뿐 아니라 그 비상력을 더욱 확장시킨다.

맹자(孟子)께서 "나라는 적국과 외환이 없으면 망하고 사람은 걱정이 있으면 살고 안락하면 죽는다"며 이른다. 시련이란 하느님이 스스로 버리지 않은 이에게 주는 선물임을 우리는 겸허하게 받아 들여야 할 것이다.

기도나 참선(參禪), 명상이라 하는 것은 모두가 일상(육신의 쾌락)이 아닌 자기(自己)속에 진아(眞我)를 찾아가는 거룩한 행위이다. 수행이란 거창한 표현이 아니라도 사색이 없는 삶은 짐승에 지나지 않는다. 지위가 낮다고 부끄러워 할 것이 아니라 오직 사색(思索)할 줄 모르고 수행의 귀중함을 애써 부정하는 것을 부끄러워 해야한다.
"上士는 聞道에 勤能行之하고
　　상사(상등 사람)는 도(道)를 들으면 힘써 실천하려 하고
中士는 聞道에 若存若亡하고
　　　　중사(중등 사람)는 도(道)를 들으면 반신반의하고
下士는 聞道에 大笑之라
　　　하사(하등 사람)는 도(道)를 들으면 깔깔하고 웃는다.
弗笑之는 不足以爲道니라.
하사가 웃지 않는 도(道)라면 참된 도라고 할 수 없다."

－ 老子 道德經 第39章 大器晩成편 －


## 초발심

불가(佛家)에서는 진아(眞我)를 찾아가는 것을 선(禪)이라 한다. 진아는 본래의 마음자리로 허망하지 않고 진실하다. 언제나 변하거나 달라지지 않고 어느 장소나 어느 때나, 동서고금에 수만년 전이나 후나 항상 똑 같다고 해서 진여(眞如)라 부르며 우주의 모든 사물이 그곳에서 나왔다.

　마음을 찾아가는 첫걸음이 집중이다. 불교의 참선이나 교

회의 묵상기도 혹은 혼자하는 명상의 방법으로 일상(日常)의 일을 잠시 접어두자. 그리고 단아한 자세로 자신을 뒤돌아보며 하늘을 향해 부끄러움이 없었는지를 관조하는 모습이 곧 수행의 초발심이다.

"눈을 반드시 아래로 두고,
헤매지 말고 모든 감각을 억제하여 마음을 지키라.
번뇌에 휩쓸리지 말고 번뇌에 불타지 말고,
무소의 뿔처럼 혼자서 가라."

- 숫타니 파타 -

### 씨뿌리는 비유(마르코 4;13 -20)

예수께서는 이어서 이렇게 말씀하셨다.

"너희가 이 비유를 알아듣지도 못하면서 어떻게 다른 비유를 알아듣겠느냐? 씨뿌리는 사람의 뿌린 씨는 하늘나라에 가는 말씀이다. 길바닥에 떨어졌다는 것은 마음속에 뿌려지는 그 말씀을 듣기는 하지만 날쌔게 달려드는 사탄에게 그것을 빼앗겨 버리는 사람들을 두고 하는 말이다.

씨가 풀밭에 떨어진다는 것은 그 말씀을 듣고 기꺼이 받아들이기는 하지만 그 마음속에 뿌리가 내리 오래가지 못하고 그 후에 말씀 때문에 환란이나 박해를 당하게 되면 곧 넘어지는 사람들을 두고 하는 말이다.

그리고 씨가 가시덤불 속에 떨어졌다는 것은 그 말씀을 듣기는 하지만 세상 걱정과 재물의 유혹과 그 밖의 여러 가지 욕심이 들어와서 그 말씀을 가로막아 열매를 맺지 못하는 사람들을 두고 하는 말이다.

그러나 씨가 좋은 땅에 떨어졌다는 것은 그 말씀을 듣고 잘 받아들여 삼십(三十)배 육십(六十)배 백배(百倍)의 열매를 맺는 사람들을 두고 하는 말이다."

수행(修行)이란 마음의 꽃을 피우는 것이다. 날마다 아름답고 거룩한 시간을 만날 때 정신의 삶이 풍요롭다. 정신이 깨어나는 것이 수행(修行)이다. 육신의 탐욕에 부응하여 나도 모르게 주변을 소홀히 하였거나 혹은 남에게 알게 모르게 마음의 상처를 주지 않았는가를 성찰하자! 마음에 일어나는 번뇌와 잡념을 몰아내고 죽음과 삶을 초월하는 깨달음의 길을 찾아 나서자.

"마음을 기르는데는 욕심을 작게하는 것보다 더 좋은 것은 없다고 하였다. 작다는 것은 없다는 것의 시작이다. 작게하고 작게하여 다시 더 작게 할 수 없음에 이르면 마음을 비워서 신령하게 된다. 신령의 비춤이 밝음이 되고 밝음의 실상은 참이다."

— 토정 이지함 —

## 5) 화신, 보신, 법신

삼매(三昧)의 최고봉은 해인삼매다. 해인(海印)삼매의 향수해(香水海)는 어찌나 맑던지 세상의 모든 사물이 여기에 한꺼번에 비친다고 한다. 이 바다에 모든 사물이 도장을 찍은 것과 같이 한꺼번에 비친다하여 깨친 세계의 경지에 비유한다. 따라서 깨달음을 얻게 되면 누구에게나 해인삼매의 경지에 이르게 된다.

명안종사(明眼宗師)란 눈이 밝은 스승으로 과거, 현재, 미래를 한 눈에 볼 수 있는 능력은 물론 후학들에게도 능히 그 길을 인도할 수가 있다. 현실에서는 과거, 현재, 미래가 차례로 다가오지만 깨달음의 세계는 이것이 동시에 한꺼번에 나타난다. 이 깨달음의 바다는 너무나 맑아 모든 것이 투영되는 곳으로 전생의 사연을 포함하여 현상계의 모든 일들이 도장이 찍힌 듯 보인다.

수행을 통하여 삼매에 들면 영계나 선계에 가기도 하며 초자연적인 현상을 두루 접하기도 한다. 이승과 저승은 파장이 각기 달라 육신의 눈에는 보이지 않지만 영안(靈眼)이 개안(開眼)되면 전생의 삶도 화면으로 그 존재를 알린다.

영적(靈的)인 능력이란 특별한 이들에게만 생기는 것이 아니라 집중을 통한 기도나 명상으로 누구나 얻을 수 있다. 진화론(進化論)학자들에 의하면 동물의 눈(眼)은 처음부터 있었던 것이 아니라 피부의 한 조직에서 시작되었다고 한다. 외부의 환경을 피부조직으로 판단하기가 정밀하지 못한 탓에 피부를 곡선으로 오목하게 진화되었고 다시 액체가 담긴 수정체로 진화하였다고 설명한다.

 영안(靈眼) 역시도 이처럼 피부에 닿이는 느낌에서 시작하여 그 느낌의 밀도가 높아진 감각이 화면으로 변하면서 나타나게 된다. 걸음을 걸을 때 발바닥이 닿이는 감각을 집중하면 용천혈이 영안으로 보이게 된다. 또 느린 동작의 기공체조를 열심히 하면 손바닥의 노궁혈에서 기(氣)의 감응이 일어난다. 이때 그 감각에 몰입하면 드디어 경혈의 모습이 보이게 된다.

 그렇다고 본인이 의식을 가지고 영적(靈的)화면을 보기를 원하든지 경혈의 모습을 보겠다는 생각으로는 볼 수 없다. 초자연계란 두뇌의 의식으로는 불가능하다. 자칫 영안(靈眼)을 개혈하겠다는 목적의식을 강하게 두면 접신이 될 수 있음을 경계해야한다.

 무당들은 신(神)이 그들 몸에 내리면 그 접신(接神)의 눈으로 영계(靈界)를 설명할 수 있다. 그러나 대부분 엉터리이며 그 능력은 한계가 곧 드러난다. 무당의 능력은 항시 밑에서 위로 우러러 보는 형태이지만 수행자의 지혜안은 언제나 위에서 아래로 내려보듯 숲 전체를 볼 수 있는 법력이다.

 수행자들은 백회혈이 열릴 즈음에 영적인 화면을 볼 수 있다. 청정은 묘한 촉감을 감지할 수 있을 뿐 아니라 자연의 흐름에 주파수를 맞출 수 있다. 청정의 결실은 관음(觀音)으로 나타나는바 그 소리는 관념적이거나 추상적 현상이 결코 아니다.

관음수행자들은 하늘의 소리를 동시에 들을 수 있는 객관적인 청정이 나타난다. 그러면서 관음(觀音)은 듣는 것이 아니라 보는 것으로 정의한다. 특히 영혼이 맑은 어린이들은 이를 쉽게 체험할 수가 있다. 마음이 곧 부처라는 즉심시불(卽心是佛)은 어린이와 같은 맑은 영혼의 마음을 말하는 것일 게다.

저자가 관음수행에 몰두할 때이다. 중학교 시절 검도(劍道)로 외공(外功)을 연마하면서 단전호흡을 익힌 지 여러 해, 선도(仙道)에 입문하여 15여년의 수행 끝에 마침내 내공(內功)을 터득하였다. 한 장소에서 30여명을 동시에 백회를 개혈시켜 국내 최고의 능력자로 위세를 떨치며 활동 중이었다. 타인의 백회혈을 개혈할 수 있는 국내 유일무이한 초능력자로 활동하였지만 내심(內心) 이곳이 목적지가 아님을 의심하고 있었다.

하늘의 도움으로 관음(觀音)의 고급법문을 전수받고 1000일 수행정진을 마치고 귀가(歸家)를 서둘렀다. 몇 년만에 만나는 가족들이지만 너무 오랫동안 떨어져 있어 서먹서먹하다. 스님도 아니고 카톨릭 수사도 아닌 출가(出家)에 우려와 원망을 던졌던 가족들이 이제는 포기가 아닌 현실로 받아주어 고맙다. 포기 아닌 포기로 나름대로의 이해 덕분에 수행에 정진할 수 있어 다행스럽다.

지금은 여고생인 막내가 초등학교 3학년 때이다. 방과후 자기 방에서 과제물을 끝내고 살금살금 가만히 "아빠!"하며 다가선다. 한참을 침묵속에서 기다리다가 다시 "아빠!"하고 명상을 깨우면서 조금 미안한 마음이 담긴 미소로 말을 건넨다.

"아빠, 아빠가 눈감고 있으면 저기 액자속의 그림이 언제나 살며시 내려와 사람의 모습으로 옆에 선데이, 그런데 저 그림이 틀렸데이. 저 그림은 한 손은 꽃병을 위로 들고 다른 손은 아래로 잎사귀를 들고 있는데 진짜 그 사람은 두 손이 서로 바꿔서 들고 있다. 저 그림이 틀렸데이."

갑자기 엉뚱한 소리에 놀라 주위를 살핀다. 아무도 없는 것에 안도를 하면서 마치 음식을 몰래 먹다가 들킨 것처럼 영적인 사실이 누설되는 것이 당황스럽다.

"아니 언제부터 저 그림 사람을 보았니?"

"응, 아빠가 오시고 보름쯤부터 아빠가 눈감고 앉으면 언제나 내려 온데이."

"그래, 우리 공주님이 천사를 볼 수 있게 되었구나. 저 분은 성당에서 얘기하는 천사의 수장 가브리엘 천사를 부처님 교회 방법으로 그린 그림이야, 마음이 착한 사람은 언제나 천사를 만날 수 있지!"

막내가 점차 영적(靈的)인 안목이 확대되어 영적인 화면을 동시에 보는 일이 많아졌다. 수행 중에 일어나는 특별한 화면에 긴가민가하여 확인한 길이 없었는데 (상상에서 오는 환영(幻影)인가? 아니면 선계의 텔레파시인가?) 막내가 너무나 정확하게 알고 있어 삼매에서 일어나는 현상을 지혜로 받아들일 수 있는 계기가 되었다.

대주천 수행시 경혈이 왕성하게 활동하게 되면 여러 가지 초자연적인 현상이 나타나게 된다. 득도(得道)를 이룬 스님이 머물고 있는 사찰에는 향기가 진동한다는 옛말이 실제 사실로 일어난다. 몸에서 향기가 나기도 하고 요가에서 말하는 '차크라에 꽃이 핀다'는 현상이 나타나기도 한다. 10년전쯤 상,중,하 단전의 대표 경혈에 꽃잎이 피는 것과 유사한 기(氣)의 돌출 현상이 나타나 수행의 재미에 흠뻑 빠졌던 일이 있었다.

관음수행시 그와 같은 현상이 또 일어났다. 관음수행에 들어간지 3년만에 상,중,하단전에 기(氣)의 돌출현상이 아닌 선명한 연꽃의 모습이 장엄하게 피어났다. 연꽃의 중앙에는 영롱한 여의주가 빛을 발하면서 하루종일 법희(法喜) 선열(禪悅)에 빠지게 되었다. 이러한 현상도 막내의 조언(助言)덕분으로 사실적으로 증명되는 계기가 되었다.

어느 날인가 관음의 향기가 진동하여 삼매에서 연꽃의 장엄함과 여의주의 영롱함에 흠뻑 빠져 한 낮을 보내고 밤을 맞았다. 막내와 잠자리에 들어 잠들기 전, 낮의 화면이 생각이 일어나 막내에게 혹시나 해서 물었다.

"얘냐, 잠이 들었나? 아빠 몸에 무엇이 보이는가 봐줄래!"

벌써 잠이 오는 모양으로 투정이 나온다.

"아빠, 이제는 안 보인다. 모르겠다. 잠이 와서 난 잘래---"

그렇게 말하고 돌아눕다가 "어, 아빠 몸이 구슬이 보이네, 빛을 내고 있는 구슬이 보인다."

신기함에 놀라기 앞서 한 물음 더 물었다. "구슬이 몇 개가 보이니?"
"응, 아빠, 하나, 둘- 맞다. 구슬이 세 개가 빛을 내고 있다. 세 개다, 세 개!"

관음(觀音)의 위력은 관세음보살 화신을 부른다. 관세음보살 화신이 내왕하면 그때 관음(觀音)이 창궐한다. 어린이들의 맑음은 도(道)가 높은 수행자와 다름없어 쉽게 영적인 안목이 생겨 초자연계로 진입한다. 이처럼 청정은 자연의 흐름을 체득하고 하늘의 소리를 보고 들을 수 있어 업장소멸을 주도한다.

관음수행자는 자가치료가 가능하여 어떠한 불치병이나 만성난치병에서 일어설 수 있다. 치료가 목적은 아니지만 관음수행에 들어서면 어떤 질병도 치료가 가능하나 아직 남의 업장(業障)에 관여할 수 없다. 수행의 계제는 대략 삼단계로 나눌 수 있다. 그 첫 번째가 구경의 경지요, 두 번째가 관음화신을 만날 수 있는 정착의 경지며, 세 번째가 다음단계의 진입인 완성의 경지이다.

선지식의 도움을 받을 수 있는 인연의 수행자는 첫 단추를 바르게 끼울 수 있어 상단전의 개혈을 빠르게 경험할 수 있다. 백회의 열림을 알 수 있으며 이마중간의 인당혈과 뒷머리 뇌호혈과의 터널을 경험할 수 있다. 나아가 태양혈의 개혈까지도 경험하는 이들도 있다.

그러나 이것은 오직 구경하는 계제로써 본인의 법력이 아님으로 수행의 꼬삐를 바짝 쥐지 않으면 선계(仙界)에서 추락하여 다시 현상세계로 떨어질 수 있다.

계제의 정착은 본인의 업장소멸 이후에 나타나는 법력이다. 백회혈은 통천(通天)혈로써 하늘의 기운을 받아들이는 문인 동시에 또 업장소멸을 주관하는 법력의 진원지이다. 이는 백척간두에 진일보하듯 수행의 강도를 높여 청정을 쌓아야 만이 정착의 법력을 이룰 수 있다.

관음(觀音)법문은 정착의 의미를 내포하는바 법력이 따라와 화신(化身)과 보신(報身)의 위력을 실감할 수 있다. 악마를 눈멀게 하고, 악마의 눈을 흔적도 없이 끊어 악마에게 보이지 않는 존재가 되어 영(靈)의 세계를 벗어날 수 있다. 벗어난다는 것은 빙의령 천도능력을 말하며 본인은 물론 타인의 업장소멸을 주도하여 난치병등 불치의 질환까지 치유하는 법력이 나온다.

계제의 완성은 그 다음 단계의 진행을 가져와 또 다른 높은 차원의 카르마인 구조물을 소멸시킨다. 법신(法身)은 후학(後學)들을 화신(化身)의 경지에 도달시킬 수 있는 전등(傳燈)의 법력으로 청정이 극에 달하면 누구나 가질 수 있는 아라한의 경지이다.

## 6) 관세음보살

관세음보살은 인도의 산스크리트어(語) 아바로키테스바라 (Avalokitesvara)로 관세음보살 혹은 관자재보살이라 번역되었다. 현장스님은 관자재보살이라 옮겼고 구마라습은 관세음보살이라 옮겼다.

[법화경] 보문품에 관세음보살이 수호천사와 같은 존재로 그려져 있다. 불속에서 관세음보살을 부르면 뜨거운 불이 얼음처럼 차게 변하고, 물에 빠져 관세음보살을 찾으면 깊은 물이 갑자기 얕아져 생명을 구하게 된다. 예측불허의 험난한 세월속에 순간마다 닥치는 위기의 삶을 살자니 관세음보살(觀世音菩薩)같은 보호령이나 수호천사의 손길을 간절히 바라게된다. 그리하여 관세음보살의 천개의 눈과 천개의 손은 신비롭고 자애스럽게 느껴진다.

"불교에서는 현세에 극락에 들어갈 수 있는 데도 불구하고 들어가려 하지 않았던 보살이 숭배의 대상이 된다. 보살은 자기를 뒤로 돌리고 이웃사람이나 다른 생물이 열반(涅槃)에 들어가는 것을 도와주기 위해 일부러 괴로움이 많은 이 현세에 머물렀다"        토인비 [미래에의 생존]

그리하여 '관세음보살 나무아미타불'을 염송(念誦)만 해도 극락에 갈 수 있다며 길을 가다가도 관세음보살, 일을 하다가도 관세음보살, 숨을 내 쉴 때마다 관세음보살을 염송

한다. 나이 많은 노인들에게 있음직한 주문을 수행자라고 자처하는 이들도 구(求)하고 있으니 얼마나 어처구니없는 수행인가!

　기복종교가 대중을 위한 필요악이라고 하는 까닭은 우선은 이해할 수 있다. 그러나 하근기 중생을 위한 것까지는 보아 넘기겠지만 그 정도가 지나쳐 티벳의 불교처럼 육신의 청정과 고행을 요구하며 형식에 지나친 깡통돌리기나 삼배일보를 크나큰 공덕으로 전 세계인들에게 홍보하고 있다는 사실이다.


　도오(道吾)선사께 운암(雲巖)스님이 "관세음보살은 천개의 손과 눈을 가지고 있는데 그걸 다 어디에 쓸까요?"하고 물었다.
　선사께서 "한 밤중에 자다가 베게를 놓쳤을 때 더듬어 찾는 것과 같지"라고 대답하였다.
　운암스님이 "잘 알겠습니다"라고 말하였다.
　선사께서 다시 물었다 "그래 어떻게 알았다 말인가?"
　운암이 대답하기를 "온 몸에 두루 손과 귀가 있다는 거지요"라고 대답하였다.
　선사께서 말씀하시기를 "자네 말이 제법 그럴 듯하다만 아직 안되겠다."고 말하였다.
　운암이 물었다. "그럼 사형께서는 어떻다는 것입니까?"
　그러자 "온 몸이 그대로 손과 눈이지!"라고 도오선사께서 대답하였다.
　　　　　　　　　　　　　　　　－ 벽암록47칙 －

선사들의 선문답은 참으로 귀중한 것이다. 그러나 체험이 없는 선문(禪門)은 오리무중이다. 오직 선험(先驗)만이 그 뜻을 말할 수 있다. 관세음보살을 단지 상징적으로 생각하거나 허구(虛構)라 단언하는 수행자는 깨달음과는 거리가 멀다.

 관음(觀音)은 청정하면 누구나 만날 수 있다. 그럼에도 불구하고 관음이 기록된 [법화경][능엄경]등을 오히려 위경(僞經)으로 몰아붙이는 작태는 목불인견이다. 수행자는 청정이 그 가치를 더 하지만 제도권에서 만든 무늬만 청정인 스승은 맹인이 맹인을 이끄는 것과 다름이 없다.

 '번뇌가 보리요, 보리가 번뇌와 다름이 없고, 중생이 부처요, 부처가 중생과 다름이 없느니라.' 깨달음의 전(前)과 후(後)가 다르지 않다고 말하지만 그것은 본래무일물(本來無一物)의 비유에 불과하다. 청정해지면 맑아진 만큼 법력이 함께 하는바 법력이 없는 깨달음은 청정이 없는 탓에 궤변자의 자가당착이며 착각도사에 불과하다.

## 하늘의 소리(梵音)

남악선사(677-744)는 중국 당(唐)나라 때 선풍(禪風)을 크게 일으킨 마조도일의 스승이다. 그는 6조 혜능을 15년 시봉한 대도인이다. 남악이 반야사에 머물고 있을 때의 일이다. 어느 날 법당에 들어가니 한 건장한 젊은이가 참선(參禪)을 하고 있었다.

"여보게 젊은이 거기서 무얼 하고 있는가?"

이 젊은이가 바로 마조이다. 그는 자세를 허트리지 않은 채 대답하였다.

"예! 참선을 하고 있습니다."

남악이 몰라서 물어본 것이 아니라 그의 마음 그릇을 알아보기 위해서이다.

"참선을 해서 무엇하려는가?"

젊은이 입에서 거침없이 나오기를 "예, 부처가 되렵니다."

그리고 잠시 후 법당 섬돌에 남악이 기왓장을 갈기 시작했다.

이제는 젊은이가 남악에게 물었다. "스님, 거기서 무엇을 하십니까."

남악이 대답하기를 "기왓장을 갈지."

"기왓장을 갈아서 무엇하시렵니까?"

"기왓장을 갈아서 거울을 만들려고 하지."

마조는 그 소리를 들으니 어이가 없다못해. 저런 바보 스님이 있나 싶었다.

"스님 기왓장을 아무리 간들 거울이 될 것 같습니까? 쓸데없는 일 그만 하시고 조용히 하십시오. 기왓장 가는 소리에 시끄러워 참선도 못하겠습니다."

그러자 남악이 젊은이에게 물었다. "젊은이 그대는 참선을 하면 부처가 될 것 같은가 그대야말로 기왓장을 갈아서 거울을 만들려는 나보다 더 어리석네 그려!"

그 소리에 마조는 깜짝 놀라며 일어나 남악 앞에 무릎을 꿇었다.

육신의 나로서는 부처가 될 수 없다. 오직 마음법을 깨치는 수행이 아니면 절대계인 법신(法身)을 만날 수 없는 것이다. 현상계의 상대계는 생로병사의 법칙을 결코 어길 수 없다. 그러나 니르바나(열반)의 절대계는 나고 죽음이 없으며 늘고 줄어듦이 없으며 맑고 흐린 것 자체가 존재하지 않는 영원한 생명의 자리이다. 절대계는 절대자 하느님이 계시는 공간의 개념이다. 그곳은 상대계 의식으로는 가름하기가 불가능한 깨달음의 자리이다.

집중은 번뇌를 사라지게 할 수 있지만 그것만으로는 절대계 진입은 역부족이다. 다시말해 집중은 기(氣)를 모을 수 있어 초능력을 부릴 수 있지만 그것은 오직 에너지에 불과하다. 이것은 단지 육신의 한계를 넘어 신비하게 보일 뿐이지 그것으로 깨달음의 절대계 진입은 불가능하다. 오직 무심의 삼매에서 오는 고급법문(하늘의 소리)만이 그 곳으로 인도할 수 있을 뿐이다.

흔히 기(氣)를 성령의 일부라고 주장하는 이들도 있지만 성령(聖靈)은 법력의 에너지라고 말할 수 있지만 기(氣)는 결코 성령이 아니다. 참선으로 부처가 될 수 없음은 기(氣)가 성령이 아닌 이치와 같다. 집중의 참선은 그것자체가 중요한 것이 아니다. 절대 진리를 얻기 위해서 사랑과 자비로 무장된 무주상보시는 필수이다. 그러나 그들보다 더욱 중요한 것은 무심의 고급법문(관음)을 만나야만이 그 길을 안내 받을 수 있다.

 만일 그 비구가 일어나는 이 식별의 몸과 바뀔 경계의 일체 현상에 대해 나와 내 것이란 소견과 나라는 교만에 매이어 집착함 부림이 없어야 한다. 그리하면 반드시 마음과 지혜의 해탈을 얻고 현재에서 스스로 증득할 줄 알아야 원만히 머무를 수 있을 것이다. 이것을 말하여 비구가 애욕을 끊고 모든 결박과 교만을 지혜로 돌려 마침내 괴로움을 벗어나는 것이라 하느니라.

- 잠아함경 -

 생각은 육신이 가지는 탐진치의 수성(獸性)의 늪에서 시련의 쓴잔을 마실 때 비로소 영혼의 존재를 인식하게 된다. 그리하여 영혼의 실체를 찾기 위해서 수행의 관문을 거치게 된다. 기도와 염불로 수행의 문을 열고 이윽고 명상과 참선으로 그 가치를 높인다.
 의식의 집중은 우주의 에너지를 모을 수 있고 그것을 사용할 수 있는 초능력이 나타난다. 이것을 흔히 성령(聖靈)이라 착각하고 내가 곧 제2의 예수라 자칭하며 부흥회의 이름으로 기적을 보이고 세력을 확장하는 계기가 된다. 이러한 신통의 지식은 미사여구를 동원하여 신학(神學)으로 체계를 만들고 철학의 한 단편으로 등재되기도 한다.

종교는 믿음의 약속이다. 그러나 철학은 과학의 시발점으로 무조건 의심의 '왜?'가 주가 된다. 이들과 달리 수행은 본인의 체험으로 이루어져 앞서간 성인(聖人)의 선험을 경험하고 비교할 수 있다. 우리는 종교와 철학 그리고 수행을 혼돈하고 있는 것이 완연하다.

80만신도의 교세(敎勢)를 하느님의 유일한 진리로 착각하며 또 외국의 큰스님의 유명세를 청정법력으로 오인하여 존경의 찬사를 마다하지 않는다. 이같은 일련의 사건은 잘못 전해진 수행법이 그 한계를 드러내 마음안에서 구해야 할 진리를 결국 밖에서 찾아 의지하는 탓 일게다. 이러한 웃지 못할 사실들이 종교의 자유를 앞세워 정신계에 팽배해있음은 절대로 간과할 수 없다.

김도올 교수의 동학사상은 우리에게 자존심을 일깨워 주었다. 해박한 지식과 거침없는 열정에서 뿜어 나오는 명강의는 지식의 도량임에 확실하다. 그러나 동학의 철학적인 사고(思考)는 세계적일지 모르지만 진리를 찾아가는 수행자에게는 혼돈을 일으키는 문제점이 많다. 그 중 '하늘의 소리'를 해석하는 경우는 [법화경] [능엄경]의 관음(觀音)에 대한 고찰이 없음이 실로 안타까울 따름이다.

하늘의 소리인 관음(觀音)은 상대계의 에너지의 힘을 절대계의 법력으로 바꿀 수 있는 유일한 고급법문이다. 이것은 불전(佛典)의 내용만이 아니라 성경의 창세기편에 등장하는 말씀이 바로 '하늘의 소리'이다.

### 말씀이 사람이 되시다(요한 1; 1- 5)

"한 처음, 천지가 창조되기 전부터 말씀이 계셨다. 말씀은 하느님과 함께 계셨고 하느님과 똑 같은 분이셨다. 말씀은 한 처음 천지가 창조되기 전부터 하느님과 함께 계셨다. 모든 것은 말씀을 통하여 생겨났고 이 말씀 없이 생겨나는 것은 하나도 없었다. 생겨난 모든 것은 그에게서 생명을 얻었으며 그 생명은 사람들의 빛이었다"

그 말씀의 'Word'가 하늘의 소리인 관음이며 불경의 '옴[Ω]'과 동일하다. 이 하늘의 소리는 모든 생명의 내면에 진동하고 있으며 온 우주를 떠받치고 있다. 이 하늘의 소리는 어떠한 병마(病魔)도 다스릴 수 있는 능력을 가지고 있으며 모든 세속의 갈망을 충족시키고 목마른 자에게는 갈증을 해소시키고 불안한 이에게는 평화를 선사하는 위대한 힘, 사랑과 자비를 가지고 있다.

## 7) 아미타불

> 아미타 부처님이 어디에 계시는가?
> 마음에 붙여두어서 부디 잊지말라
> 생각하여 생각이 다해 생각이 없는 곳에 이르면
> 6근의 문에서 항상 자금광을 놓으리라.

아미타불은 산스크트리어로 아미타파(AMITAPA)이며 무량수(無量壽), 무량광(無量光)을 뜻한다. 시간과 공간에 존재하는 빛의 이름이 아미타파이다. 어둠의 반대이며 서방정토의 대명사이다. 흔히 천당이며 극락으로 현실(現實)속의 꿈의 궁전이며 유토피아이다.

인생은 고해(苦海)다. 만나고 싶은 이는 만나지 못하여 괴롭고, 만나기 싫은 이는 만나서 괴롭다. 또 생자필멸(生者必滅)이라 모습이 있는 모든 것들은 어김없이 사라지니 부귀와 영화가 하루아침에 이슬과 같아 살았다고 해도 산 것이 아닌 고난의 항해다. 그리하여 우리는 언제나 영원한 안락과 고통이 없는 천국을 머릿속에 그리워하며 이상향을 그린다.

석가 부처님은 죽음의 그늘에서 일어나 깨달음의 세계를 가르쳐주신 인류의 큰 스승이시다. 그 곳은 머릿속에 상상으로만 있는 것이 아닌 진정한 깨달음의 세계 즉 나지도 죽지도 않고, 더럽거나 깨끗하지도 않고, 줄지도 늘지도 않는 절대계를 설명한다. 이곳은 인격체의 하느님 천국이 아닌 절대계의 하늘나라이다.

"수보리야. 너는 어떻게 생각하느냐, 아라한이 생각하기를 '내가 아라한 도(道)를 얻었노라' 하겠느냐?"

수보리가 사뢰었다.

"아니옵니다. 세존이시여, 왜냐하면 실로 '이것이 진리라고 할 내용이 없는 것(實無有法)'을 이름하여 아라한이라 했을 뿐이기 때문이옵니다. 세존이시여, 만일 아라한이 생각하기를 '내가 아라한 도(道)를 얻었노라' 하오면 이는 곧 '나라는 생각(我相), 남이라는 생각(人相), 중생이라는 생각(衆生相), 오래 산다는 생각(壽者相)'에 집착하는 것이옵니다.

세존이시여, 부처님께서 저를 '다툼이 없는 삼매(無諍三昧)를 얻은 사람가운데서 제일 으뜸이라' 말씀하셨습니다. 이는 욕심을 여읜 첫째 가는 아라한이란 말씀이지만 세존이시여, 저는 욕심을 여읜 아라한이라는 생각을 하지 않습니다.

세존이시여, 제가 만약 '내가 아라한 도를 얻었다'고 생각한다면 세존께서는 곧 수보리에게 '아란나 행(行)을 즐기는 자'라고 말씀하지 아니하셨을 것입니다. 수보리가 실로 아란나행을 한다는 생각이 없기 때문에 '수보리가 아란나행을 좋아하는 자(者)'라고 이름 하셨사옵니다.

- 금강경 -

[대승기신론]은 아라한의 도(道)를 넘어 부처가 되는 길을 설명하고 있다. 아라한을 이해시키기도 난해한데 부처의 도를 설명하기는 만만치 않을 것이다. '문자(文字)에 고집하지도 않고 문자를 떠나지 않는 것으로 도(道)의 작용을 삼는

것'을 기본으로 하지만 이 말 또한 무슨 말인가 헷갈린다.
　물고기들은 잘못 판단하여 그물을 뒤집어써서 신세를 망친다. 문자란 그물의 형태로 공연히 문자를 고집하면 사람들도 물고기와 같이 그물을 뒤집어쓰고 끌려가는 우(愚)를 범한다. 문자의 노예가 되고 문자에 집착한 사람들은 죄수가 감옥에서 목에 쓴 형틀을 짊과 다름없음이다. 그래서 달마대사께서는 "不立文字 直指人心 見性成佛 문자를 세우지 않고, 사람 마음을 바로 가르쳐서 견성성불" 한다고 말씀하셨다.

## 마조도일

　"진정으로 법(法)을 구하는 사람은 구하는 것이 없어야 한다. 마음밖에 부처가 다로 있지 않으며 부처를 떠나 따로 있는 마음도 없다(心外無別佛 佛外無別心). 선(禪)을 취하려 하지말라. 악(惡)을 버리려 하지도 말라. 깨끗함과 더러움. 그 어느 것도 믿어 의지하지 말라. 죄의 본질은 텅 비었다. 이러한 사실을 깨달으면 쉬지 않고 오가는 번뇌의 고리도 끊어져 버린다. 번뇌라는 것도 고정적인 본질을 가지고 있지 않기 때문이다. 이러한 까닭에 일체의 세계는 오로지 마음뿐이며 모든 현상은 결국 일법(一法)이라는 도장으로 모양지어 찍어 낸 도장 자국(所印)인 셈이다."

다시 마조 도일선사의 말씀이 이어진다.

"유위(有爲)도 다하지 아니하고 무위(無爲)에도 머물지 말 것이니라. 유위는 바로 무위의 작용이요, 무위는 유위의 의지함이니 의지에도 머물지 말 것이니라.

그러므로 경(經)에서 말씀하시기를 '허공(虛空)은 의지하는 바가 없다.'고 하셨느니라.

한 마음에 생멸(生滅)과 진여(眞如)의 두 가지 문이 있으니 생멸은 생사(生死)하는 마음이며 진여는 있는 그대로 마음이다. 심진여 의미는 비유컨대 밝은 거울이 어떤 물건의 상(相)을 비추는 것과 같다. 거울은 마음에 비유한 것이요 물상은 법에 비유함이라. 만약에 거울인 마음이 물상에 취하여 곧 밖의 인연에 끄달려 관섭(關涉)하면 곧 생멸의 문이요 반대로 물상인 법에 취하지 아니하면 그것이 곧 진여문의 도리이다."

마음은 본래 참되고 언제나 변함 없이 똑같은 여여(如如)한 자리인데 어느 때는 밖의 인연에 끌려 생멸심(生滅心)을 낸다. 조금이라도 한 생각이 일어나서 변해 버리면 여여(如如)한 상태가 거품이 생기며 파도가 일어난다. 생멸심의 근본은 아뢰야식에서 업상, 잔상, 현상, 지상, 상속상, 접취상, 계명자상, 조업상, 수보상의 9상(九相)이 벌어진다.

심진여문은 불생불멸의 자리인 청정하고 순수한 자리이고 심생멸문은 마음이 바깥 경계에 끌려가서 관계하며 작용하면 그곳이 생멸의 의미가 된다. 생멸과 진여가 둘인 것 같지만 결국 하나이다. 진여가 작동을 잘못해 버리면 생멸이 된다. 마치 물이 고요하다가 출렁거려서 파도가 됨이 심생멸이다. 물과 파도는 같은 것이지만 움직일 때는 파도가 되고 움직이지 않고 가만히 있을 때는 물이다.

마음은 바로 물의 습성과 같아 출렁일 때는 파도와 거품으로 변하니 마음공부를 할 때 '밖으로는 모든 반연을 쉬어 버리고 안으로는 헐떡거림이 없어야 된다.'며 달마대사도 말씀을 놓치지 않는다. 이것은 아는 것도 없고 얻는 것도 없는 것(無知亦無得)이다.

눈에 보이는 물질을 유(有)라고 하며 보이지 않는 것을 무(無)라고 한다면 정신세계 역시도 형상이 없는 것임으로 무(無)라고 할 수 있다. 생각이 있어 분별하고 취사선택하는 감정을 유정(有情)이라 한다. 유정은 언제나 착(着)이 함께하여 영(靈)과의 동기반응을 일으켜 빙의가 된다.

이와는 반대로 온갖 장애에 끄달림이 없는 무정(無情)은 착(着)이 없으니 오직 그만이 불성(佛性)과 함께 한다. 그렇다고 돌이나 나무, 쇠와 같은 무정물(無情物)의 무정과는 다르다. 유정(有情)은 집착이 근본으로 불성(佛性)을 방해하고 자기 세력을 넓히는데 안깐 힘을 쓴다. 불성을 방해한다는 것은 곧 마왕의 에너지가 침범한 빙의의 형태이다.

"마음이 움직이면 귀신이 보고 몸이 움직이면 사람이 본다. 몸과 마음이 함께 움직이지 않는 사람은 귀신도 엿볼 수 없다."

― 지리산 식명암 ―

생멸의 마음과 진여의 마음의 차이는 깨닫기 전과 후이다. 육신의 삶이 전부로 생각하고 마음이 견물생심(見物生心)하여 집착하면 빙의령이 언제 왔는지 모르게 달라붙는다. 수십 년을 참선으로 일관한 수행자라도 눈을 떠 육근(안이비설신이)이 활동하면 상대의 빙의령이 금방 눈치를 채고 달려든다.

고급수행자에게는 저급령의 빙의는 파리 한 두마리가 앉아서 윙윙대는 정도지만 마왕의 측근인 원귀나 집단악령인 그들은 결코 만만치 않다. 문(門)이 있으면 그 문을 잡아주는 문틀이 있듯이 육신이 존재하는 한 고뇌를 벗어내지 못하여 악마의 눈을 피할 수 없고 악마를 눈멀게 할 수 없다.

한방의 경혈이론은 치료 목적외는 수행과는 별다른 연관이 없다. 그 이유는 경혈의 이론이 한번의 개혈로 모든 것을 완성하는 줄 잘못 알고 있는 탓이다. 소주천을 이루면 상승의 무공과 초인적인 능력이 나오는 줄로 선가(仙家)에 전해 오지만 그것은 잘못이다. 경혈의 구조는 6겹의 카르마로 형성되어 있어 치료목적의 개혈은 불과 1-2겹의 영향권에 불과하다.

난치병이나 불치병은 6겹의 카르마의 벗겨 낼 수 있는 법력이 있어야만 완치가 가능하며 신선도의 불로불사도 이때 이루어진다. 그렇지만 무상(無上)의 깨달음은 그 경혈을 잡고있는 구조물이 수행의 마지막 숨겨진 비밀이다.

아라한(阿羅漢) 역시도 육신을 가진 이상에는 미세유주가 흐르고 있다는 사실은 우리에게 시사(示唆)하는 바가 크다.

이 미세유주는 아미타불의 광명만이 제거할 수 있어 깨달음의 보리살타는 언제나 빛의 광채가 광배(光背)뿐 아니라 온몸을 감싸고 있다.

## 대세지 보살

 마음을 설명하기가 만만치 않음은 우리는 이미 알고 있다. 문자(文字)에 끄달리면 도(道)는 십만팔천리 멀어진다. 지식이 아닌 수행으로 집중의 시간이 지나 무심의 관법이 완성되면 대세지보살을 만날 수 있다. 큰 힘과 지혜를 가진 대세지보살은 선도수행의 귀결인 기운(氣運)의 다른 표현이기도 하다.
 선도(仙道)는 인류의 역사가 기록을 남기기 시작할 무렵 일만년 전으로 거슬러 가는데 원기(原氣), 원음(原音), 원광(原光)으로 수행의 과정을 설명하고 있다. 집중으로 기(氣)를 체험하면서 이윽고 하늘의 문인 백회가 개혈되면 대우주의 위대한 실체를 만나고 초자연계의 선봉에 선다. 관법의 완성은 대세지보살을, 하늘의 소리(관음)를 만나면서 관세음보살을, 그리고 신령스러운 광명을 얻으면서 아미타불을 접견할 수 있다.
 불경(佛經)은 아미타불이 머무는 서방정토에 도달하기 위한 여러 가지 방편의 길을 전하고 있다. 그것이 팔만사천경으로 만들어져 근기에 따라 배우고 익혀 깨달음을 증득하는 길잡이가 된다. 대세지보살과 관세음보살은 서방정토를 찾아가는 과정에서 만나는 초자연계의 모습을 형상으로 나타내고 있다.

일반적으로 보살은 남자도 아니고 여자도 아닌 모습으로 표현된다. 이것은 절대계의 단면으로 생사(生死), 남녀(男女)구분이 없는 완전한 공간임을 나타내기 위함이다. 서양에서는 천사(天使)로, 동양에서는 보살(菩薩)로 등장하여 절대자 하느님을 보좌하고 인간을 수호하는 역할을 맡고있는 가상(假相)의 인물로 여기고 있다. 그러나 청정한 수행자들은 가상이 아닌 실제의 모습으로 보살을 만나며 그 법력을 체득할 수 있다.

불경은 석가부처님 사후(死後) 제1집결에서 경(經)을 정리하였고, 사후 백년이 지난 제2결집시 율(律)을 선포하였고 제3결집은 불경의 논(論)이 결정되면서 삼장을 완성했다. 서유기에 등장하는 삼장법사의 삼장은 율, 경, 논(論)이 바로 이것을 말한다.

어떤 스님이 대수선사께 물었다.
"대수산 속에도 불법이 있습니까, 없습니까?"
대수선사께서 대답하기를 "불법이 있느니라."
"어떤 것이 이 대수산 속의 불법입니까?"며 다시 물었다.
선사께서 말씀하시기를 "돌이 큰 것은 크고 작은 것은 작으니라."

(마치 말하기를 "긴 것은 긴 법신이고 짧은 것은 짧은 법신이다. 다시 말해 깍아지른 절벽을 파서 본진(本陣)을 손상하고 허물어짐이 과잉이 되어서 길가는 나그네의 눈앞에 먼지가 된다. 공부는 인위(人爲)로 만들지 않으며 허비하지 않고 있는 그대로 법신이라"고 함과 같다.)

백장 회해선사께서 상당(上堂)에 오르셔서 말씀하셨다.
"신령스러운 광명(光明)이 홀로 빛나서 6근과 6진을 멀리 벗어나고 그 본체의 진실한 모습이 드러나서 문자에 구애함이 없다. 심성(心性)은 오염된 것이 없어서 본래 스스로 원만히 이루어졌으니 다만 허망한 인연을 떠나면 곧 여여한 부처이니라."

백장선사의 제자인 황벽스님의 말씀이 또 이어진다.
"이 본원청정한 마음의 자체가 항상 스스로 둥글고 밝아서 두루 비치건만 세상사람들은 깨닫지 못하고 다만 견문각지(시각, 청각, 후각, 미각, 촉각, 지각)를 인식하여 마음을 삼아서 견문각지에 덮인 바가 되었기에 그런 까닭으로 정명본체를 보지 못함이라. 다만 당장에 무심하면 본체가 스스로 나타난 것이 마치 큰 태양이 허공에 올라서 사방을 두루 비쳐서 다시는 장애가 없는 것과 같느니라."

아미타불은 업장(業障)의 때를 벗긴 청정이 새롭게 거듭날 때 크다란 원의 광명이 육신의 이마위에 가득하게 비추게된다. 이곳은 부처님의 제3의 눈인 지혜안(智慧眼)이다. 업장의 사슬인 빙의령의 그늘에서 벗어나 언제나 밝은 빛으로 수행의 길을 안내한다. 정법의 수행은 무심의 집중에서 대세지보살을 만남으로 시작되어 천수천안(千手千眼) 관세음보살의 자비력으로 업장을 소멸할 때 문득 서방정토의 광명을 만날 수 있다.

가끔씩 깨달음을 얻었다는 각자(覺者)들이 이 세상에 출현한다. 형이상학적인 진리체험을 의심하는 식자(識者)들은 이것을 관념의 유희가 아닌가 생각한다. 그러면 자칭 각자인 그들은 형이상학을 모른다면 지식과 지혜를 논하며 관념의 유희에서 어떻게 그러한 감동을 맞을 수 있음을 당신은 모른다며 동분서주한다.

그러나 그들과 달리 묘촉으로 수행의 길잡이가 된 구도자는 자연과 동화하면서 우주의 첫음인 관음을 체득하며 아미타불의 광명을 실제로 맛본다. 더욱이 같은 계제의 관음수련자들과는 동일한 묘촉과 동일한 관음을 함께하여 관념의 유희가 아닌 객관적 선험을 공유할 수 있다. 부정과 긍정이 없는 자연의 흐름을 오직 함께 할 뿐이다.

집중의 기(氣)는 성령(聖靈)과 유사하지만 결코 성령은 아니다. 일심(一心)이 집중의 한계를 넘어 무심의 삼매에 들어갈 수 있는 것은 심신의 청정이다. 집중의 에너지는 무심으로 다시 다듬어져 청정으로 바뀔 때 비로소 무한한 법력의 자리인 절대계로 진입할 수 있다. 다시말해 집중의 에너지가 청정으로 탈바꿈할 때 비로소 하늘의 소리(관음)을 만날 수 있어 성령으로 거듭나게 되는 것이다.

관음은 나고 죽음이 없는 절대계인 하늘나라에 들어갈 수 있는 유일한 통로이다. 믿음과 기복(祈福)이 아닌 아무것도 바라는 마음이 없는 무주상보시의 관법만이 자연의 흐름과 하나가 되어 관음(觀音)을 만날 수 있다. 고도의 청정인 관음은 다시 아미타불을 만나 어둠의 예토를 밝혀 서방정토를 넓힌다.

"희유합니다. 세존이시여 야래께서 설하시는 일체의 법은 남이(生) 없고 없어짐(死)이 없고 상(相)이 없고 함이 없는(無爲) 것으로서 사람으로 하여금 믿고 깨닫게 합니다. 사리불이 부처님께 말씀하셨다."

- 불장경 -

'우리에게는 누구나 부처가 될 수 있는 불성(佛性)이 있다'는 불전의 말씀은 수행자들에게 희망을 준다. 불성이 곧 본성(本性)이며, 위대한 실체다. 그러나 본성을 둘러싸고 있는 전생의 오물인 티끌의 먼지가 덮여 있으니 그들이 카르마이다.
가죽처럼 질기며 단단하기가 돌처럼 굳어진 이들을 벗기지 못하면 견성(見性)은 불가하다.
여기 어둡고 질기고 단단하게 굳어져 뭉쳐진 업장소멸을 주도하는 하늘의 소리 '관음수행'이 여러분을 기다리고 있다.

# 청국장 이야기
- 순수 우리콩으로 만든 분말 청국장 -

## @ 분말 청국장의 효능

1. 생청국장을 충분히 건조하여 분말로 만든 것으로 소화기장애가 있는 분들과 환자용으로 매우 효과적임.
2. 보관, 휴대하기가 용이하여 항시 복용 가능함.
3. 생청국장과 효능면에서는 동일함.
4. 청국장 제조에 필요한 발효시간(48시간)을 반으로 줄일 수 있는 바실러스 종균대용으로 사용 가능함.

복용법
1. 야쿠르트(일반 시판용) + 2스푼(티 스푼으로 가득)
2. 식전, 후 관계없으나 가능한 식후 디저트로 먹는다.
3. 매일 2-3회에 지속해서 먹으면 일주일 내에 효과가 나타남.
   (변비해소, 비만해소, 소화불량, 갱년기 장애등 기타)

분말 청국장 감별법
1. 분말을 물에 묻혀 손가락으로 비비면 진(바실러스 균)이 나옴.

2. 진(바실러스 균)이 나오지 않거나 국산 콩으로 제조된 것이 아니면 효과를 없음.
3. 바실러스 종균으로 사용해도 가능함.

## @ 청국장

　청국장이 천연 보약으로 각광받으면서 요즘 청국장 열풍이 일고 있다. 국내 모 대학 교수에 의해 청국장의 효능이 알려지면서부터다. 항암제, 뇌졸중 예방, 다이어트 식품, 치매 예방, 골다공증 예방등 각종 성인병과 다이어트에 탁월한 효과를 보이는 것으로 입증되고, 매끼 2-3 숟가락이면 건강과 다이어트 효과를 볼 수 있다.
　청국장은 천연 건강식품이라는 점에서 더욱 가치가 있다. 각종 성인병의 예방을 물론 치료 효과까지 있는 청국장의 여러 가지 효능에 대하여 알아보자.

**청국장이 으뜸 건강식품으로 주목받는 14가지 이유**
1) 부작용 없는 비만 해결사
　청국장에는 비타민B1, B2, B6, B12 등의 비타민과 칼슘, 포타늄 등의 미네랄이 풍부한데, 이러한 비타민과 미네랄의 도움으로 인체의 신진대사가 촉진되어 비만을 막아준다. 레시틴과 사포닌도 과다한 지방을 흡수하여 배출한다.

2) 암을 막는 탁월한 항암식품

청국장에는 제니스테인이라는 물질이 풍부한데, 이 물질은 유방암, 결장암, 직장암, 위암, 폐암, 전립선암 등에 효능이 있는 것으로 밝혀졌다. 사포닌 또한 암 예방에 큰 역할을 하며, 파이틱산, 트리빈 억제제 같은 항암물질도 들어 있다.

3) 뇌졸중 치료 예방제

청국장에 들어 있는 레시틴과 단백질 분해효소는 혈관을 막고 있는 혈전이나 콜레스테롤을 녹여내는 효과가 탁월하므로 뇌졸중의 치료와 예방에 최선책이 될 수 있다.

4) 치매를 막아주는 건뇌(建腦)식품

청국장에 있는 레시틴이 분해되면 콜린이란 물질이 생성되는데 이 콜린이 치매 환자에게 부족한 아세틸콜린이라는 신경전달 물질의 양을 늘리는 데 중요한 역할을 한다.

5) 당뇨병을 다스리는 천연 인슐린

청국장에는 섬유질이 풍부하여 당(糖)의 흡수가 서서히 일어나도록 돕고, 트립신 억제제와 레시틴은 췌장의 인슐린 분비를 촉진시키므로 인슐린이 부족한 당뇨 환자에게 도움을 준다.

6) 고혈압을 다스리는 천연 혈압강하제
청국장이 바실러스균에 의해 발효되면 수많은 아미노산 조각들이 만들어지는데, 이 조각들이 고혈압을 일으키는 주요 인자인 안지오텐신 전환효소의 활성을 억제하여 혈압을 떨어뜨린다.

7) 간 기능 개선 및 숙취 해소제
청국장에 풍부하게 들어 있는 비타민B2는 알코올 분해를 촉진시켜 간의 기능을 좋게 하며, 아미노산들도 숙취 해소에 도움이 된다.

8) 변비와 설사를 동시에 해결하는 천연 정장제
청국장은 바실러스균에 의한 정장 효과가 뛰어나 설사를 방지해 줄뿐만 아니라 변비 또한 개선시켜 준다. 섬유질도 다른 식품보다 5배 이상 많고 사포닌도 변비 개선에 도움을 준다.

9) 피부노화를 막아주는 뛰어난 피부미용제
청국장에 있는 레시틴은 내장에 있는 독소들을 청소할 뿐만 아니라 노화로 인해 피부가 쭈글거리는 것을 방지해준다. 피부에 좋은 비타민E와 비타민B군이 많다.

10) 골다공증을 예방하는 천연 칼슘제
청국장은 100g에 칼슘이 90mg이나 들어 있는 고칼슘 식품. 칼슘은 양질의 단백질과 같이 섭취하면 흡수율이 높아지는데, 청국장에는 양질의 단백질과 비타민K, 제니스테인 또한 풍부하여 칼슘의 인체 흡수율을 높여준다.

11) 심장병 & 돌연사 예방제

심장병과 돌연사는, 심장에 산소와 영양을 공급하는 관상동맥이 혈전으로 인해 막힐 경우 발생한다. 청국장에 있는 바실러스 단백질 분해효소는 심장 관련 혈관에 존재할 수 있는 혈전을 녹여주는 역할을 한다.

12) 빈혈을 막아주는 천연 조혈제

청국장에는 100g당 3.3mg의 철분이 들어 있을 뿐만 아니라, 악성빈혈을 막아주는 비타민 B12도 함께 있어 빈혈 예방에 도움이 된다.

13) 먹는 천연 무좀약

청국장에는 피부병 예방과 치료에 관계 있는 비타민 B2와 B12가 풍부할 뿐만 아니라 리놀레산, 리놀렌산 등의 불포화지방산 또한 풍부하여 무좀을 비롯한 각종 피부병과 피부미용에 좋은 효과를 보인다.

14) 남성의 기(氣)를 살리는 천연의 비아그라

청국장에 있는 아르기닌이라는 아미노산과 레시틴은 남성의 정액을 이루는 구성 성분. 또한 아르기닌 아미노산은 일산화질소의 전구물질이다. 일산화질소는 음경의 혈행을 개선시켜 주는데, 이것은 비아그라의 작용 기전이기도 하다.

## @ 청국장을 먹으면 왜 다이어트가 될까?

자연식품을 즐겨 먹는 사람 중에는 특별한 노력을 하지 않았는데도 살이 빠진 경우가 많다. 자연식품 중에서도 특히 청국장에는 레시틴과 사포닌이란 물질이 풍부하게 들어 있는데, 이러한 물질들은 과다한 지방이나 콜레스테롤 성분을 흡착하여 체외로 배설시키는 역할을 한다. 고기를 많이 먹고 난 후 청국장찌개를 먹으면 느끼한 느낌이 많이 사라지는데, 이 역시 콩 속의 레시틴과 사포닌 성분 때문일 것이다.

청국장은 자연식품이면서 동시에 발효식품이다. 자연식품이 2차원이라면 발효식품은 3차원 이상의 식품이라 할 수 있다. 콩이 발효되어 청국장이 되면 각종 영양성분의 흡수율이 증가하면서 콩에 없던 미생물과 효소, 생리활성물질이 새롭게 만들어진다.

이러한 성분들은 인체의 신진대사 기능을 극대화시킨다. 청국장 발효균과 섬유질은 장을 튼튼하게 해주어 변비를 해소시켜 준다. 또한 청국장은 숙취를 해소하고 숙변을 제거하는 등 해독작용도 탁월하다. 장의 기능은 몸의 다른 모든 기능의 뿌리가 된다. 청국장의 이런 효능들이 복합적으로 작용하면서 비만과 성인병이 자연스럽게 해소되는 것이다.

이런 원리를 이해한다면 청국장을 꾸준히 먹을 때 살이 빠지는 게 전혀 이상하지 않을 것이다. 사람이 살이 빠지는 기간이나 정도에는 차이가 있었지만 청국장 동호회에서 많은 사람들이 생청국장을 먹고 살을 뺐다. '청국장 다이어트'란 말이 생겨났을 정도이다. 청국장 다이어트야말로 많은 사람들이 건강을 지키면서 살을 뺄 수 있는 최선의 방법이다.


## @ 청국장을 이용한 다이어트 요법

1) 식단을 바꾸어라
   가공하지 않은 자연식품과 생청국장을 꾸준히 먹고, 지나친 육식과 인스턴트 식품을 피한다.
2) 다이어트에 대한 강박관념을 없애라
   살을 빨리 빼기 위해 식사량을 갑자기 확 줄이는 경우가 대부분이다. 며칠은 잘 참다가 한번에 폭식을 하게 되고 폭식에 대한 자책감에 또 굶고…. 이런 악순환은 다이어트는커녕 건강만 해치게 된다.
3) 무엇을 먹느냐가 중요하다
   무조건 식사량을 줄이고 열량을 낮춘다고 해서 살이 빠지는 것은 아니다. 인스턴트 식품은 제외하고 현미, 콩, 청국장 같은 자연발효 식품을 포함한 모든 음식을 골고루 먹는 것이 중요하다.
4) 태우는 영양소를 섭취하라
   탄수화물, 지방, 단백질은 '타는 영양소'이고 비타민과 미네랄은 타는 영양소들을 '태우는 영양소'라고 할 수 있다. 그러기에 인체에 태우는 영양소인 비타민과 미네랄이 부족하게 되면 몸 속으로 들어온 영양 성분은 태워지지 않고 그만큼 인체에 지방으로 축적되며, 그 과정이 반복되면 비만이 되는 것이다.

5) 껍질 있는 식품을 먹자

우리의 주식이 된지 오래인 백미와 밀가루는 태우는 영양소를 거의 없앤 식품. 씨눈과 속껍질을 제거한 백미에는 겨우 5% 이하의 비타민과 미네랄이 들어 있을 뿐이다. 그러나 현미밥을 먹으면 현미에 풍부하게 들어있는 비타민과 미네랄이 신진대사를 촉진시켜 비만을 막아주므로 살이 찌지 않는다.

## 청국장, 하루에 얼마나 먹으면 될까?

매끼 어른 밥숟가락으로 한 숟가락이면 충분하다고 하나 개인별로 차이가 있어 대략 2-3 숟가락으로 한다. 청국장을 먹은 3-4일후 대변 색깔을 보면 숙변이 제거되는 것을 쉽게 관찰할 수 있다. 청국장을 가루로 만든 분말청국장은 매끼 식사후 우유나 야쿠르트에 2스푼(티스푼 가득)타서 티저트용으로 먹으면 좋다.

## @ 청국장 만들기

1. 콩 고르기

   대두를 쓰는 것이 가장 일반적이다. 수입 콩은 방부제를 사용한 탓으로 국산 콩에 비하여 발효가 잘되지 않는다.

2. 콩 씻어 불리기

   대두를 깨끗이 씻은 다음 콩 부피의 3배정도 물을 부어 12시간(동절기는 20시간 이상)정도 불린다.

3. 콩 익히기

   불린 콩을 솥에 부어 끓인 후, 중불 정도의 은은한 불에 연한 갈색이 날 때까지 6-8시간 푹 삶는다.

4. 균 접종하기

   전통적인 방법으로는 삶은 콩과 볏짚을 섞어 발효시키는데 볏짚을 구하기 힘들다면 공기 중에 그냥 두어도 발효가 된다. 또 한 가지 방법으로는 잘 냉동 보관된 청국장이나 분말 청국장이 있다면 이를 소량 물에 풀어 삶은 콩에 골고루 뿌린 후 발효시키는 방법이다.

5. 발효시키기

   삶은 콩에 볏짚을 잘라 꽂은 뒤에는 약 40℃의 온도와 80% 정도의 습도를 유지시켜 주어야 한다. 이때 콩이 담긴 용기를 비닐로 봉해서는 안 된다. 청국장은 산소 호흡을 하기 때문에 면이나 삼베 등 공기가 통하는 천으로 봉하는 것이 좋다. 2~3일 후 청국장 발효 냄새가 나고 콩 표면의 갈색이 진해지고 하얀 실이 생기면 발효가 잘된 것이다.

## 청국장 잘 보관하는 법

잘 발효되어 완성된 청국장은 냉장고의 냉장실에 보관할 경우 한 달 정도 보존이 가능하다. 장기간 보존해야 할 경우에는 냉동실에 보관한다. 한 번 먹을 분량만큼 덜어서 보관하면 꺼내 먹기에 편리하다. 6개월 정도 보관이 가능하다. 냉동 보관한 청국장은 상온에서 1~2시간 정도 두면 원래의 청국장과 동일한 맛과 향을 내게 된다.

## 생청국장 맛있게 먹기

콤콤한 냄새와 쌉쌀한 맛, 미끌미끌한 느낌 때문에 생으로 먹고 싶지만 도저히 삼킬 수 없는 경우도 있다. 생청국장 맛있게 먹는 10가지 방법.

1. 따끈따끈한 밥 위에 청국장을 얹은 뒤 잘 익은 배추김치로 싸 먹는다.
2. 시원하게 잘 익은 백김치가 있을 경우 백김치 잎으로 청국장을 싸 먹는다.
3. 상추쌈 먹을 때 된장과 함께 청국장을 얹어 먹는다.
4. 상추에다 청국장 반 숟가락 정도를 놓고 김치를 얹어 먹는다.
5. 구운 김에 싸서 진간장을 살짝 찍어 먹는다.
6. 따끈한 밥에 비벼 잘 익은 총각김치를 곁들여 먹는다.
7. 김밥용 김 위에 따끈한 밥을 얇게 편 뒤 청국장을 길게 한 줄 놓은 다음 그 위에 잘 익은 김치 한 줄을 놓고 김밥처럼 말아먹는다.
8. 야채 샐러드를 만들 때 삶은 콩과 건포도를 넣듯 청국장을 한 숟가락 정도 넣어 먹는다.
9. 좋아하는 음료에 청국장을 넣고 믹서로 갈아서 마신다.
10. 쌈장을 만들 때 생청국장이나 분말 청국장을 넣어서 만든다.

발췌 청국장 다이어트&건강법(휴먼&북스)

## @ 순수 우리콩으로 만든 분말 청국장

판매가격; 분말 청국장500g  25,000원
(택배비 포함, 주문생산이므로 일주일후 발송가)

연락처; 051) 900- 3139      019- 537- 0260
농협; 949- 12- 598060 (김화선)

# 즉각 깨닫는 길
- 업장소멸 -

초판인쇄 2007년 7월 10일
초판발행 2007년 7월 20일

지은이 김성갑
펴낸이 소광호
펴낸곳 관음출판사

주　소 130-070 서울시 동대문구 용두동 751-14 광성빌딩 3층
전　화 02) 921-8434, 929-3470
팩　스 02) 929-3470

등　록 1993. 4.8 제1-1504호
ⓒ 관음출판사 1993

정가 10,000원

잘못된 책은 교환해 드립니다.
무단 전재·복제를 금합니다.